Giuliano Belfiore

DIE EHRE DES SCHWEIGENS

Giuliano Belfiore

DIE EHRE DES SCHWEIGENS

Ein Mafiaboss packt aus –
aufgezeichnet von Francesco Sbano

*Aus dem Italienischen übersetzt
von Magdalena Löwenzahn*

HEYNE ‹

Verlagsgruppe Random House FSC-DEU-0100
Das für dieses Buch verwendete
FSC®-zertifizierte Papier *EOS*
liefert Salzer Papier, St. Pölten, Austria.

Lektorat: Cathrine Hornung
Copyright © 2011
by Wilhelm Heyne Verlag, München,
in der Verlagsgruppe Random House GmbH
Umschlaggestaltung: Hauptmann und Kompanie, Zürich
Umschlagabbildung: plainpicture/Arcangel; plainpicture/wildcard
Herstellung: Helga Schörnig
Satz: Greiner & Reichel, Köln
Druck und Bindung: GGP Media GmbH, Pößneck
Printed in Germany 2011
ISBN: 978-3-453-19099-3

http://www.heyne.de

Inhalt

Einführung

Dieses Buch ist harte Kost. Es gibt einen Einblick in die Welt der italienischen 'Ndrangheta, der wohl mächtigsten Mafia-Organisation Europas und wohl auch weit darüber hinaus. Es ist Francesco Sbano gelungen, einen amtierenden Boss dieses archaischen und auf Blutsverwandtschaft beruhenden Verbrecherbundes zu überreden, seine Geschichte zu erzählen. Allein das dürfte nahezu einzigartig sein. Die Offenheit aber, mit der der Boss über sein Leben redet, bietet einen authentischen Blick in eine bizarre und befremdliche Welt.

Da tritt ein junger Mann aus dem Mezzogiorno an, um Verbrecher zu werden. Er ist nicht Opfer familiärer oder sozialer Umstände, kein gestrandeter, vom Leben gebeutelter Mensch ohne Chance. Nein, hier hat sich einer entschlossen, Mitglied der 'Ndrangheta zu werden, der kalabrischen Spielart der Mafia, die ihr Startkapital mit der Entführung reicher Italiener gemacht hat, um mit dem Lösegeld ein weltweites Kokainnetzwerk aufzubauen, das heute fast ein Monopol geworden ist. Der Aspirant kennt den Preis: Blut.

Das Geschäftsprinzip fast aller verbrecherischen Organisationen ist Angst. Die 'Ndrangheta aber hat die Brutalität mit besonderer Gnadenlosigkeit vorangetrieben, nach außen wie nach innen. Die Macht der 'Ndrangheta besteht darin, eigenmächtig Todesurteile zu fällen und jederzeit zu vollstrecken. Das macht sie so konkurrenzlos. Wer in der 'Ndrangheta etwas werden will, muss töten. Jeder Mord mehrt die Meriten, die Auszeichnungen des Soldaten. Die Zahl der Meriten entscheidet über Beförderungen. Dieser Mann wollte nach oben.

Seine Sichtweisen sind befremdlich und verstörend, ja anmaßend. Seine Worte klingen mitunter hart und rückständig, wie aus der Zeit gefallen. Aber das täuscht. In Wahrheit ist die 'Ndrangheta eine moderne, effiziente und auf Gewinnmaximierung ausgerichtete Verbrecherorganisation, die sich längst zu einem weltumspannenden Netzwerk entwickelt hat.

Ihre Dependancen finden sich in Süd- und Nordamerika, in ganz Europa und Australien. Sie besitzt die ungeheure Fähigkeit, sich unauffällig in die jeweilige Gesellschaft eines Landes einzuschleusen und sie ebenso unbemerkt für ihre Zwecke zu missbrauchen. Sie ist anpassungsfähig.

Ihr Ursprung aber bleibt die bäuerliche Gesellschaft in der ungestümen Natur Kalabriens. Die 'Ndrangheta ist eine geheime Welt, die sich quasi-religiöse Bedeutung gibt. Sie basiert auf Familienbanden und unbedingtem Gehorsam. Sie hat ihre geheime Sprache entwickelt, pflegt bizarre Rituale und lebt nach eigenen Gesetzen. Sie ist tief im Katholizismus verwurzelt, lässt ihre Mitglieder bei sakralen Taufen auf Heilige und Engel schwören, und sie tötet mit der Gnadenlosigkeit und Selbstherrlichkeit der Inquisition.

Das ganze frömmelnde Blendwerk hat einen Zweck. Es sichert die Machtstrukturen, bietet den *Soldaten* eine Rechtfertigung ihrer Verbrechen und wiegt sie in der Illusion, etwas Besonderes zu sein, zu einem Kreis von Auserwählten zu gehören. »Ich wollte Respekt«, antwortete einmal ein Latitant, ein flüchtiger Mafioso, in den Bergen des Aspromonte auf die Frage, warum er in die 'Ndrangheta eingetreten sei.

Dabei ist das Leben des 'Ndranghetista das ständige Warten auf den Tod. Mafiosi sterben jung. Deshalb auch das ganze Theater mit Heiligen und Ritualen. Es ist ein Mummenschanz, der die einfachen Mitglieder für ein paar Hundert Euro im Monat ihr Leben geben lässt.

Ich habe als Journalist mehrfach Mitglieder der 'Ndrangheta getroffen. Ich habe einiges gehört und erlebt. Bei der Lektüre dieses Buches war ich dennoch häufig geschockt. Die Aussagen dieses Mannes, der sich Giuliano Belfiore nennt, sind anmaßend, verstörend und befremdlich. Aber genau darin liegt das Besondere dieser Biografie: Die brutale Offenheit, mit der sich dieser Mann über jede gängige Moralvorstellung hinwegsetzt, und die Leichtfertigkeit, mit der er schwerste Verbrechen rechtfertigt, entlarvt die 'Ndrangheta schonungsloser als alles, was ich bislang darüber gelesen habe.

Die Welt der Verbrecher präsentiert sich den meisten Menschen in Form von fiktiven Filmen, Geschichten und Reportagen, die auf Fantasie oder Ermittlungsakten von Polizei und Staatsanwaltschaft basieren. In diesem Fall offenbart sich die Unterwelt selbst. Es ist der selbstgefällige Ton, der sich über weite Passagen zieht, und die Arroganz, die befremden.

9

Gleichwohl vermittelt gerade dies einen ungeschminkten Einblick in das Selbstverständnis der 'Ndrangheta. Es offenbart eine erschreckende Erkenntnis. In Süditalien hält sich die Mafia für den eigentlichen, sich selbst legitimierenden Herrscher. Sie ist ein Staat im Staat, der sich anmaßt, über dem Gesetz zu stehen.

Wer das Böse bekämpfen will, muss es zuerst einmal kennenlernen, hat Francesco Sbano einmal zu mir gesagt. Ich habe ihn zum ersten Mal Ende der neunziger Jahre in den Räumen des Nachrichtenmagazin *Spiegel* in Hamburg getroffen, wo er als Fotograf eine Reportage über die 'Ndrangheta vorschlug. Allein das Wort kannte in Deutschland damals kaum jemand, obwohl die Organisation schon fest hier verankert war und lange ihre kriminellen Geschäfte abwickelte. Das Angebot klang spannend und machte mich neugierig.

Tatsächlich gelang es uns, auf verschlungenen Pfaden Menschen zu treffen, die sich als Angehörige dieser kriminellen Organisation zu erkennen gaben und Einblicke in ihre Geheimwelt gewährten. Es waren Männer und Frauen, die ihr Verbrechertum als ehrenwerten Beruf betrachteten, die Schutzgeld, Erpressung, Raub und Mord für ein ehrbares Handwerkszeug hielten, um in Dörfern und Städten ihre Vorstellung von Ordnung durchzusetzen. Sie hielten sich für Auserwählte, die eine große Aufgabe vollbringen.

Das Ergebnis war eine Reportage, die 1999 im *Spiegel* erschien. Seit dieser Zeit haben wir immer wieder zusammengearbeitet. Wir sind quer durch Kalabrien gereist, haben Paten, Priester und Ermittler getroffen. So haben wir viele Wochen miteinander verbracht, und ich glaube, ihn in dieser Zeit recht gut kennengelernt zu haben.

Francesco Sbano stammt aus dem kalabrischen Paola, einer Kleinstadt am Tyrrhenischen Meer. Bei guter Sicht kann man von dort den Rauch aus dem aktiven Vulkan auf der Insel Stromboli sehen. Sbanos Eltern sind geachtete Bürger, er hat als einziger der vier Söhne eine Laufbahn als Künstler eingeschlagen. Seine Brüder haben bürgerliche Berufe ergriffen. Sie leben und arbeiten dort. Seit ich ihn kenne, versucht Sbano, die dunkle Seite seiner Heimat darzustellen.

Wer in Süditalien lebt, wächst schon als Kind mit der 'Ndrangheta auf. Es ist unvermeidlich. Jeder weiß, wer zu den sogenannten Ehrenmännern gehört, wer ihre Kinder sind, wer der Boss ist und neu in die Organisation aufgenommen wird. So spielte auch Francesco Sbano in der Schule Fußball mit den Söhnen der Mafiosi. Das ist Alltag in Kalabrien.

Wer in Süditalien aufwächst, wird nicht nur früh mit der Mafia konfrontiert, sondern auch mit dem eklatanten Staatsversagen. Die Jugendarbeitslosigkeit beträgt bis zu 70 Prozent, Krankenhäuser sind in einem erbärmlichen Zustand, unfähige Ärzte haben einflussreiche Posten entweder gekauft oder vererbt bekommen. Züge und Busse fahren nicht pünktlich, es ist fast unmöglich, in absehbarer Zeit auf ordentlichem Weg einen Telefonanschluss oder eine Baugenehmigung zu erhalten.

Wer sich aber an die lokale Mafia wendet, bekommt das gewünschte Papier. Schnell und unbürokratisch. Mitunter wendet sich sogar die Polizei hilfesuchend an die Mafia, die in manchen Regionen viel mehr Einfluss hat als sie selbst. Das schafft kein Vertrauen in den Staat. Regelmäßig werden lokale Politiker abgesetzt oder verhaftet, weil sie mit der Mafia zusammengearbeitet haben, viele Gemeinden stehen deshalb unter Zwangsverwaltung.

Wer aus Süditalien stammt, muss auch mit der Herablassung der Norditaliener leben, die bisweilen an Verachtung grenzt. Der Süden gilt als arm, rückständig und ungebildet. Die neofaschistische Lega Nord forderte bereits mehrfach populistisch, Italien wieder in zwei Teile zu spalten, damit der reiche Norden nicht länger für den armen, unterentwickelten Süden aufkommen muss.

Diese Haltung erklärt möglicherweise, warum in den Köpfen vieler Süditaliener ein verklärtes Bild jener Zeit vor der Einigung Italiens auflebt, vor 1861 also, als der ehemalige Rebellenführer Giuseppe Garibaldi mit einem Heer von mehr als tausend Freischärlern und zunächst mit Hilfe der unterdrückten Kleinbauern und Landarbeiter Sizilien von den Bourbonen und dem König von Neapel befreite, bevor er auch Neapel eroberte.

Am 26. Oktober 1860 traf Garibaldi in Teano bei Neapel den piemontesischen König Viktor Emanuel II. und begrüßte den Monarchen als »König von Italien«. Im März 1861 rief der König dann in Turin die neue italienische Monarchie aus. Zwar hatte das Volk den Aufstand getragen, am Ende aber wurde die Einigung Italiens von der Obrigkeit durchgesetzt und mit einem hohen Blutzoll gefestigt. In Kalabrien flüchteten viele Widerständler in die Berge des Aspromonte. Sie nannten sich Briganten.

Zu Unrecht stellen sich sich manche Mafiosi heute in die Tradition jener Briganten, die einige tapfere Frauen in ihren Reihen hatten. Tatsächlich dürfte die Entstehung der 'Ndrangheta eher von Sizilien aus initiiert worden sein, wo sich schon bald nach der Einigung Italiens aus der Gruppe der lokalen Vorarbeiter und Statthalter der im Norden ihren Wohlstand genießenden Großgrundbesitzer die Mafia entwickelte, die zunächst noch die Interessen ihrer Herren durchsetzte, schon bald aber deren Abwesenheit zum Aufbau eigener Strukturen nutzte. In jenes Machtvakuum ergossen sich die Geburtswehen der Cosa Nostra.

Viele Süditaliener, darunter auch angesehene Wissenschaftler, sehen in der Zeit vor 1861 die Blüte des Südens als reicher Handelsplatz, der seine Geschäftspartner eher in den Anrainerstaaten des Mittelmeeres fand, als Produzent von Früchten, Oliven und Gemüse mit Ansätzen der Industrialisierung und prosperierenden Banken. Der Mezzogiorno, so meinen sie, sei von den Kriegsgewinnlern aus dem Norden ausgesaugt und verarmt zurückgelassen worden.

Der 'Ndrangheta kann das nur recht sein. Das organisierte Verbrechen gedeiht prächtig in einer schwachen Demokratie.

Die Mafia ist das Krebsgeschwür Italiens und ihre Metastasen bilden sich überall dort, wo der Staat versagt. Dort tritt sie selbst als angeblicher Sachwalter der Bevölkerung ein, vermittelt Arbeit, gewährt Schutz und Kredite, verschafft die erforderlichen behördlichen Genehmigungen und verlangt nichts weniger als Achtung und Unterwerfung.

Das organisierte Verbrechen hat alles das, was der Staat nicht bieten kann: funktionierende Strukturen, feste Regeln und Durchsetzungskraft.

Die Herrschaft über ein Territorium ist die Basis der 'Ndrangheta, die Macht über ein Dorf oder eine Region. Es sind mehr als 1500 Clans mit einer vielfachen Zahl an Mitgliedern, die sich nach familiärer und lokaler Herkunft ausrichten. Ursprünglich ging es darum, das eigene Dorf zu beherrschen. Die *Cosche* (Sg. *Cosca*), also die lokalen Familien, trachteten danach, ihr Umfeld unter ihre Herrschaft zu bringen.

Dazu gehörte, dass sie allein das Schutzgeld kassierten und sich kein anderer Krimineller in ihr Gebiet traute. Das sicherte ihnen die Macht, einerseits ungestört ihren kriminellen Geschäften nachzugehen, andererseits aber auch am wirtschaftlichen Leben zu partizipieren, etwa bei Bauaufträgen Anteile zu kassieren und Arbeitsplätze zu besetzen sowie kommunale Entscheidungen zu beeinflussen.

Ihre Macht ging bald so weit, dass sie auch durch die Vielzahl der Menschen, die ihnen verpflichtet waren, Wahlen beeinflussen konnten, was ihren Einfluss erheblich vergrößerte. Dieses Prinzip der territorialen Herrschaft gilt bis heute. Auch wenn die 'Ndrangheta längst global agiert und mit dem Kokainhandel viel mehr Geld umsetzt, als aus ihren Herkunftsorten auszupressen wäre, bezieht sie ihre Macht immer noch aus den bäuerlichen Strukturen Kalabriens. Obwohl sie es finanziell längst nicht mehr nötig hat, kassiert die 'Ndrangheta mancherorts immer noch Schutzgeld allein als Mittel des Machterhalts.

Die *Cosca* basiert auf den Begriffen Blut und Ehre, auf Blutsverwandtschaft und der bedingungslosen Verpflichtung dem Clan gegenüber. Fremde werden nur sehr selten aufgenommen. Deshalb gibt es auch kaum Kronzeugen in der 'Ndrangheta. Damit würde die ganze Familie ihre Ehre verlieren. Auf Verrat steht der Tod, für die Angehörigen bedeutet es den Ausschluss aus dem sozialen Leben, wenn sie einen Verräter in ihren Reihen hat. Das geht so weit, dass Mütter ihre Söhne verleugnen, wenn sie dem Clan geschadet haben.

Dagegen wird geachtet, wer einen Angehörigen im Gefängnis hat. Niemand muss sich dann Sorgen um die materielle Sicherheit machen. Solange die Inhaftierten den Mund halten und nicht mit den Behörden kollaborieren, kommt die Mafia für alles auf. Viele Bosse befehligten ihre Clans jahrelang sogar aus dem Gefängnis heraus. Ein Gefängnisaufenthalt ist mitunter sogar für Taufe und Beförderung in der 'Ndrangheta dienlich. Die Gefängniszeit wird als Bewährungsprobe verherrlicht.

Mit dem Eintritt in die 'Ndrangheta schwören die neuen Mitglieder bedingungslose Treue und Gehorsam. »Ich werde nie verraten, solange ich lebe«, ist einer ihrer Schwüre. Die Gehorsamkeit und Verschwiegenheit ihrer Mitglieder, die vor allem auf Blutsverwandtschaft basiert, haben die 'Ndrangheta schlagkräftiger und unangreifbarer gemacht als alle anderen großen Mafia-Organisationen Italiens.

Mafiosi sind katholisch. Sie verehren die Heiligen und die Kirche. Ein Mafioso betrügt seine Frau nicht, zumindest darf es niemand erfahren, denn sonst verlöre er seine Ehre. Die Kinder erhalten die heilige Kommunion, die Frauen gehen zur Kirche und zur Beichte. In keinem Haushalt darf das Kreuz Jesu fehlen, genauso wenig wie das Bildnis von Padre Pio, der schon zu Lebzeiten Legende wurde, weil er an Händen und Füßen blutete wie einst Jesus am Kreuz. Es gibt Hinweise, er habe sich eigens dafür regelmäßig ätzende Säuren in der Apotheke des Vatikans bestellt, doch das würde jeder Mafioso als Verleumdung brandmarken. Sie glauben lieber an ein Wunder.

Der Höhepunkt im Leben eines 'Ndranghetista ist die Prozession zu Ehren der Madonna vom Berge im Kloster von Polsi. Es liegt tief im Aspromonte-Gebirge und ist nur schwer erreichbar. Trotzdem versammeln sich jedes Jahr im September dort Tausende Süditaliener, um die heilige Mutter und das Kind zu verehren und die ganze Nacht bei Wein, Fleisch und Brot die Tarantella zu tanzen, den traditionellen Tanz der Bauern zur Musik von Dudelsack und Tamburin.

Der Legende nach treffen sich dort auch die Bosse der 'Ndrangheta, um über strategische Entscheidungen zu beraten. Wenn sie die Tarantella tanzen, dann ist es ein anderer Tanz, der nach einer festgelegten Reihenfolge Eingeweihten zeigt, wer zum Kreis gehört und welchen Rang er bekleidet. Wahrscheinlich treffen sie sich heute lieber woanders, denn das Kloster wimmelt inzwischen nur so von Polizisten, wenn die Feierlichkeiten beginnen.

Das Kloster von Polsi liegt fast zwei Autostunden durch unwegsames Gelände von San Luca entfernt, einem äußerlich heruntergekommenen Ort, aus dem die mächtigsten Clans stammen und der als Mutter der 'Ndrangheta gilt. Alle wichtigen Entscheidungen, so heißt es, müssen in San Luca abgesegnet werden. Der obere, alte Teil des Ortes wurde nach einem Dauerregen in den siebziger Jahren weggeschwemmt und nie wieder aufgebaut. Das neue San Luca besteht aus einer Vielzahl grauer, oft unverputzter Fassaden, die den ärmlichen Eindruck des Dorfes verstärken. Straßenschilder und Mülleimer sind nach Schießübungen von Kugeln durchlöchert.

In Deutschland wurde San Luca nach den Morden von Duisburg bekannt. Dort wurden 2007 auf einem Parkplatz vor dem italienischen Lokal Da Bruno, nicht weit entfernt vom Hauptbahnhof, sechs Männer erschossen. In dem Lokal war zuvor ein 18-Jähriger zum neuen Mitglied eines Clans getauft worden. Als die Männer gegen zwei Uhr morgens ihre Autos bestiegen, warteten dort bereits ihre Mörder. Die tödlichen Schüsse von Duisburg markierten den vorläufigen Höhepunkt eines lange schwelenden Machtkampfes im rund 2000 Kilometer entfernt San Luca.

Die deutsche Polizei kannte zu diesem Zeitpunkt bereits die Verflechtungen des Clans, nicht nur in Duisburg. Auch in Erfurt und Leipzig waren und sind Familienmitglieder aktiv, sie führen Restaurants, investierten Geld. Interne Lageberichte der Polizei lassen auf vielfältige Verflechtungen krimineller Clans schließen. Doch geschehen ist bis heute nichts.

Die mutmaßlichen Mörder, zwei Männer, wurden gefasst. Ihre Brüder, Cousins, Neffen, Onkel, Enkel und Paten indes müssen die Polizei nicht fürchten. Das ist die Wirklichkeit in Deutschland. Überall haben die Clans aus Kalabrien ihre Stützpunkte, polizeiliche Erfolge gibt es kaum. Die italienische Mafia ist ein Phänomen, dem die deutsche Justiz nichts entgegenzusetzen hat.

Als die Staatsanwaltschaft aus Reggio Calabria nach den Morden von Duisburg wieder einmal gegen die Clans aus San Luca ermittelte, stieß sie auf prunkvoll ausgestattete, unterirdische Verstecke, die sich hinter rohen Fassaden verbargen. Dort lebten alte Männer, die Bosse der mächtigen Clans zwischen Marmor und vergoldeten Wasserhähnen. Dutzende Männer kamen in Haft, die Ermittler stellten Vermögen in Millionenhöhe sicher. Ob sie am Ende verurteilt werden und in Haft bleiben, ist eine andere Frage, an der sich langfristig das Schicksal Süditaliens entscheiden wird.

San Luca gelangte bereits in den siebziger Jahren zu trauriger Berühmtheit, als die 'Ndrangheta begann, Reiche und Industrielle in Serie zu kidnappen und hohe Lösegelder zu erpressen. In Deutschland dürfte der Fall des John Paul Getty in Erinnerung sein, dem man nach seiner Entführung 1973 ein Ohr abschnitt und seinen Verwandten als Lebenszeichen schickte.

Die Millionen, die sie mit den Entführungen erwirtschafteten, investierte die 'Ndrangheta vorausschauend in den Kokainhandel, den sie mittlerweile nahezu beherrschen und der ihnen unermesslichen Reichtum einbringt. Die einstigen Bauern aus den Bergen Kalabriens befehligen heute ein Heer von Rechtsanwälten, Steuerberatern und Finanzexperten, die ihr Vermögen weltweit anlegen. Viele Millionen flossen nach der Wiedervereinigung in ostdeutsche Immobilien, in Schiffs- und Firmenbeteiligungen und Wertpapiere. 2010 brachten italienische Ermittler zutage, dass ein Großteil der Mailänder Weltausstellung mit Mafiavermögen gebaut wurde. 300 Verdächtige wurden verhaftet, bevor sie der Welt ihre Macht präsentieren konnten. Was wäre das für ein Triumph für sie gewesen.

Auch in San Luca spielt die Kirche eine bedeutende Rolle im gesellschaftlichen Leben. Dort ist Don Pino der Herr über seine Schäfchen, und er nimmt seine Aufgabe mit großem Engagement wahr. Er kümmert sich um die Kinder, er beerdigt die Toten, er hat die Kirche wieder gefüllt. Er ist ein geschätzter Mann. Kritiker werfen der Kirche vor, sie distanziere sich nicht genug von der Mafia. Sie haben nicht verstanden. Die katholische Kirche ist Gott verpflichtet und nicht dem italienischen Staat. Er habe genug damit zu tun, in San Luca für Ausgleich zu sorgen, sagt Don Pino. Es ist seine Aufgabe, das Leben für die Menschen in San Luca, die weiß Gott nicht alle Mafiosi sind, erträglicher zu gestalten. Es ist eine große Aufgabe.

Das ist die Welt, in der Francesco Sbano aufgewachsen ist und deren Beschreibung er sich als Fotograf, Musikproduzent und Journalist zur Aufgabe gemacht hat. Es gibt wohl niemanden, der so tiefe Einblick in die Welt der 'Ndrangheta hat wie er. Das hat seinen Preis. Sbano muss sich jeder Wertung enthalten. Nur so kann er die Balance halten, die es ihm erlaubt, zwischen diesen Welten zu pendeln.

Sbano hat Musik, Filme, Fotos über die 'Ndrangheta produziert, Reportagen für *New York Times*, *Newsweek*, *Time Magazine*, *Le Monde*, *Le Nouvel Observateur*, *Spiegel*, *Süddeutsche Zeitung Ma-*

gazin, Frankfurter Allgemeine Zeitung, für die Fernsehsender ARD und CNN sowie viele andere anerkannte Medien ermöglicht.

Wer das Böse bekämpfen will, der muss es kennenlernen – ich stimme ihm zu. Journalistische Arbeit ist nicht immer nur angenehm, Journalisten sind weder Polizisten noch Politiker. Sie beschreiben die Welt, damit die Leser sich ein Urteil bilden können. Urteil setzt Kenntnis voraus. Kenntnis erlangt man durch Wissen. Eine Meinung zu haben, verlangt dagegen nicht viel. Eine Meinung kann jeder haben.

Mitunter ist Sbano öffentlich kritisiert worden. Seine überwiegend auf Beschreibung basierende Arbeit gefällt manchen Journalisten und Antimafia-Aktivisten nicht. Sie werfen ihm eine zu große, unkritische Nähe zur 'Ndrangheta vor. Manche seiner Gegner haben sogar versucht, ihn in die Nähe der 'Ndrangheta zu rücken, ihm Sympathie zu unterstellen, ja sogar ihr Sprachrohr zu sein. Doch das ist falsch. Sie machen es sich zu einfach.

In Italien wird das Thema Mafia verständlicherweise viel emotionaler diskutiert als in Deutschland, wo man ihre Existenz kaum spürt. In Italien hingegen ist die Mafia in der öffentlichen Debatte allgegenwärtig. Und genauso, wie die Mafia für ihre Mitglieder identitätsstiftend ist, kann sie es auch für ihre Gegner sein. Ihnen bietet sie ebenso die Möglichkeit, Bedeutung zu erlangen. Damit sind keinesfalls die zahlreichen Staatsanwälte, Polizisten und Richter gemeint, die unter erheblichen Entbehrungen und dem Einsatz ihres Lebens versuchen, das Krebsgeschwür des Mezzogiorno zu bekämpfen. Aber es gibt auch eine Reihe von Journalisten, Fotografen, Autoren und sonstigen Aktivisten, die auf der Welle der Mafia-Gegner zu Ruhm gelangen wollen, die für sich allein die Deutungshoheit und Beurteilungskompetenz in Anspruch nehmen. Ihnen ist die Arbeit von Francesco Sbano ein Dorn im Auge.

Dieser Antimafia-Wanderzirkus aber gefällt sich sehr in seiner Rolle. Seine Mitglieder tragen ihre Meinung wie einen Schild vor sich her. Wer könnte es schon wagen, sie zu kritisieren? Dabei ist es ein Leichtes, gegen die Mafia zu sein. Es ist so, als sei man gegen den Hunger in der Welt oder die Abholzung des Regenwaldes. Wer dazu gehört, hat den unbestreitbaren Vorteil, immer auf der richtigen Seite zu sein.

Die Wenigsten von ihnen gehen dabei irgendein Risiko ein. Sie stilisieren schon ihre Meinung zum Heldentum, füllen damit Vorträge und Diskussionsveranstaltungen. Ihre einzigen Einsichten zur Mafia indes erhalten sie aus Medien, Parlamentsberichten oder von Staatsanwälten. Sie haben ihre Informationen bestenfalls aus zweiter oder dritter Hand.

Francesco Sbano hat diese Arbeit nie geschätzt. Er geht seinen eigenen Weg, er wagt mehr. Meiner Meinung nach hat er mehr zur Aufklärung über die 'Ndrangheta beigetragen als die meisten seiner Kritiker. Dieses Buch ist ein Beleg dafür.

Sbano hat als Süditaliener zwar ein gespanntes Verhältnis zum italienischen Staat, aber er ist keinesfalls ein Fürsprecher der Mafia. Er hat immer die Distanz zu seinen Protagonisten gewahrt und nie Zweifel an seiner Ablehnung der Mafia und ihrer Methoden gelassen.

Gleichwohl lässt sich nicht bestreiten, dass der italienische Staat eine Mitschuld an den desaströsen Zuständen im italienischen Süden hat. Seine Strukturen zerfallen zusehends, und die Bevölkerung hat ihr Vertrauen in den Staat als Ordnungsmacht längst verloren. Mittlerweile bedroht die 'Ndrangheta schon den Norden, weil sie mit ihren gewaltigen Einnahmen aus dem Kokainhandel die legale Wirtschaft unter anderem im Bauwesen unterwandert und aufgrund ihrer Finanzstärke jedem ehrlichen Konkurrenten überlegen ist.

Längst hat sie maßgeblichen Einfluss auf die Politik, sogar bis hinein ins römische Parlament. In manchen Teilen Kalabriens kontrolliert sie 20 Prozent der Stimmen und entscheidet damit

Wahlen. Politiker wissen das und zahlen einen hohen Preis für einen Wahlsieg, den sie der Mafia zu verdanken haben. Sie sind deren Interessenvertreter, Lobbyisten der Mörder und Drogenhändler.

Eine allgegenwärtige Korruption – Italien war 2007 auf Platz 41 auf dem Index von Transparency International – führte zu einem Zusammenbruch staatlicher Institutionen in Süditalien. Der Zentralstaat hat kaum noch Kontrolle über sein Territorium südlich von Neapel.

Die Präsenz einer so unberechenbaren Macht behindert dringend notwendige Investitionen. Die Folgen sind der Niedergang der Wirtschaft, eine Arbeitslosigkeit, die doppelt so hoch ist wie im Norden, die überall sichtbare Armut. Und diese Faktoren wiederum begünstigen die Mafia, die sich als Wohltäter gerieren kann, Jobs vermittelt und keine Schwierigkeiten hat, aus dem Heer der Arbeitslosen ihren Nachwuchs zu rekrutieren.

Als Konsequenz von Korruption, Schutzgeld und Erpressung sind Lebensmittel im armen Süden teurer als im vergleichsweise reichen Norden. Sie finanzieren damit die luxuriösen Einkaufstempel in Mailand.

Junge, gut ausgebildete Italiener suchen ihr Heil in der Flucht in den Norden oder ins Ausland. Zurück bleiben Verzweiflung und Hoffnungslosigkeit. Ein erbarmungswürdiges Bild geben auch Kalabriens Lokalpolitiker ab, die entweder die Existenz der 'Ndrangheta schlicht leugnen oder sich mit ihr arrangieren. Sich gegen das organisierte Verbrechen zu erheben, halten manche gar für Selbstmord. Und zwar nicht nur politisch.

Die 'Ndrangheta setzt jüngsten Schätzungen zufolge mittlerweile rund 44 Milliarden Euro im Jahr um und ist damit einer der größten Player der italienischen Wirtschaft. Weit mehr als die Hälfte davon verdient sie mit Drogenhandel. Die kalabrische Mafia erwirtschaftet rund drei Prozent der gesamten Wirtschaftskraft des Landes.

Der italienische Staat setzt dem vergleichsweise wenig entgegen, und man mag spekulieren, warum. Die Justiz arbeitet ineffizient, etwa ein Drittel der Stellen bei der Staatsanwaltschaft in Süditalien sind nicht besetzt. Es gibt viel zu wenig Haftplätze, was zur Folge hat, dass Verurteilte entweder gar nicht ins Gefängnis kommen oder frühzeitig entlassen werden.

Hinter vorgehaltener Hand sprechen Diplomaten bereits von einem »failed State«, ein Ausdruck, der sonst nur bei Ländern wie Somalia oder Jemen fällt.

In den vergangenen Jahren konnte die Staatsanwaltschaft erstmals nennenswerte Erfolge gegen die 'Ndrangheta erreichen. Hunderte Mafiosi und ihre willigen Helfer wurden verhaftet, darunter Politiker, Polizisten und Finanzdienstleister, hunderte Millionen Euro sichergestellt.

Die Prozessverläufe werden zeigen, ob es dem italienischen Staat gelingt, die Oberhand im Süden zu erringen. Wenn wieder einmal die Verdächtigen wegen Fristüberschreitungen, Formfehlern und überfüllten Gefängnissen ihrer Strafe entgehen, dann ist es wieder ein erneuter Sieg für die 'Ndrangheta. Dann ist Italiens Süden wohl endgültig ein gescheiterter Staat.

Andreas Ulrich

Vorwort

Wer hat sich bei der Lektüre eines Buchs oder beim Anschauen eines Films über die Mafia nicht schon einmal in die Rolle des Paten hineinzuversetzen versucht? Seien wir ehrlich, alle haben wir, und sei es auch nur für einen Augenblick, davon geträumt, in die Rolle des mächtigen Mafiabosses zu schlüpfen.

Mein Bestreben geht dahin, anhand neuer Informationsquellen die Mediendebatte über das Phänomen der 'Ndrangheta anzuheizen, um weltweit die inakzeptable soziale Lage anzuprangern, in der sich Kalabrien befindet.

Dieses Buch soll ein Mahnwort an diejenigen sein, die dazu neigen, mafiöse Unternehmungen zu verklären – ein Vorwurf, der auch mir schon von unterschiedlicher Seite gemacht wurde. Einige Kollegen haben nicht einmal gezögert, mich selbst zum Mafioso zu erklären. Tatsächlich aber bin ich der einzige, der durch jahrzehntelange Recherchen das Vertrauen der Mafia gewonnen hat und deshalb in der Lage ist, mit ausgewählten Journalisten jene kriminellen Umfelder zu erforschen, die bislang als undurchdringlich galten.

Hier wird die Geschichte des jungen Kalabriers Giuliano Belfiore erzählt, der Deutschland hinter sich lässt und in seinen Heimatort zurückkehrt, um dort Mitglied der Mafia zu werden. Ich hatte das Glück, Giuliano über seine lange kriminelle Karriere persönlich zu befragen, und ich habe ihn gebeten, mir seine Erlebnisse in der Jetztzeit und immer in der ersten Person zu erzählen. So als geschähe alles in diesem Moment.

Um sein exemplarisches Verbrecherleben so authentisch wie möglich wiederzugeben, habe ich mich innerhalb von zehn Jahren rund fünfzig Mal mit ihm getroffen. Im Laufe unserer Gespräche hat Giuliano mir bis ins kleinste Detail den Hergang seiner Verbrechen offenbart und auch mit der Beschreibung seiner Gefühlslagen bei den jeweiligen Ereignissen nicht hinterm Berg gehalten.

Obgleich es sich hier um einen Mafioso, einen Gesetzesbrecher handelt, verbietet es mir meine Berufsethik, seine Identität preiszugeben: Ich werde sie immer geheim halten.

Aus diesem Grund hielt ich es für angebracht, auch die Namen der anderen Personen und die einiger von ihm im Folgenden genannten Ortschaften zu ändern.

In der Überzeugung, dass sich das Böse nur bekämpfen lässt, wenn man es von Grund auf kennt, wünsche ich eine gute Lektüre.

Francesco Sbano

Wie man es anstellt, die Bekanntschaft eines Paten zu machen

In Anzug und Schuhen erwache ich auf dem Wohnzimmersofa meines Elternhauses. Ungefähr drei Stunden zuvor muss ich schlagartig eingeschlafen sein; ich war am Mittag mit einem Alitalia-Flug aus Deutschland in Lamezia Terme gelandet. Vom Flughafen nach Brancavilla di Calabria, meinem Heimatort, braucht man mit dem Taxi ungefähr eine Stunde. Vor rund fünf Jahren war ich gezwungen, nach Hamburg auszuwandern. Und ich bin nun mit einem einzigen Ziel vor Augen zurückgekehrt, nämlich mich hier auf meinem Heimatboden niederzulassen und der Mafia beizutreten. Seit Jahren bin ich besessen von diesem Gedanken.

Ich verlasse das Haus an der Piazza dei Martiri und gehe Richtung Corso Roma zum Stadtpark von Brancavilla. In diesem süditalienischen 35 000-Seelen-Städtchen muss man stets wie aus dem Ei gepellt sein, wenn man sich auf der Straße blicken lässt, und jedes Accessoire, muss aufeinander abgestimmt sein: dunkelblauer Gabardineanzug für die Übergangszeit, schwarzer, kurzer Staubmantel, englische Maßschuhe und eine Brille Marke Persol. Der breite Corso Roma ist die Flaniermeile, ein regelrechter Provinzlaufsteg, auf dem junge Kerle das Sagen haben, die sich als Schönlinge aufführen und mit den jungen Mädchen, die grüppchenweise unterwegs sind, flüchtige Blicke austauschen. Auch wenn hier jeder jeden kennt, bedeutet das noch lange nicht, dass man einfach so das Wort an ein Mädchen richten darf, das man nur vom Sehen kennt und das deinen Gruß nicht erwidert, wenn es dir auf der Straße begegnet. Den Gruß muss man sich erst verdienen. Es ist ein verlockendes und wortloses Spiel aus schmachtenden Blicken und gewagten Gedanken. Um Zeit zu gewinnen, wendet man sich noch immer an die Freunde mit der Bitte um Vermittlung:

»Aber warum grüßt du ihn denn nicht? Du weißt doch, dass du ihm gefällst, oder? Los, jetzt grüß ihn doch!«

Und die Antwort lautet dann:

»Aber woher denn! Ich grüße überhaupt niemanden ... wieso stellst du ihn mir denn nicht vor? Nicht sofort ... vielleicht nächste Woche. Dann werde ich seinen Gruß erwidern.«

Es ist ein kühler Sonntagnachmittag im April des Jahres 1980. Gestern ist ein Sturm übers Land gezogen, und obwohl der Regen erst vor einer halben Stunde aufgehört hat, ist die Straße bereits voller Menschen, die gemächlich und lächelnd ihren Spaziergang machen. Ich bewege mich inmitten schreiender Kinder und gestikulierender Erwachsener voran, die ihre Bekannten und Freunde mit Umarmungen und Küssen in geradezu überschwänglichem Getue begrüßen. Ich bin schwer beeindruckt von den aufwändigen Hochsteckfrisuren einiger Frauen, die an Königinnenhäupter aus der ägyptischen Antike erinnern.

Die Autos, die am Rande des Corsos geparkt sind, blinken frisch gewienert. Es ist erst sechs Uhr, aber sämtliche Parkplätze sind bereits besetzt.

Auf diesen zweihundert Metern Straße, die beim antiken Stadttor des historischen Stadtkerns beginnen, mit den Häusern aus den vierziger und fünfziger Jahren und dazwischen das Kino Cilea, stellt sich das ganze Dorf zur Schau.

Ich erreiche den Stadtpark, durchquere ihn und finde mich auf der zauberhaften Aussichtsterrasse wieder; ich umfasse die Brüstung und schaue Richtung Meer. Ich befinde mich oberhalb des Felsvorsprungs, der sich über der Marina mit ihren prächtigen Palazzi erhebt.

Ich erinnere mich noch genau, wie mein Großvater mir an diesem Ort erzählte, dass die Palazzi dort gebaut worden waren, um die Büroräume des Unternehmens unterzubringen, das mein Ururgroßvater Ercole Belfiore seinerzeit führte. Von dieser Küste aus transportierten seine Schiffe das hiesige Olivenöl, das als bestes Schmierfett für die neuen Industriegerätschaften galt, bis ins ferne England. Er erzählte mir von einem Unternehmen, das unsere Familie zu einer der reichsten in Kalabrien gemacht hatte. Bis wir dann 1861 von den Piemontesen dem Rest von Italien einverleibt wurden und zu einem einzigen Staat verschmolzen. Kaum war die erste Einheitsregierung im Amt, zwang sie die Banken des Südens, den Kredit für unsere Geschäfte einzufrieren, und die Familie Belfiore und sämtliche Unternehmer des Mezzogiorno standen vor dem Aus.

Seit damals hat sich nichts verändert. Fünf Jahre lang habe ich in Hamburg auf dem Bau gearbeitet und es nicht geschafft, das nötige Geld zu verdienen, um für meine einzigen noch lebenden Angehörigen aufzukommen: meinen Vater, der nicht auswandern will, und meinen arbeitslosen Bruder. Für mich ist es die schlimmste aller Erniedrigungen, mit ansehen zu müssen, wie die Armut sie ausgelaugt hat. Eben aus diesem Grund suche ich heute Respekt und habe das brennende Verlangen, ein *Ehrenmann* der am meisten ge-fürchteten Mafiaorganisation zu werden. Der *ehrenwerten Gesell-schaft* von Kalabrien, der 'Ndrangheta.

Ich nehme meine Hand vom Geländer und gehe am Rand des Belvedere entlang. Ein wolkenloser Gluthimmel färbt die Luft über der Marina feuerrot. Weiter unten bläst der Wind vom Fest-land noch immer so stark, dass Wellenschaum und Wasserspritzer einige Meter aus dem aufgewühlten Meer in die Höhe gedrückt werden. Die Wellen, die stürmisch heranpreschen, lassen sich für einen Augenblick von einem unermüdlichen Wind emporheben, als würden sie ihren letzten Atemzug tun, bevor sie krachend auf die Brandung zurückfallen.

Die bedrohlichen Meeresgeräusche haben in meinen Ohren einen beruhigenden Klang. In meinen Kindertagen ging das Fens-ter meines kleinen Zimmers auf die Schlucht, die vom oberen Teil des Ortes hinunter zum Bahnhof und weiter bis runter zum Meer führt. Meine Träume waren regelmäßig von Reisenden bevölkert, die sich bei jeder Ansage einer Zugabfahrt in Bewegung setzten. Und im Hintergrund das Meeresatmen.

Meister Ciccio sitzt dort, wo das Belvedere einen Knick macht, auf einem wuchtigen Tuffsteinsitz und wartet auf mich. Er breitet die Arme aus, drückt mich an sich und küsst mich auf beide Wangen. Wir setzen uns, nachdem wir uns umgeschaut haben: »Ich finde, du siehst gut aus mit deinen fünfzig Jahren, die du auf dem Buckel hast!«, sage ich zu ihm. »Gepflegter Bart und ein todschicker An-zug.« Und dabei schiebe ich ihm eine Sonnenbrille in die Hand, die ich extra für ihn in Hamburg gekauft habe. »Schau einer an, du hast an mich gedacht. Danke!«

Mit einer entschiedenen Handbewegung setzt er sich die Ray Ban auf die Nase und nimmt mich hinter den schwarzen Gläsern ins Visier:

»Du bist mir immer ein Freund. In Deutschland alles in Ordnung? Wie laufen die Geschäfte?«

Wer ein *Ehrenmann* werden will, ohne in einer traditionellen Mafiafamilie geboren und aufgewachsen zu sein, sollte zumindest eine Person wie Meister Ciccio kennen. Ich kenne ihn, seitdem er von Zeit zu Zeit am Ausgang des Kindergartens auf mich und meinen Cousin gewartet hat, um uns nach Hause zu begleiten.

Meister Ciccio erhielt mit achtzehn die Mafia*taufe* und wurde zunächst ein *Picciotto*, ein *Soldat* der 'Ndrangheta. Mitte der siebziger Jahre hatte er wegen bewaffneten Raubüberfalls, Zigarettenschmuggels und Autohehlerei bereits vierzehn Jahre im Gefängnis gesessen und bat daraufhin höflich um Erlaubnis, aus der *Gesellschaft* ausscheiden zu dürfen. Für einen *Ehrenmann* seines Kalibers hatte sich die *ehrenwerte Gesellschaft* zu stark verändert. Für ihn zählten Werte wie Respekt und Ehre nach alter Manier. Nach wenigen Monaten schon gestattete sein Pate ihm, in den Ruhestand zu gehen: Meister Ciccio durfte sich also von den Geschäften der 'Ndrangheta zurückziehen.

Seither arbeitet er als Konditor, fühlt sich jedoch nach wie vor den Regeln der Mafia verpflichtet. Noch heute wird er von der *ehrenwerten Gesellschaft* zur Beratung hinzugezogen. Die Organisation hat sich ihm gegenüber den Respekt von früher bewahrt und sichert ihm auch den »letzten Hafen« zu, wo Don Ciccio gegebenenfalls die Möglichkeit hat, sich mit dem Lebensnotwendigen zu versorgen.

Meister Ciccio hält mir sein Päckchen MS hin: »Willst du rauchen?« Und ich: »Ich habe aufgehört. Trotzdem, danke.« Meine Antwort verwundert ihn. Vorsichtig schaut er nach rechts und nach links und sagt dann:

»Um Teil der *ehrenwerten Gesellschaft* zu werden, musst du einem Mafioso, der in der Lage ist, die Mafia*taufe* vorzunehmen, also einem Paten, beweisen, dass du über schnelles Reaktionsvermögen, Intelligenz und Entschlusskraft verfügst. Du musst dir respektvolle Manieren zulegen und die Mafiasprache perfektionieren. All das zusammen ist der Schlüssel, um mit den *Ehrenmännern* in Verbindung zu treten. Du musst beweisen, dass du bereit bist, Schusswaffen einzusetzen. Und du musst darüber Schweigen wahren, und zwar für immer, ohne auch nur den geringsten Verdacht zu erwecken. Der Instinkt der unumschränkten Bereitschaft, dein Leben hinzugeben, um einen Freund zu verteidigen, muss in dir erwachen und du musst ihn sorgfältig pflegen.«

Bei diesen Worten liegt ein Lächeln auf seinen Lippen, das sich nach und nach verdüstert. Meister Ciccio setzt sich ganz aufrecht hin, legt seine Hand auf meinen Hals und fixiert mich aus dieser Entfernung:

»Giuliano, du bist ein Glückspilz. Denn ich werde dir den Weg weisen, wie du zum *Mann* werden kannst. Du brauchst dich nicht nach einem Garanten umzuschauen. Ich verspreche dir, innerhalb von einem halben Jahr werde ich für dich einen *Paten* gefunden haben, der bereit ist, dich zu *taufen* und zum *Soldaten* zu machen. Während dieser Zeit brauchst du nichts anderes tun, als meinen Lektionen zu folgen. Wir gehen jetzt in die Bar und genehmigen uns einen Aperitif. Na los, es ist fast Abendessenszeit.«

In der Bar am Corso bestellen wir zu trinken. Mein Gesicht im Spiegel hinter den Likörflaschen ist kreidebleich. Ich befinde mich in einem Zustand größter Konfusion. In sechs Monaten schon soll meine *Taufe* sein? Suchend halte ich Ausschau nach meinem Campari Bitter auf der Theke. Meister Ciccio ist so freundlich und reicht ihn mir: »*Salute!*«

Dann senkt er die Stimme und sagt:

»Giuliano, es wird für dich der Beginn einer wunderschönen Reise. Und mir wird es zur Ehre gereichen, einen respektablen Signore wie dich, mit Verlaub, herangezogen zu haben.«

Er schenkt mir ein überzeugendes Lächeln und erkennt die Bestürzung in meinen Augen. »In Kalabrien gilt es als die schönste Sache der Welt, ein *Ehrenmann* zu werden«, sagt er im Flüsterton. Draußen senkt sich die Dunkelheit herab. Aber wenn die Berge im Osten schon beinahe schwarz sind, ist das Meer auf der anderen Seite noch deutlich zu erkennen. Unter einem feuchten und sternlosen Himmel gehe ich nach Hause. In der Mitte des Firmaments zeigt sich schwach der Mond, wie ein Gespenst. Der Nebelring, der ihn gänzlich umschließt, schwindet nach und nach, bis er sich vollständig oberhalb der schwachen Linie des Horizonts verliert, die außerordentlich klar ist und noch den schwachen Schimmer des letzten Lichtes festhält. In einem Meer, das von den Blitzen des nahenden Gewitters erhellt ist, kann ich einige kurze Augenblicke lang die Umrisse der Vulkaninsel Stromboli erkennen. Ich verharre unbeweglich, ohne zu atmen. Ich konzentriere mich auf jenen vagen Punkt am Horizont, bis sich das Meer nicht mehr vom Himmel unterscheiden lässt.

Schlaflos wälze ich mich in dieser Nacht im Bett hin und her.

Am nächsten Morgen nimmt mich Meister Ciccio im Wagen mit zu Mauro, der am Vormittag im Schlachthof und am Nachmittag in der städtischen Auffangstation für Hunde arbeitet. Mauro ist ein *Soldat*, 26 Jahre alt, 1,80 m groß und 90 Kilo schwer. Er ist erst vor Kurzem aus dem Knast entlassen worden, wo er zwei Jahre ohne Bewährung wegen versuchten Mordes abgesessen hat. Meister Ciccio parkt seinen Renault 4 am Eingang zur Motta, dem berüchtigten Viertel von Brancavilla, wo die Leute wohnen, die es mit den Gesetzen der Staatsgewalt nicht so genau nehmen. Es fängt an zu regnen. Zu Fuß gehen wir eilig in Richtung eines heruntergekommenen Arkadengangs und machen einige Meter davor am Eingang zu einem kleinen Lager Halt. Mauro schließt das Vorhängeschloss des alten Rollgitters auf, schiebt es bis zur Hälfte nach oben und lässt uns eintreten. Er wirft einen skeptischen Blick auf die Straße, dann lässt er das Gitter wieder nach unten rattern.

Betäubt vom Höllenlärm des fallenden Eisens beobachte ich die flinken Bewegungen von Mauro, der auch das Fenster schließt. Dann geht er zum Kassettenrekorder, der auf dem Arbeitstisch platziert ist, und spielt eine Kassette mit traditionellen Tarantellas ab. »Man kann nie wissen«, sagt er und dreht die Lautstärke voll auf. Aus einem Sack mit Futtermittel, der in der Ecke des Raums in der Nähe des Waschbeckens steht, holt er eine mit rotem Papier versiegelte Schachtel heraus und reicht sie wortlos Meister Ciccio. Der nimmt das Päckchen und drückt es mir mit Nachdruck in die rechte Hand. Der Inhalt wiegt schwer wie Blei. Er nähert sich meinem Ohr und sagt:

»Heute musst du es um halb sechs Uhr nachmittags in Cosenza Gevatter Sergio *dem Vornehmen* übergeben und zwar an der Überführung der Via Popilia. Und ihm meine Grüße ausrichten. Ciao!«

Am Nachmittag schnappe ich meine Vespa und brause mit 90 Stundenkilometern über die Nationalstraße. Am Ende der geraden Strecke erkenne ich die ersten Häuser von Cosenza, da holen mich plötzlich zwei Typen auf einer roten Ducati ein und bedeuten mir anzuhalten. Ich brülle: »Verflucht noch eins, von wegen anhalten! Zum Teufel!« Ich schalte einen Gang zurück und lasse die Kupplung los, sodass ich maximal beschleunige und versuche, mir einen Vorsprung zu verschaffen. Vergeblich. Nach weniger als zwanzig Metern ist die Ducati wieder an meiner Seite und wird furchterregend steil in die Höhe gezogen. Der Typ auf dem Rücksitz holt eine Knarre vor, die wie eine 7,65er aussieht, und gibt drei Schüsse in Richtung meines Schutzhelms ab. Das Herz schlägt mir bis zum Hals, als ich die Knalle höre ... aber die Schüsse gehen ins Leere. Scheißkerle! Die haben mit einer Schreckschusspistole auf mich geschossen! Mit einer Riesenangst im Leib unternehme ich nicht einmal den Versuch zu bremsen. Dieser Teufelsflitzer ist noch für einen Augenblick auf meiner Höhe, beschleunigt, schaltet dann auf Turbo und verschwindet mit unglaublicher Geschwindigkeit am Ende der geraden Strecke.

Wieder setzt der Regen ein.

Voller Wut fahre ich mit Karacho zur Abzweigung in die Via Popilia und erreiche ziemlich durchnässt die Straßenüberführung, unter der die Baracke des Obst- und Gemüsehändlers steht. Ich fahre die Verbindungsstraße hinunter und halte genau unterhalb der Nationalstraße vor einem großen Haufen Zwiebelsäcken an. Ich hieve die Vespa auf den Ständer und mache den Motor aus.

Aus dem Kassettenrekorder eines alten Fiat 127 mit offener Wagentür, der seitlich der Verkaufsbude steht und leer ist, ertönt laut die Stimme von Natino Rappocciolo:

E quandu la me scuppetta canta e sona, i lu cuteddu è affilata a lama / cu faci li spiati sempri stona, e pronto c'è nu lupu mi su sbrana ... (»Und wenn meine Knarre singt und ballert, sind meine Messer scharf geschliffen / Der gar spitzelt, wird nie zu uns gehören / Für ihn gibt es einen Wolf, der ihn zerfleischt ...«)

Ein Stück weiter vorn ist ein junger, ziemlich stämmiger Bursche um die Zwanzig dabei, eine Kiste Artischocken zu säubern. Er singt die Begleitstimme zu diesem Lied aus der Unterwelt. Um die grausamsten Stellen des Textes noch bildhaft zu unterstreichen, bewegt er die große Schneide seines Messers, mit dem er arbeitet, und vollführt tollkühne Fechthiebe in der Luft. **33**

Sinnlos, dass du um Hilfe schreist. Stirb, du Aas, stirb du Ehrloser ...

Es hat aufgehört zu nieseln, und die tief stehende Sonne spiegelt sich in der Schneide seines enormen Messers. Welch Musik! Ein lauer Schauer läuft mir über den Rücken und streichelt mir den Nacken in jenem warmen Licht.

Hinter mir steht ein stattlicher Herr mittleren Alters, seine schweren Schuhe sind schlammverschmutzt unter den Hosen aus braunem Wollstoff, darüber trägt er ein dunkelblaues Jackett aus schwerem Kordstoff, unterm Arm steckt eine Stange Marlboro, in der Hand hält er die *coppola*, eine traditionelle Schirmmütze, wie sie gerne von Mitgliedern der *ehrenwerten Gesellschaft* getragen wird. »Ist das deine Vespa? Ich habe sie hier noch nie gesehen«, fragt er, und ich: »Don Sergio? Mit Verlaub, diese Vespa gehört mir, und da ich nach Euch suchte, gestattet mir mich vorzustellen. Ich bin Giuliano Belfiore aus Brancavilla. Ich überbringe Euch viele Grüße von Meister Ciccio.«

Don Sergio fragt unter seinem nikotinvergilbten Schnauzer zurück:

»Wer soll das sein? Wie war das noch mal, Meister ... *wer*?«

»Mit Verlaub, Meister Ciccio ist mein Freund. Meister Ciccio ist einer, der mich auf den rechten Weg bringt ... Ihr ... Ihr versteht mich.«

»Und sag mir noch eins ... *gehst* du bereits *unter jemandem*?«[1]

»Ich möchte *unter dem Himmel und über der Erde gehen*.[2] Noch aber bin ich dessen nicht würdig. Ein *Eingeweihter* bin ich, und zwar ein *ehrenwerter*.«

»Ach, und was bedeutet das?«

»Das bedeutet, mit gebührendem Respekt gesprochen, dass *ich makellos bin*.«[3]

»Gut so, mein Junge, du bist ein anständiger Kerl. Jetzt geh voran und lass dich nicht vom Weg abbringen. Gib mir das Päckchen.«

Ich reiche es ihm sofort. Don Sergio steckt es rasch in seine Ja-

34

1 »Bist du ein Ehrenmann, ein Mafioso?« Aus dem Mafiakode.
2 »Nein, ich bin noch kein Mafioso, aber ich möchte gern einer werden.«
3 »... dass ich noch nie gegen die Mafia gehandelt habe.«

ckentasche und setzt sich auf einen kleinen Tisch. Er stellt den Fuß im Halbstiefel auf die Bank und bietet mir eine Zigarette an. Gerne nehme ich an. Während er mir Feuer gibt, sagt er leise: »Du suchst Respekt. Und wer ist es, der dir den Respekt zollt?«

Ohne zu zögern, antworte ich: »*La Mamma*.[4] Unsere und die aller Kalabrier.«

Don Sergio pflichtet mir bei und lässt schwer den Kopf sinken. Dann beobachtet er mich verwundert und reicht mir die Stange Zigaretten, die bis dahin unter seinem Arm klemmte.

»Bring dies zum Dank zusammen mit meinen Grüßen dem Meister.«

Bei diesen Worten erstrahlt ein Lächeln in seinem Gesicht, er fährt fort:

»Weißt du, dass Meister Ciccio der Beste im Messerfechten ist? Er ist sogar Ringkämpfer gewesen. Seinerzeit konnte ihm keiner etwas. Niemand durfte auch nur einen Finger gegen ihn erheben, das lass dir gesagt sein. Stell dir vor, er hat es geschafft, die Visagen von ein paar großen Nummern, vor denen die ganze Welt zitterte, zu entstellen! Und jedes Mal war er alleine und nicht auf seinem Territorium. Um so etwas zu tun, musste er einen absolut triftigen Grund haben, andernfalls hätte er alle anderen gegen sich gehabt.

Und da er stets auf der Seite der Schwächeren stand, war er auch bei den Leuten in der Umgebung beliebt. Auch wenn die Zeiten der echten Schurken vorbei sind, bleibt Meister Ciccio immer noch der Beste, um den Nachwuchs auf die *Taufe* vorzubereiten. Jetzt geh dort in die Bar an der Ecke und trink einen Kaffee, auf meine Rechnung, darauf bestehe ich ... und dann mach dich davon. Alles Gute wünsch ich dir, Giuliano. Die Madonna del Pettoruto[5] möge dich beschützen.«

4 Die 'Ndrangheta.
5 Madonna mit dem Jesuskind. Gemeint ist die Schutzpatronin eines Marienheiligtums in der Provinz von Cosenza.

Ich suche nach seiner Hand, um sie zu drücken. Don Sergio öffnet sie und reicht sie mir. Sofort erkenne ich in der Kuhle zwischen Daumen und Zeigefinger fünf eintätowierte Punkte. Es sind die fünf Punkte der *ehrenwerten Gesellschaft.* Die fünf Punkte des Familienoberhaupts. Des Paten. Voller Hingabe streichle ich diese warme Hand und streife mit den Fingerspitzen über die Tätowierung. Den Blick zu Boden gewandt, führe ich seine Hände an mein Gesicht und küsse sie. Don Sergio kennt die berauschende Wirkung, die ein hochkarätiger Mafioso auf einen Neuling ausübt. Seelenruhig verharrt er einige Augenblicke, dann gebietet er mir:

»Geh jetzt, Giuliano. Ich brauche nichts mehr von dir.«

Ich mache einige Schritte nach hinten und verabschiede mich: »Ich stehe Euch immer zu Diensten, Don Sergio. Ich wünsche eine gute Nacht, Euch und Eurer Familie.«

Ich grinse, als ich mich meiner Vespa nähere. Wer weiß, was der Barmann für ein Gesicht machen wird, wenn ich einen Kaffee auf Rechnung von Don Sergio bestelle. Ich will diesen Moment baldmöglichst auskosten und mache mich daran, den Motor anzulassen. Da bemerke ich die zwei Typen, die an der Kühlerhaube eines schwarzen Alfa Romeos, Typ Alfetta, lehnen, der so geparkt ist, dass er die Zufahrt zur Verbindungsstraße versperrt. Und die Stimme Fred Scottis tönt in voller Lautstärke aus der Stereoanlage des Wagens mit seinem Knastbruderlied: *… Es schlägt Mitternacht in dieser Zelle / Und Gott im Himmel erbarme sich meiner / Ich bin eingeschlossen in dieser Zelle / Und schicke mein Gebet zu dir …*

36 »Wir grüßen dich, *Blümchen*«, sagt einer von ihnen, und der andere meint lachend: »Haben wir dir vorhin auf der Straße etwa Angst eingejagt?« Ihr anmaßender Ton lässt keinen Zweifel aufkommen. Es handelt sich um *Freunde.*[6] Es sind dieselben, die heute von ihrer Ducati aus auf mich »geschossen« haben.

6 Wie sich die Mafiosi untereinander nennen.

Wir tauschen einen kräftigen Handschlag: »Ich bin Alfonso, und das ist Rino. Freut uns, deine Bekanntschaft zu machen, Giuliano.«

Es folgt ein ganz cremiger Kaffee ohne Zucker. Fein, schwarz und bitter.

In dieser Nacht schlafe ich wie ein Stein.

Wie eine Blume geboren wird

Es ist zwölf Uhr mittags, ich sitze an Meister Ciccios Tisch und halte ein Glas Verbicaro in der Hand.

Ich betrachte den Wein, er ist mehr schwarz als rot; auch wenn ich das Glas hochhebe, erkenne ich im Gegenlicht nur einen schwach amberfarbenen Schein am Grund. Ich nippe daran. Der Wein hat fünfzehneinhalb Prozent. Cettina, die Frau von Meister Ciccio, ruft aus der Küche:

»Bleibt der Herr Giuliano zum Essen?«

Meister Ciccio dreht verärgert den Kopf in Richtung Küche:

»*Cettì*, ich hab dir doch gesagt, du darfst uns unter keinen Umständen stören. Der Herr Giuliano hat keine Zeit, um zum Mittagessen zu bleiben, andernfalls hätte ich dir schon etwas gesagt.«

Er zündet sich eine Zigarette an und reicht mir unbeirrt, obwohl er genau weiß, dass ich mit dem Rauchen aufhören will, das Päckchen. Er blickt mich aus den rauchgeröteten Augen an und legt los:

»Die Legende über die Anfänge der Mafia besagt: Es waren einmal drei spanische Ritter namens Osso, Mastrosso und Carcagnosso, die in einundzwanzig Jahren Arbeit die Organisation der *ehrenwerten Gesellschaft* geschaffen haben. Das Symbol der Gesellschaft ist der Baum des Wissens, dessen Struktur die hierarchischen Figuren der traditionellen 'Ndrangheta einschließt.

Das heißt also: Der Stamm stellt das Oberhaupt oder den Boss dar. Der Hauptarm steht für den *Kassenwart*. Der Ast, das ist der *Camorrista*, der für die Erpressungen und die drastischen Lösungen zuständig ist. Der Zweig steht für den *Picciotto*, den *Soldaten*, also den Jungmafioso, dem die Aufgabe obliegt, das Territorium zu kontrollieren und dem Boss die wichtigsten Vorkommnisse des Tages zu melden. Die *Blume* schließlich steht für den Mafialehrling, der noch nicht die Bluttaufe erhalten hat. Diese fünf Figuren, die sogenannten Honoratioren, begründen die Mafiagesellschaft und sind ihre Vertreter, und nur sie führen die Versammlungen durch.

Das Oberhaupt kann zur Vergrößerung seiner Bande verschiedene Kassenwarte, *Camorristi* und *Soldaten* aufnehmen und sich mit *Blumen* umgeben. Diese neuen Mitglieder bezeichnen sich als Respektpersonen, aber es sind keine echten *Ehrenmänner,* und sehr selten nehmen sie an den Versammlungen teil.«

Nach diesen Worten räuspert er sich und stimmt ein Lied an:

Osso, Mastrosso und Carcagnosso / Auf kalabrischem Boden machten sie Halt /

Und gruben dort einen tiefen Graben / Und den Baum des Wissens pflanzten sie ein / Ringsum säten sie Rosen und andere Blumen / Und diktierten dann das Gesellschaftsstatut / Den Kodex der Ehrenmänner / Die in den Lokalen Getauften / Nicht alle können Mitglied werden / Nur wer wirklich dazu taugt / Das Herz aus Stein ist zum Leiden bereit / Und hat das Haus der Strafen kennengelernt / Im Gefängnis begann die Schule / Die ganze Kunst konnte er erlernen / Und wenn er in Freiheit wieder ist, erwartet ihn / Die Blutsprobe, die zittern lässt / Erbitte Genehmigung, wenn du beitreten willst / Und wenn sie Ja zu dir sagen, halte nicht inne / Doch pass auf, denn man kann den Tod dabei finden / Und umkehren ist nicht mehr möglich.

Mein amüsierter Gesichtsausdruck lässt ihn in seinem feierlichen Gesang innehalten.

Bestürzt meint Meister Ciccio: »Ich erzähle dir all das nicht etwa, um dich zum Lachen zu bringen, sondern das sind Dinge, an die du blindlings glauben musst. Die Mafia rekrutiert ihren Nachwuchs besonders in den ärmeren und weniger gebildeten Schichten der kalabrischen Gesellschaft. Du bist 24 Jahre alt, bist unabhängig und man braucht sie dir nicht mehr schmackhaft zu machen. Doch erzählt man einem armen siebzehnjährigen Burschen diese Geschichten, für den sind sie etwas Großartiges. Mit diesen jungen Burschen musst du sehr viel Verständnis haben und darfst vor ihnen nie über die Legende von Osso, Mastrosso und Carcagnosso scherzen. Und auch nicht über den Baum der Weisheit!«

»Alles klar, Meister Ci'. Jetzt muss ich ein paar Sachen einkaufen. Wir sehen uns später. Grüßen Sie mir Signora Cettina.«

Ich schwinge mich auf die Vespa, drehe noch eine Runde durchs Dorf und fahre dann zur Marina hinunter, bis ich am Markt ankomme. Die Sonne steht hoch im Zenit und erwärmt die Luft, die nach geröstetem Kaffee und Jasminblüten duftet.

Der Sturm, der durchgezogen ist, hat viel Sand an den Uferstreifen geschwemmt; dennoch ist der Wochenmarkt gut bestückt mit Verkaufsständen, die Waren aller Art feilbieten. Die Männer schlendern von einem Stand zum nächsten und tragen prallgefüllte Einkaufstüten mit sich. Die Frauen heben mal einen Pullover in die Höhe, um die Brustbreite mit bloßem Auge einzuschätzen, mal fragen sie nach dem Preis der dünnen Strumpfhosen. Durch den vielen Sand bin ich gezwungen, von der Vespa zu steigen. Es ist besser, wenn ich sie schiebe.

Der Geruch nach gebratener *salsiccia* mit Paprikagemüse und frittierten Kartoffelschnitzen dringt mir in die Nase! Ich kriege sofort Hunger, und das Wasser läuft mir schon im Mund zusammen. Da entdecke ich meinen Cousin Alessio. Mit einem Stück heißer Pizza kommt er näher. Er schiebt mir die Pizza in die Hand und sagt laut:

»Guten Appetit, Giuliano. Die kommt soeben aus dem Ofen!«

Ich versuche, mich nicht mit geschmolzenem Mozzarella zu bekleckern, während ich noch mit dem Standbügel der Vespa kämpfe, dem der viele Sand kaum Halt gibt. Endlich steht das Ding und ich beiße ein Stück von der Pizza ab, es ist glühend heiß, und die frischen Chilistücke machen ein knackendes Geräusch. Welch Schärfe und welch ein Geschmack! Die Pizza ist derart scharf, dass mein Gehirn beinahe Feuer fängt. *Mamma mia!* Nach zwei weiteren Bissen, die die Toten zum Leben erwecken könnten, und mit verändertem Herzrhythmus sage ich zu Alessio: »Danke Cousin! Wie läuft's bei dir?«

Und er: »Ich bin gestern erst aus Florenz zurückgekehrt. In einer Woche muss ich wieder abfahren. Ich bin jetzt schon zu spät fürs Mittagessen. Komm doch mal vorbei in den nächsten Tagen.«

Wir umarmen uns. Ich spüre, dass er mich auf eine besondere Weise an sich drückt. Es ist eine lange, kräftige Umarmung. Sie drückt mehr ein Lebewohl als nur einen einfachen Gruß aus. Ich tue so, als sei nichts, und lockere meine Arme. Hat er bereits etwas erfahren? Aber von wem denn? Mmh ... hier reden sogar die Mauern. Schließlich sagt er zu mir:

»Erinnerst du dich noch, als ich dich in Deutschland besucht habe? Ich habe noch nie so schöne, sympathische und elegante Damen wie in Hamburg kennengelernt. Sie schienen unerreichbar ... dann aber, mit der richtigen *Manier* ...«

Prustend vor Lachen gehen wir auseinander.

Ich nähere mich den Ständen, die landwirtschaftliche Produkte anbieten; sie sind in breiten Flechtkörben geordnet, die direkt auf dem Sand stehen. Ich kaufe Wein und mehrere getrocknete und mit einer Kordel zusammengebundene *salsiccia*, pikant gewürzte Würste. Zwei Liter Olivenöl, einen ganzen Laib frischen Pecorino und eine Tüte mit wildem Broccoli. Ich verstaue den Einkauf auf dem Gepäckträger der Vespa, schiebe sie, bis der Sand weniger wird, dann lasse ich den Motor an, fahre los ... doch noch immer muss ich an Alessios Umarmung denken.

Am selben Tag noch, nachmittags gegen vier Uhr, sehe ich Meister Ciccio auf unserer Bank im Stadtpark. Ich sage »unsere«, denn sollte sie besetzt sein, genügt ein Blick von einem von uns, und im Handumdrehen ist sie frei. Er erhebt sich, was er immer tut, wenn er mich kommen sieht. Die Luft ist kühl, aber in der Sonne ist es eine wahre Wonne. Die Kleider werden rasch erwärmt und man kann dasitzen, ohne sich zu erkälten.

Meister Ciccio fängt gleich an: »Die 'Ndrangheta hat uns sieben schöne Dinge gegeben. Die sieben Gesetze, die das gesellschaftliche Leben der *ehrenwerten Gesellschaft* von Kalabrien regeln. Nicht nur hier bei uns, sondern an allen Orten der Welt. Das erste Gesetz ist das der Ergebenheit: Gewissenhaft musst du es in den Beziehungen mit den anderen *ehrenwerten* Mitgliedern walten lassen. Dich ergeben zu zeigen, ist von allergrößter Wichtigkeit, denn damit könntest du dir eine höchst angenehme Stellung innerhalb der 'Ndrangheta sichern. Gute Manieren öffnen einem Tor und **43** Tür. Die Ergebenheit ist eine Regel, der zu folgen ist.

Hier spielt die *omertà*, das Gesetz des Schweigens, eine entscheidende Rolle. Niemals über unsere Angelegenheiten außerhalb des *ehrenwerten* Kreises sprechen. Weise ist der Mann, der wenig spricht. Die Sache ist bewiesen: Wenn dich während einer Diskussion der Redeteufel packt, läufst du Gefahr, nicht mehr innehalten zu können, und nur ein Satz, ja ein einziges Wort können dich schon verraten.

Giuliano, mach so wenig wie möglich den Mund auf. Der Mann, der zu viel spricht, schießt immer übers Ziel hinaus. Mit seinen eigenen Worten schaufelt er sich sein Grab.«

»Aber warum denn«, frage ich zurück. »Wer sagt denn etwas?«

»Eben, und schon redest du zu viel. Du musst dir einfach angewöhnen, den Mund so wenig wie möglich aufzumachen, auch in meiner Gegenwart.«

»In Ordnung. Also dann sag ich nichts mehr.«

»Aber ... aber ich hab's doch schon gesagt. Sei still!«

Nun muss ich mich konzentrieren.

Wer weiß, ob im Kurs »Wie werde ich ein Mafioso« auch mündliche Prüfungen enthalten sind? Aber wie soll ich es jetzt nur anstellen, ihn das zu fragen?

Meister Ciccio setzt sich in Pose wie hinterm Lehrerpult:

»Das zweite Gesetz ist das der Treue.«

Dieses Mal beschränke ich mich darauf nur zu denken: Treue gegenüber der *ehrenwerten Gesellschaft* und allen ihren Mitgliedern.

Er fährt fort: »Anhand der Lehren, die uns dieses zweite Gesetz vermittelt, wirst du lernen, dich für die Interessen der *ehrenwerten Gesellschaft* zu opfern. Ein Beispiel? Dass du einige Jahre in den Knast gehst, nur um einen, der auf der Leiter höher steht als du, zu schützen.« Meine streichholzkurzen Haare sträuben sich noch mehr. Meister Ciccio fährt trocken und nüchtern fort:

»Die 'Ndrangheta bewertet dich ständig. Wenn du hinter Gittern landen solltest, um mit deinem Opfer einen Höheren zu schützen, wird die *Mamma* ihrerseits deiner Familie wirtschaftliche Unterstützung und militärischen Schutz garantieren.«

»Aber ich habe doch gar keine eigene Familie!«

»Ja und? Die Mafia versäumt es nie, ihre Mitglieder zu befördern, und noch bevor du aus dem Gefängnis draußen bist, wird dir mindestens ein Beförderungsgrad in der Hierarchie zuerkannt! Du kommst also als *Soldat* in den Knast und verlässt ihn als gestandener *Camorrista*. Was willst du mehr?

Sicher, du wirst nicht in Freiheit sein, um aus der Nähe die Geschäfte mitzuverfolgen, aber dort hinter Gittern wirst du ein schönes Stück auf deinem Weg vorankommen. Du bist ein angenehmer Bursche mit Manieren, und es wird dir nicht schwerfallen, dir zu gegebener Stunde die Freundschaft zu einem unserer Mächtigen zu verdienen. So wirst du Gelegenheit haben, an deine Zukunft zu denken.

Denk daran, Giuliano, es gibt keinen besseren Ort als eine Gefängniszelle, um wahre Freundschaft kennenzulernen. Gemeinsam ertragenes Leid schmiedet die stärksten Ketten, die nur der Tod brechen kann.«

Die letzten Worte kommen nur zögerlich aus seinem Mund. Meister Ciccio hat einen Knoten im Hals und seine Augen glänzen.

»Ciccio!«, sage ich leise zu ihm: »Du hast so viele Jahre hinter Gittern verbracht, dass dich die Rührung überkommt, wenn du daran denkst. Lass dich ruhig gehen. Sei unbesorgt wegen mir.«

Während ich ihm gut zurede, umarme ich ihn und streichle seinen Kopf.

Bei dieser Berührung fängt er an zu schluchzen und zu zittern wie Espenlaub. Sein Gesicht ist tränennass. »Ich bitte dich um Verzeihung«, sagt er zu mir, »aber die Erinnerung ans Gefängnis hat das bei mir bewirkt. Ich kann einfach nicht vergessen, wie schlimm das für mich gewesen ist.« Erschrocken vergräbt er sein Gesicht in den Händen und fährt mit zittriger Stimme fort: »Auch wenn die Gewissensbisse verschwunden sein sollten, wird das letzte Urteil unserem Herrn im Himmel zustehen. Meine Gebete werden mich nicht vor dem Fegefeuer oder gar vor der Hölle bewahren können.«

Hm? Was ist denn mit dem los? Ich habe nicht die geringste

Lust, Diskussionen über Religion und noch weniger über Gewissensbisse zu führen. Meister Ciccio will einfach nicht aufhören zu weinen. Voller Verzweiflung entgegne ich: »Ich möchte es dir nicht an Respekt fehlen lassen, aber ich habe nicht das Bedürfnis, über deine spirituelle Krise zu sprechen. Ich will lernen, wie ich es anstellen soll, dass die Leute vor Angst zittern. Komm schon, ich bitte dich, erzähl weiter von den Gesetzen.«

Nach diesen Worten scheint Meister Ciccio wie von einer schweren Last befreit zu sein. »Ausgezeichnet, deine Antwort! Ich habe versucht, dir eine Falle zu stellen, aber du hast gewusst, wie du sie umgehen kannst.«

Er war imstande, echte Tränen zu vergießen, wie es nur einem guten Schauspieler gelingt. Im Nu verwandeln sich die Leidenstränen in Freudentränen. Meister Ciccio trocknet sie mit einem Taschentuch, dann schnäuzt er kräftig die Nase. Er holt einen Kamm aus seiner Jackentasche und bringt sein grau meliertes Haar und den Bart in Ordnung.

Er zündet sich eine Zigarette an und macht mit der Lektion weiter: »Kommen wir also zu den Gesetzen, die die Kommunikation zwischen den *Ehrenmännern* regeln, nämlich das Gesetz der ›Politik‹ und das der ›falschen Politik‹. Unter ›Politik‹ versteht man die Sprache, die unter Ehrenmännern gesprochen wird. Man muss der reinen Wahrheit huldigen. Niemals etwas verschweigen, um dadurch die Tatsachen zum eigenen Vorteil entweder rosa oder schwarz zu malen. Politik zu machen bedeutet, sich unter Mafiosi zu verständigen und sich dabei des Mafiakodes zu bedienen, ohne sich jedoch zu Lügen hinreißen zu lassen.

Die ›falsche Politik‹ hingegen ist die Sprache, die man gegenüber Nichtmafiosi benutzt. Diese Art von Kommunikation dient dazu, die Gedanken der Verräter, der Schergen und der *Eingeweihten* durcheinanderzubringen. In einem solchen Moment musst du blindlings an die Lügen glauben, die du da gerade erzählst, und auf der Hut sein, dass du jedem eine andere Version der Geschichte vorträgst. Hast du dir jemals die Frage gestellt, wieso die Polizei von den Dingen, die sich um die Mafia herum abspielen, eine bestimmte Vorstellung hat, die *Eingeweihten* wiederum eine ganz andere, und der Verräter noch eine andere? Genau das ist auch erwünscht und wurde mittels der ›falschen Politik‹ erreicht. Auf diese Weise denken alle, sie hätten wahre Kenntnis von den Fakten. In Wirklichkeit hat keiner irgendetwas verstanden. Keiner weiß irgendetwas.

Das fünfte Gesetz gilt dem *ehrenwerten Soldaten*. Ihm obliegt die Koordination der anderen *Soldaten*, die wiederum die Aufgabe haben, militärisch das Territorium zu kontrollieren. Das Gesetz des Papiers regelt, wie der Mafialehrling dem Boss den Tagesbericht überbringt.

Das sechste Gesetz, das des Messers, bestimmt die beherzte Verteidigung der Interessen der Organisation und deren Rachefeldzüge.

Einst war bei der Regelung offener Rechnungen unter Mafiamitgliedern nur der Gebrauch des Messers gestattet. Personen, die der Organisation fernstanden, durfte kein Haar gekrümmt werden. Das hat sich heute geändert. Heutzutage setzt man Pistolen, Kalaschnikows, chemische Säuren und Bomben ein. Auch gegen die Nichtmitglieder der Organisation.

Das siebte ist das letzte Gesetz, genannt das der Feder. Es regelt die Methoden der Kodeschrift, in der die Chroniken der einzelnen Mafiagesellschaften niedergeschrieben sind. Nur ihr Verfasser, also der Boss, der sie eigenhändig erstellt, dürfte in der Lage sein, sie zu entziffern. Diese Schriftstücke werden fälschlicherweise als Mafiakodes bezeichnet, denn sie sind in einer Sprache geschrieben, die nur beim ersten Hinsehen mafiamäßig erscheint; bei näherer Betrachtung handelt es sich jedoch um eine kodifizierte Sprache, die äußerst personalisiert und sehr schwer zu entschlüsseln ist.

Diese Manuskripte geben akribisch genau die Geschichte der gesamten Organisation in den jeweiligen Territorien wieder und sind von größter Wichtigkeit, um die diversen Streitigkeiten unter den rivalisierenden Gesellschaften vor dem *Tribunal* der 'Ndrangheta zu schlichten.«

Es ist ein Wochenanfang Mitte September, so gegen zwölf Uhr Mittag. Ich und Dario liegen am Strand von Brancavilla, um uns zu bräunen.

Wir waren Banknachbarn bis zur dritten Mittelschulklasse. Danach bin ich zur technischen Berufsschule für Vermessungstechnik gegangen, Dario hingegen hat das klassische Gymnasium besucht, das den Sprösslingen der wohlhabenden Familien vorbehalten ist. Doch auch wenn wir nicht mehr ein und dieselbe Schulbank drückten, machten wir vor und nach der Schule weiterhin zusammen Dummheiten. Nach dem Abitur durfte Dario Wirtschaftswissenschaften an der Universität in Rom studieren. Derzeit ist er arbeitslos, aber seine Eltern sind so reich, dass es ihm an nichts fehlt.

Auf dem Bauch liegend, wie die Eidechsen unter der Sonne, hebe ich den Kopf, schaue zu Dario hinüber und sage voller Stolz:

»Gestern in Cosenza bin ich Sergio *dem Vornehmen* begegnet ...«

»Pst ... sprich leise, wenn du von einem Boss redest.«

Dario hätte meine Worte lieber nicht gehört. Als hätte er sich am heißen Sand verbrannt, geht er ruckartig in die Hocke, ballt heftig die rechte Faust und schwingt sie durch die Luft, als würde er eine Trommel schlagen. Er runzelt die Stirn, krümmt den Rücken, als hätte er einen Buckel und sucht den Sandstrand ab. Niemand zu sehen. Bis auf ein paar herrenlose Hunde, die uns im Schatten eines Fischerboots liegend beobachten.

Flüsternd fahre ich fort:

»Don Sergio gefällt mir, ich will noch einmal mit ihm reden.«

Dario reißt die Augen auf:

»Du bist verrückt! Giuliano ... oh je! Entschuldige? *Don* Giuliano ...«

»Aber Dario, warum stellst du dich so blöde an? Ich glaube einfach nur an die Ehre und an den Respekt der 'Ndrangheta und habe die feste Absicht, ein *Mann* zu werden. Wir beide aber werden uns weiterhin sehen. Auch wenn die *ehrenwerte Gesellschaft* mich tatsächlich aufnehmen sollte. Vielleicht nicht genau so wie jetzt, aber wir werden weiterhin Kontakt haben ...«

»Lieber Giuliano, meine Eltern würden die Tatsache nicht ertragen, dass ihr Sohn die Gesellschaft eines Mafioso sucht. Aber sie werden weiterhin gut über dich und deine Familie reden. Darauf kannst du zählen.«

Ich sehe beiseite und muss fürchterlich lachen. Ich tue so, als hörte ich ihn nicht.

»Kommst du diesen Sonntagabend zum Tanzen? Ein paar Runden drehen?«

Meine Einladung stimmt ihn schlagartig heiter und vergnügt, er steht auf und deutet zwei Tarantellaschritte an.

»Zum Tanzen? Ich soll mit einem Mafiaanwärter tanzen gehen? Mit einem nagelneuen Verbrecher? Das will ich mir nicht entgehen lassen!«

Am späten Freitagnachmittag sitze ich zusammen mit fünf Männern um einen morschen Tisch auf dem Dachboden eines abgelegenen Bauernhauses mitten in den Bergen zwischen Brancavilla und Cosenza.

Die *Ehrenmänner* fixieren mich, ohne eine Miene zu verziehen. Es ist brütendheiß, der Gestank nach Achselschweiß dringt mir ins Gehirn. Die schwachen Lichtstrahlen, die durch die Ritzen des einzigen Fensterladens fallen, der nur halb geschlossen ist, genügen gerade, um diese dunklen Gesichter erkennbar zu machen.

Don Sergio scheint in Trance zu verfallen, als er mich im Mitgliederkollegium aufnimmt:

»Vor dem heimischen Clan dieses *Lokals*[7] mache ich dir als Pate eine *Blume* zum Geschenk für die äußerste Entschlusskraft, die du bewiesen hast, um Mitglied des *ehrenwerten* Vereins unserer *Heiligen Familie* zu werden.«

Die Hitze an diesem Tisch wird unerträglich. Ich spüre, wie mir der Schweiß über die Brust rinnt. Die Stimme von Don Sergio ist wuchtig und hölzern, so als erteile er Befehle. Die Luft, die mit Hochdruck seinem Mund entweicht, macht den Schweiß in seinem Schnauzbart zu winzigen Perlen. Der magische Lichtschimmer, der jetzt auch durch die Ritzen im Ziegeldach dringt, das ganz schlicht auf die wurmstichige Packlage aufgesetzt ist, lässt im Gegenlicht einen Schleier aus Schweiß- und Speichelperlen erkennen, der sich vom Mund des Paten in alle Richtungen ausbreitet.

Mit schweißüberströmtem Gesicht fährt Don Sergio fort:

»Aber vergiss nicht, noch bist du niemand. Du darfst noch keine Befehle erteilen, noch ist das nicht dein Aufgabenfeld. Mach deine Ohren auf und höre zu, was sich innerhalb unserer *Gesellschaft* zuträgt, damit dir bewusst wird, dass wir das Messer und die rohe Gewalt gebrauchen, aber wir sitzen auch unsere Jahre im Knast ab ... und wir können auch eines gewaltsamen Todes sterben.

Mach dir ein Bild von allem, was außerhalb der *ehrenwerten Gesellschaft*, nämlich unter den *Eingeweihten* geschieht. Ich weiß, dass du bei den alten Leuten und bei den Frauen hier im Dorf einen Stein im Brett hast ... Ich weiß auch, dass deine braven Freunde aus der Schulzeit heute hier in Brancavilla das Sagen haben. Du musst lernen, den Leuten Gefallen zu tun, die uns nichts kosten, um zum richtigen Zeitpunkt die nötige Unterstützung für

---

7 »locale«: Ein *geweihter* Ort, an dem die Mafiarituale durchgeführt werden und die Sitzungen der Mitglieder stattfinden.

das wirtschaftliche und gesellschaftliche Gedeihen der ganzen
'Ndrangheta zu erlangen.

Und nun lass niemanden wissen, dass du dabei bist, ein *Freund*
zu werden. Betrachte dich als echten Glückspilz, Giuliano.«

Ich strahle übers ganze Gesicht, als ich dieses Versprechen höre.
Ich verströme Ehrerbietung und Respekt aus allen Poren. Instinktiv erhebe ich mich, senke die Stirn und richte meine Handinnen-
flächen zu den Männern der *ehrenwerten Gesellschaft*.

Urplötzlich überfallen mich heftige nervöse Krämpfe. Ich bin
ein einziges Bündel Sehnen und Muskeln, die sich ausdehnen
wollen. Meine Beine stemmen sich auf den Boden, stark wie ein
Eichenstamm. Meine Schulterblätter schieben sich zueinander, sodass sich mein Brustkorb, die Schultern, der Hals weiten. Dennoch
bin ich nicht das Opfer einer seltsamen Allergie. Es ist die kriminelle Energie, die von Don Sergios Persönlichkeit ausgeht und
mich zu einer Schlange auf Beutejagd macht. Meine Zunge ist ge-
spalten, mein Speichel giftig wie Zyankali. Ich bin unschlagbar. Ich
wünschte den Befehl zu erhalten, vorzuschießen und zuzubeißen,
genau wie eine Schlange es tun würde. Wo ist der Feind? Wo ist er?

Ein letztes Zucken des Rumpfes bringt mich wieder in die
Wirklichkeit zurück.

Erschöpft von den Spasmen hebe ich den Blick. Die Gesichter
der anderen vier 'Ndrangheta-Mitglieder zeichnen nur Schatten
rings um die strengen Augen von Don Sergio, der mir in noch tie-
ferem, beinahe bedrohlichem Ton offenbart: »Giuliano, wenn du
dich noch für einige Monate als echte *Blume* hältst, werde ich dich
als *Soldat* und als mein *Sohn* taufen. Um die Probe des Schwurs
ersten Grades durchzustehen, musst du weiterhin die Lehren von
Meister Ciccio befolgen. Er wird es sein, der dir den Weg zur
Mannwerdung weist. Vergiss uns andere.«

Die *Ehrenwerten* erheben sich alle zusammen. Mit einer trägen
Handbewegung weist Don Sergio mir die Tür.

Kein Kuss.

Meister Ciccio steht draußen Schmiere. Als er mich aus dem Bauernhaus kommen sieht, sagt er: »Sei mir gegrüßt, *Blume*. Morgen früh kehren wir hierher zurück in die Berge. Dann werde ich dir das Schießen beibringen.«

Am nächsten Morgen früh um sieben sitzen wir bereits im Sattel unserer Pferde. Den Geschmack des Morgenkaffees noch auf der Zunge, galoppieren wir durch die Talsohlen im Schatten riesiger Kastanienbaumkronen; wir jagen uns zum Spaß gegenseitig zwischen den zwei Meter hohen Farnbüschen auf und ab, bis schließlich die Pferde müde sind. Wir setzen unseren Weg zu Fuß fort und führen die Tiere hinter uns her. Schließlich erreichen wir eine Freifläche ohne jeglichen Bewuchs. Ein echtes Übungsfeld zum Zielschießen, das auch von oben nicht einsehbar ist, denn es ist mit Tarnnetzen und Tüchern abgedeckt.

Meister Ciccio trägt einen dicken wollenen Kopfschützer und verschwindet seitlich in einem dichten Dornengestrüpp. Nach einer Minute kehrt er wieder zurück und hat ein Karabinergewehr im Arm und über der Schulter einen Patronengurt.

Ich nähere mich ihm, während er die Waffe lädt. Ich muss etwas loswerden: »Weißt du was, Meister Ciccio? Ich sehe alles ganz flach, eindimensional vor mir. Das ganze Blickfeld vor mir ist wie auf einer Ebene ausgebreitet, wie auf einer Kinoleinwand. Für mich stellt der Abstand kein Hindernis dar. Die Zielscheibe zu treffen ist für mich so einfach wie den Stift aus der Nähe auf eine auf Papier gezeichnete Einzelheit zu richten ... und zu schießen.« Meister Ciccio hört höchst interessiert zu, und aus seinen Augen spricht ein hungriger Raubvogel:

»Teufel noch eins, was für ein Glück! Und was für ein ›Glück‹ für den, der dir vor den Gewehrlauf kommt. Zeig mir doch gleich mal, was du kannst!«

Ringsum sind die Zielscheiben aufgestellt, wir befinden uns in der Mitte des Kreises; sie sind aus Holz und haben die Umrisse menschlicher Figuren, nur kleiner; auf ihnen sind Herz, Augen und Mund aufgemalt. Ich gebe drei Schüsse ab, die jeweils einen Kopf treffen. Der letzte aus knapp fünfzig Metern Entfernung. Meister Ciccio schaut ungläubig auf die drei Schießscheiben. Dann bricht er in schallendes Gelächter aus, schüttelt den Kopf und mit zwei schönen Pfiffen beglückwünscht er mich. Seine Augen glänzen, als hätte er im Lotto gewonnen; er fischt eine 200-Lire-Münze aus der Jackentasche, nähert sich der fünfundzwanzig Meter entfernten Zielscheibe und klebt ihr mit einem Schlag der flachen Hand die Münze aufs Holzgesicht, und zwar genau zwischen die Augen. Dann tritt er zur Seite und brüllt:

»Schieß!«

Die Münze wird von meinem Projektil getroffen, durchbohrt ihrerseits das Holz der Zielscheibe und bleibt am Ende in der dicken Rinde eines Baums am Rand der freien Fläche stecken.

Ich platze bald vor Stolz, und Meister Ciccio ist ganz außer sich vor Begeisterung: »Das ist kein Hexenwerk«, erkläre ich ihm. »Ich muss nur aufpassen, dass ich den Gewehrlauf nicht bewege, wenn ich den Abzug drücke. Das ist alles!«

Meister Ciccio fehlen die Worte. Bass erstaunt starrt er mich an und lächelt mir mindestens eine Minute lang zu. Wir nehmen etwas zur Stärkung zu uns, dann schüttelt er den Kopf und befiehlt:

»Wir kehren zum Stall zurück.«

Im Galopp machen wir uns auf den Rückweg. Von der Schönheit des Waldes sind wir so gefangen, dass wir nicht aufpassen und uns die dicht und hoch stehenden Farnbüschel immer wieder ins Gesicht schlagen.

In weniger als einer halben Stunde sind wir wieder zurück auf dem Hof. Vor dem Stall machen wir die Pferde fest, die vor Durst heftig zu wiehern beginnen. Meister Ciccio füllt eine halb verrostete Zinkwanne und nässt dann die Beine der Pferde, damit sie aufhören zu schwitzen. Ich hingegen beginne sie zu putzen und zu striegeln, und Meister Ciccio meint:

»Nicht wahr, dir gefällt doch Alarico? Das könnte gar dein Lieblingspferd sein, wie's aussieht.« Gerade striegle ich Alaricos Rücken.

»Ja, das stimmt.«

Alarico ist ein schönes deutsches Pferd, ein Hannoveraner, und genau richtig für meine fünfundachtzig Kilo. Auf den ersten Blick sieht er nicht so aus, als könne man mit ihm in die Berge reiten, denn er ist ziemlich hoch gebaut. Doch wenn du ihn dann auf diesen Böden ausprobiert hast, merkst du, es ist das geeignete Tier. Zwar ist er nicht so schnell wie ein arabisches oder ein englisches Pferd; dafür ist er hochgewachsen und breitschultrig genug, ein sicheres Pferd also, das sich nicht aufbäumt, wenn abgebrochene Äste mal in seine Flanken pieksen oder wenn er gegen Hängewurzeln seitlich der Wege stößt. Also mit einem Wort, ich könnte bequem auf seinem Rücken schlafen.

Meister Ciccio schaut erfreut auf das Pferd, dann dreht er sich zu mir. Er streicht sich über den Bart und fragt:

»Bist du auch ganz sicher? Ist das das Tier, das du mehr als alle anderen auf dem Hof liebst?«

Ich nicke, während ich sorgfältig den braunen Schweif bürste. Meister Ciccio sieht mich hartnäckig von der Seite an, die Fäuste in die Seiten gestützt. Rot vor Wut schreit er plötzlich aus vollen Lungen:

»Hör gut zu. Ich befehle dir jetzt, auf der Stelle dieses Pferd zu töten und seinen Kadaver auf immer verschwinden zu lassen. Die Leute, die hier auf dem Hof arbeiten, sind weg und kommen erst morgen früh wieder zurück, aber du musst trotzdem eine gute Arbeit machen. Damit keiner etwas davon mitkriegt.«

Nein! Ich kann nicht glauben, was er mir da befiehlt. Das arme Tier!

Aber es ist nichts zu machen. Ein Hitzering presst meinen Kopf zusammen, und für einen Augenblick muss ich die Lider schließen. Als ich sie wieder öffne, müssen die dunkelbraunen Augen in meinem eckigen Gesicht zu Eis geworden sein. Mein Körper ist entspannt wie ein Automat im Off, meine Nerven sind bereit, beim ersten Impuls, den mein Gehirn aussendet, loszulegen, mein erster echter Mordimpuls. Ich kann's kaum erwarten zu handeln. Meister Ciccio führt das andere Pferd in seine Box und kommt kurz darauf wieder heraus. Er hat einen Neun-Millimeter-Trommelrevolver in der Hand. Er lädt ihn vor meinen Augen mit einer einzigen Kugel, setzt die Sicherung und reicht sie mir, mit anspornenden Worten:

»Jetzt! Los! Und auf Wiedersehen.«

Ich nehme die Waffe und stecke sie hinten in meinen Gürtel. Während Meister Ciccio sich entfernt, ziehe ich das Unglückspferd in den Stall hinein. Dort halte ich mit der linken Hand sein Halfter fest. Dann hole ich die Knarre hinterm Rücken hervor, entsichere sie, drücke den Kopf von Alarico nach unten, setze den Lauf zwischen seine Augen. Ich drücke den Abzug, und alles fliegt in die Luft.

Um mich herum ist es dunkel, als wäre ich am Grund eines tiefen Brunnens.

Es fühlt sich an, als sei mein Kopf von einem Stein aus einer Schleuder getroffen worden. Ganz langsam kann ich die Einzelheiten ringsum wieder wahrnehmen. Mit den Schultern an die Stallwand gelehnt und den Kopf von Alarico schwer in meinem Schoß, sitze ich inmitten einer riesigen Blutlache; das bereits geronnene Blut ist tiefrot und ein Heer von Fliegen macht sich darüber her. Die Stirn des armen Tiers ist zerschmettert und der linke Augapfel hängt aus der Augenhöhle. Ich bin von oben bis unten mit Blut beschmiert. Aufgrund des süßsäuerlichen Geruchs, von dem ich eingehüllt bin, muss ich zweimal kotzen.

Jetzt bin ich hellwach.

Was ist mit mir passiert? Ich muss von den heftigen Zuckungen des Tiers erfasst worden sein, in dem Moment, da die Kugel es getroffen hat; höchstwahrscheinlich war es Alaricos Kopf, der mich umgehauen hat und der nun bleischwer auf meinen Oberschenkeln liegt.

Inmitten all des Bluts gelingt es mir nur mit Mühe, unter dem Kadaver hervorzukriechen. Ich stehe auf und ertaste eine große Beule am Kopf; meine Knochen scheinen zum Glück noch alle heil zu sein.

Noch immer benommen vom Schlag gegen den Kopf und dem Ekel stochere ich mit der Heugabel im Blut herum auf der Suche nach der Pistole. Da ist sie ja! Ich schiebe sie mir, ohne das Blut von ihr abzuwischen, unter den Gürtel auf dem Rücken ... und verlasse wie ein Zombie den Stall.

Dem Stand der Sonne nach zu urteilen, muss es mindestens schon zwei Uhr sein. Auf dem Platz vor dem Stall greife ich mir den Wasserschlauch und fülle die Zinkwanne. Unterm Wasserhahn entdecke ich ein Stück Olivenölseife. Ich wickle die Pistole in eine Zeitung vom Vortag und verstecke sie in einer Spalte der Mauer der alten Vorratskammer gegenüber dem Stall. Ich ziehe mich aus, werfe sämtliche Kleidungsstücke ins Wasser und lasse erst einmal alles einweichen.

Dann dusche ich. Unter dem kalten Wasserstrahl erwachen meine Sinne zu neuem Leben. Jetzt aber darf ich mich von nichts ablenken lassen. Los! Ich habe noch eine Menge Arbeit zu erledigen.

Ich ziehe den Overall über, den der Bauer gewöhnlich trägt, wenn er den Stall ausmistet; an den Hosenbeinen sind bereits die Gummistiefel befestigt, und so betrete ich den Holzverschlag neben dem Stall. Von einem der Deckenbalken hängt eine Motorsäge, ich nehme sie ab, fülle den Tank mit Treibstoff und nach einer halben Stunde habe ich den Tierkadaver in gut zwanzig Teile zersägt.

Anschließend eile ich zum Heuschober und kehre am Steuer einer militärgrünen Ape, eines dreirädrigen Kleintransporters, wieder zurück; auf der Ladefläche liegt eine Rolle Plastikfolie, wie man sie auf den Feldern verwendet, um die Heuballen vor Nässe zu schützen.

Mit dieser Folie wickle ich jedes einzelne der blutigen Kadaverteile ein. Auf der Ladefläche ist nur Platz für das halbe Tier. Hastig fahre ich an den Rand der Mülldeponie, zu der man vom Eingang des Bauernhofs aus nach drei Haarnadelkurven auf der Straße gelangt. Ich schaue von oben auf den riesigen kokelnden Müllberg. Vom Straßenrand aus bis nach unten zum verkohlten Müll von Brancavilla sind es mindestens sechzig Meter. Ich stoppe die Ape am Rand und lasse die Oberschenkel, den halben Rumpf und den Kopf von Alarico hinunterrollen. Nach mehrmaligem Überschlagen landen die Stücke eines nach dem anderen in dem immer aktiven Krater dort unten. Auf jetzt! Ich muss mich ja noch der anderen Hälfte des Tiers entledigen.

Der Geruch des Bluts hat das Dutzend Wachhunde des Hofs angelockt, die sich genähert haben, als sie mich wegfahren sahen. So stehen die Hunde jetzt hechelnd vor dem Eingang des Stalls und wollen nicht weichen. Darauf bedacht, sie nicht zu irritieren, versuche ich es mit sanftem Zureden. Dann nehme ich das Plastikbündel, das die Eingeweide von Alarico enthält, schleppe es aus dem Stall und schaffe es auf einer großen Schubkarre zu der Stelle unter der Platane hinterm Stall, wo die Hunde gewöhnlich gefüttert werden; die begreifen sofort, dass dieses Zeug für sie bestimmt ist, und bellen wild vor Freude. Ich öffne mit dem Messer die Plastikschichten und übergebe mich ein drittes Mal. Die Hunde brauchen nur wenige Minuten, und alles ist weggeputzt. Mit den Pferdeeingeweiden zwischen den Zähnen rennen sie, um sie wer weiß wo zu verstecken, und vergessen dabei nicht einmal die Plastikfolie, in der sie eingewickelt waren.

57

Eilig gehe ich mit der Schubkarre in den Stall zurück. Ich schaufle das mit Blut vermischte Stroh hinein, dann kratze ich das Blut und kleine Teile des Kadavers vom Boden und von den Wänden, die beim Zersägen überallhin gespritzt sind. Mit vier Fuhren lasse ich diese abstoßende Mischung inmitten der drei Meter hohen Misthaufen verschwinden, die von der Kälberzucht auf der anderen Seite des Hofs stammen.

Seit dem Morgen habe ich mindestens drei Kilo Gewicht verloren, aber noch habe ich meine Aufgabe nicht zu Ende gebracht. Ich spüle meine Kleidungsstücke aus und hänge sie in der Sonne auf. Dann fülle ich die Wanne mit frischem Wasser und stelle sie mitten in den Stall. Mit Bürste und Seife wasche ich den ganzen Stall, von der Decke bis zum Fußboden, und schwenke ihn mit klarem Wasser aus. Nach einer halben Stunde nehme ich die Heugabel und bereite erneut eine Strohunterlage auf dem fast trockenen Boden.

Ich hole die in der Mauer versteckte Pistole und entferne mit einem feuchten Tuch das mittlerweile festgetrocknete Blut. In einer Schublade im Holzschober finde ich etwas Maschinenöl und einen Lappen und beginne die Waffe zu polieren, ich fahre auch zwischen alle Rinnen und ins Innere des Laufs und der Trommel. Mit einem trockenen Tuch nehme ich das überflüssige Öl auf. Ich wickle die 9-Kaliber wieder in dasselbe Stück Tuch, versiegle sie mit einem Stück Plastikfolie und verstecke sie diesmal unter einem der Ziegel oberhalb des Holzschobers.

Wieder stinke ich wie ein Aas, und während ich mich erneut abdusche, überdenke ich den Tag. Was mich am meisten stört, ist nicht das Verschwinden von Alarico, des schönen Hannoveraners, sondern die Entdeckung meines schwachen Magens beim Anblick von frischem Blut.

Ich stehe noch unter dem Wasserstrahl, als Meister Ciccio in seinem Renault eintrifft. Er steigt aus, sieht sich um und geht das

Innere des Stalls kontrollieren. Dann dreht er sich zu mir und sagt:

»Guten Abend, Giuliano. Du siehst so frisch aus wie ein kleiner Junge, der erst seit zwei Stunden wach ist.«

Ich trockne mich ab, ziehe rasch die noch feuchten Kleider über. Ich binde meine Windjacke um die Hüften und deute auf die Stelle, wo ich die Waffe versteckt habe.

Seitdem mein Meister eingetroffen ist, beobachtet er mich mit belustigter Miene, wie man einen Affen im Zoo anschauen würde. Dann holt er aus einer Innentasche seines Jacketts ein verschlossenes Kuvert hervor.

»Nimm das hier. Ich bitte dich, den Umschlag nicht vor Montag früh zu öffnen. Erst dann darfst du lesen, was darin steht.«

Mir fehlt die Kraft zu einer Erwiderung. Ich strecke die Hand nach dem Brief aus, doch als hätte er es sich anders überlegt, presst er ihn wieder an sich:

»Also was ist? Bist du einverstanden oder nicht?«

Auf diese Frage hin gehe ich in Habtachtstellung und mit dem bisschen Luft, das ich noch in den Lungen habe, antworte ich:

»Höchst einverstanden, Meister. Nichts leichter als das.«

An dieser Stelle baut sich Meister Ciccio vor mir auf und überreicht mir den Briefumschlag. Mit der rauen Herzlichkeit der *Ehrenmänner* von einst nimmt er behutsam meinen Kopf in seine Hände. Mit Zufriedenheit in den Augen flüstert er:

»Du bist der Situation gerecht geworden. Von jetzt an bis zu deiner *Taufe* darf niemand und nichts sich dir in den Weg stellen. Nicht einmal ein Boss. Ehrenwort von Meister Ciccio! Wir sehen uns morgen auf dem Ball.«

59

Eine Ehrenrunde Tarantella

Am Sonntagabend sehe ich Dario in Windeseile in den Keller des Hauses an der Grenze zum berüchtigten Viertel von Brancavilla kommen, wo an diesem Abend getanzt werden soll. Als er die unterste Stufe erreicht hat, bleibt er wie angewurzelt stehen: *Ehrenmänner*, wohin er sich auch dreht und wendet. Rund zweihundert Personen sind da, und darunter keine einzige Frau. Sie bewegen sich zwischen den Stühlen und den bereits gedeckten, grob gezimmerten Tischen hin und her und begrüßen einander voller Herzlichkeit, aber ohne dabei laut zu werden. Auch Dario tauscht Küsse und Umarmungen mit den anderen Gästen aus. Nun geht es mit den Verhätschelungen los; diese Männer verstehen es, größere und kleinere Komplimente wohldosiert zu verteilen, je nach gesellschaftlichem und kriminellem Rang der jeweiligen Person.

Nach rund vierzig Wangenküssen fällt Darios Blick schließlich auf mich, der ich in Gesellschaft von Meister Ciccio bin. Wir sitzen nebeneinander und sind ins Gespräch vertieft, die Ellenbogen auf die gedeckte Tafel gestützt. Meister Ciccio legt seine Hand auf meine linke Schulter. Beim Sprechen schüttelt er mich leicht. Unablässig lächeln wir einander zu.

Dario hebt den Arm und streckt die Hand aus, um mich zu begrüßen. Dann hält er inne: Er hat begriffen, dass der Meister mir gerade eine neue Lektion erteilt. Rücksichtsvoll und überhaupt nicht eingeschüchtert sucht Dario nach einem freien Platz in unserer Nähe.

Als schließlich alle Männer an den Tischen Platz genommen haben, brechen sie Stücke von dem Dinkelbrot ab und lassen sich die Vorspeise, bestehend aus getrockneter *salsiccia*, Schafskäse, Oliven, Schinken, frischem Ricotta und eingelegten Auberginen, schmecken. Nicht zu vergessen, die frittierten Steinpilze. Die Tischrede lässt auf sich warten. Don Peppe Sorria, der unumstrittene Boss der Bande von Brancavilla, sitzt auf dem Ehrenplatz am Tisch in der Mitte. Schließlich erhebt er sich, streckt sein Glas in die Höhe und tut so, als koste er von dem Wein: »*Salute!* Auf diese schöne Gesellschaft!«

In diesem Augenblick verebbt das Gemurmel der Gäste. Alle schweigen. Don Peppe fuchtelt mit den Armen, als müsse er ein Ehrendenkmal einweihen. Mit tiefer, warmer Stimme sagt er:

»Freunde, euch zur Gesundheit und zum Gruß. Wir richten ein besonderes Willkommen an den Freund zu meiner Rechten. An diesem Morgen genügte es, dass er sich ins Auto gesetzt hat und Richtung Brancavilla gefahren ist, um sämtliche Bullen Kalabriens zu alarmieren.«

Don Peppe leert sein Glas in einem Zug und fährt fort:

»Es ist uns eine Ehre, die *Mamma*, den Boss der Bosse unserer Provinz willkommen zu heißen. Von ganz reinem und *ehrenwertem* Blut, erhabenster Don und Donissimo Sergio *der Vornehme* von Cosenza, Pate von fast ganz Brancavilla und Umgebung. Ich

bitte Euch hiermit, den Gruß aller hier anwesenden Männer ent-
gegenzunehmen.«

Don Sergio pflichtet ihm belustigt bei und erhebt sich zum
Gruß, wobei er eine weit ausladende Bewegung mit seinem Hut
macht. Nach diesem Willkommensgruß wünschen sie einander
guten Appetit, und wie! Ihre Herzlichkeit wird geradezu ungestüm.

»Guten Appetit, Don Peppe und Don Sergio und der gesamten *ehrenwerten Gesellschaft*.«

Es wird auch auf die Abwesenden, die im Gefängnis sitzen, an-
gestoßen. Von Herzen kommen diese Trinksprüche.

Und noch einmal:

»Es lebe Don Peppe, ein feiner Mann, ein Gentleman!«

Es ist wie der Anfang eines Erdbebens, das aber sofort wieder
verebbt.

Eine Schar weiß gekleideter *Soldaten* serviert die hausgemachte
Pasta. Die Männer beginnen häppchenweise zu essen. Jeder trinkt
mit Maß.

Dario hat einen Platz mir gegenüber gefunden, genau zwischen
meinem Vater und meinem Bruder Mimmo. Er ist mit seinem
Teller *Fusilli* mit Ziegenfleischsauce beschäftigt; er reibt noch ein
wenig reifen Ricotta und gibt *peperoncino* hinzu, vermengt alles
und probiert:

»Mhhhm köstlich! Genau wie die von meiner Großmutter,
wenn sie den Pfarrer einlud, um von ihm einen Rat zu erbitten.«

Nach diesen Worten füllt er unsere bereits geleerten Weingläser,
erst das meines Vaters, dann das von Meister Ciccio, dann meines,
das meines Bruders und zum Schluss sein eigenes.

Der Dampf der heißen Pasta steigt ihm ins Gesicht, und seine Brillengläser beschlagen. Der Wein und sein vom *peperoncino*
brennender Mund zeigen bei Dario ihre erste Wirkung, und er
will jetzt verdammt noch mal erfahren, weshalb denn alle diese
Mafiosi hier versammelt sind, um gemeinsam zu essen. Die Tem-

peratur in diesem unterirdischen Raum steigt. Dario wendet sich in friedlichem, beinahe heiterem Ton an Mimmo:

»Oh, all diese Gentlemen hier versammelt … ich meine … es wird ja nicht zufällig sein, dass sie hier alle zusammen feiern.«

Mimmo sieht ihn höchst zufrieden an:

»Tut mir leid, aber ich kann die Verantwortung nicht übernehmen und dir gewisse Dinge verraten. Ich empfehle dir, dich an meinen Papà zu wenden, vielleicht sagt er dir ja etwas.«

Mein Vater heißt Ercole und ist einundsechzig Jahre alt. Er ist eine Eiche von Mann und hat schöne breite Hände. Er spricht und dreht dabei den schweren Goldring mit dem Rubin am Finger, den er über dem Ehering trägt. Papa ist kein Mafioso, aber ein *ehrenwerter Eingeweihter*. Er ist Teil jener Parallelgesellschaft, die es vorzieht, sich im täglichen Leben an die Mafia und nicht an den Staat zu wenden.

»Mein lieber Dario«, sagt mein Vater, »du bist genauso alt wie Giuliano, du müsstest langsam gewisse Dinge begreifen, ohne dass du dich von der Angst packen lässt. Dieses hier ist eine Feier der *ehrenwerten Gesellschaft*. Die Kuppel der 'Ndrangheta hat beschlossen, dieses *Lokal* von Brancavilla wieder zu eröffnen. In einigen Monaten wird man wieder junge Männer, *Soldaten, taufen* können, wie man es an diesem Ort bis vor zehn Jahren getan hat. Unser Städtchen wird also eine große Rolle innerhalb der Organisation spielen. Wir drei jedoch befinden uns hier auf dem Fest, um das *Tauf*versprechen zu feiern, das Giuliano gerade erhalten hat. Mein Sohn und dein Freund.«

Vor Stolz leuchten die dunklen Augen meines Vaters, dann zieht er die linke Augenbraue nach oben. Sein Gesichtsausdruck zeugt von Überlegenheit und grenzenlosem Stolz.

Jetzt wird das Fleisch aufgetragen. Welch ein Duft! Schweinebraten, Kalbfleisch, Lamm und als Beilage Kartoffeln mit ausgelassenen Schweinegrieben. Am Ende wird Orangensalat gereicht.

Die Weinflaschen werden ersetzt durch Liköre aus Bergamotte, Zedern, Aprikosenkernen, wie auch Kaffee-, Anis- und Minzlikör.

Ich hatte Meister Ciccio versprochen, nach dem Essen mit meiner Vespa einen Tarantella-Musikanten abzuholen, der unmotorisiert ist. Es ist der Neffe eines 'Ndrangheta-Mitglieds aus Panocato, dem Nachbarort von Brancavilla. Ich fahre zu dem alten, recht und schlecht hergerichteten Landhaus, wo er im ersten Stock wohnt; er lässt mich zu sich hinaufkommen. Da sehe ich auf der Terrasse im Erdgeschoss drei finstere Gestalten beisammen stehen, die an den Lippen eines jungen Mannes hängen, der ohne Atem zu holen, redet. Es ist die *ehrenwerte Bande* vor Ort, die die Neuigkeiten aus dem Mund des *Soldaten des Tages* vernimmt, der noch immer mit dem roten, um den Hals geknoteten Taschentuch[8] herumläuft.

»Das ganze *Tribunal* aus der Zone von Cosenza sitzt gerade mit Don Peppe vereint beim Essen und Trinken. Auch schwere Kaliber aus Reggio Calabria und Catanzaro, die man hier noch nie zu Gesicht bekommen hat, sind darunter. Die besten *Christen* von ganz Kalabrien sind dort versammelt.«

Der älteste von den dreien, der auch am tiefsten gebräunt ist, der Boss Don Leopoldo Barocco, von dem es heißt, er habe eine wunderschöne Tochter, fügt hinzu: »Auch wir wären besser in Brancavilla zur Welt gekommen! Die da werden mächtig. Und wir? Es ist wohl angebracht, ihnen eine Glückwunschbotschaft zukommen zu lassen ... auch wenn ich nicht einmal zum Tanz eingeladen bin. Don Antonio, ihr habt die besten Zicklein in der Gegend. Schlachtet eines und schickt es als Grußbotschaft ins Haus des Freundes Don Peppe.«

Don Antonio, der *Camorrista* der Bande, erwidert prompt: »Für Don Peppe, für den schlachte ich auch gleich zwei!«

---

8   Die *Soldaten* trugen traditionell ein rotes Halstuch aus Seide, den sogenannten *camuffo*.

Don Leopoldo ist nicht auf den Mund gefallen:

»Also gut, dann schlachtet drei Zicklein! So ist keiner beleidigt.«

Ich kehre in Begleitung des gefragten Dudelsackbläsers zum Fest zurück, als die Verdauungsschnäpse serviert werden.

Nach drei Schnäpsen nimmt Meister Ciccio mich am Arm und führt mich in die Mitte des Raums. Die Gäste schieben Tische und Stühle beiseite, damit eine Tanzfläche entsteht. Für die Tarantella. Am Rand der Fläche steht eine Gruppe von sieben, acht Musikanten. Unverwandt haben sie den Blick auf einen einzigen Punkt gerichtet, nämlich dorthin, wo Don Peppe sitzt. Diese knochigen, angespannten Männer warten nur auf den Befehl loszulegen.

Der Tanz lässt sich vielversprechend an.

Don Peppe schenkt ihnen noch keine Beachtung, sondern hört einem gestandenen Kerl zu, der eindeutig nach Mafioso aussieht, denn er hat auf dem rechten Wangenknochen einen linsengroßen Punkt tätowiert.

»Wenn es gestattet ist, Don Peppe, hier eine Bitte seitens eines *Abwesenden*. Seine Söhne sind hier bei mir, und es handelt sich um zwei exzellente Musikanten. Der *Nichtanwesende* bittet um Erlaubnis, sie heute Abend hier auftreten zu lassen. Wer diese Bitte an Euch richtet, das ist Don Mommo Spaccato, der Euch aus dem Gefängnis auf der Asinara seine Grüße sendet. Wenn Ihr gestattet.«

Don Peppe antwortet mit einem Lächeln, das seinen Schnauzer weitet:

»Es war mir eine Ehre, Euren Worten zuzuhören. Und geschmeichelt fühle ich mich durch die Bitte eines *Christen*[9] wie Don Mommo. Aber ich kann ihm diese nicht erfüllen. Ihr müsst mich verstehen: Wer heute Abend hier spielt, ist von sehr mächtigen *Christen* geschickt worden. Der hier anwesende Don Peppe, mit Verlaub gesprochen«, und dabei streicht er sich die Weste, die

9 Wie Mafiosi sich untereinander auch nennen.

über dem Bauch spannt, »hat sehr wohl das Kommando über diesen Tanz. Aber er kann diese Musikanten nicht brüskieren, vor allem nicht heute Abend. Ihr versteht mich gut ... Grüßt Gevatter Mommo. Ihr gestattet.«

Nach diesen Worten richtet er seinen Blick auf die Gruppe der Musikanten, als wolle er sagen:

»Bald geht's los, haltet euch bereit!«

Ein anderer junger Mann mit einem schönen, wie in Bronze gegossenen Gesicht und pechschwarzem, mit Pomade nach hinten gekämmtem Haar nähert sich Don Peppe. Er hat einen Brief bei sich, den er ihm überreichen will:

»Ich gehe unter Pietro Manna di San Lazzaro. Ich bitte um Eure Erlaubnis, Euch seine Bitte aus dem Gefängnis von Colle Triglio zu überbringen. Mario Serrato, der Euch seine Grüße sendet, sitzt ein, weil er einen *Verräter* mit dem Messer erstochen hat, genau bei einer Tarantella, die eine böse Wendung genommen hat. Er hätte es gerne, dass man morgen schon von dieser als von der ›Tarantella des Messers‹ reden hört. Erneute Grüße, wenn Ihr gestattet.«

Der Brief, das ist deutlich zu erkennen, steckt voller Dollarscheine. Er verschwindet sofort unter der Weste von Don Peppe, der daraufhin antwortet:

»Die Zelle, in der Don Mario Serrato kommandiert, die kenne ich gut. Zwei ganze Jahre habe ich mit ihm darin verbracht. Es wird eine Freude sein, die Messer bei der Eröffnung des Tanzes herauszuholen. Viele Grüße nach Colle Triglio. Wenn es gestattet ist ... geht nicht weg, bleibt an meiner Seite.«

67

Er drückt den Freund an seine Seite, greift nach einem Glas randvoll mit Rosolio und sagt: »Dieser Likör kommt aus dem Westen. Einen Toast bring ich aus auf die hier Anwesenden ... auf die im Gefängnis sitzenden *Abwesenden* ... und auf die scharfen Messer. Diese Tarantella ist den tapferen Mannen gewidmet!«

Alle erheben ihr Glas in Richtung Don Peppe. Einer ruft lauthals *Vetro!* Was bedeutet, sein Glas in einem Zug leer zu trinken. Schon fließt der Likör durch die heiteren Kehlen und alle warten nur auf eines, nämlich dass der Tanz losgeht.

Don Peppe hält noch immer den Boten*soldaten* an sich gedrückt. Er schiebt ihm fünfzigtausend Lire in die Tasche und tritt gleich darauf auf die Tanzfläche. Er zwinkert den Musikanten zu. Dudelsack und Tamburin. *Aouuiouue' aouuioouue',* dieser altbekannte Klang betäubt sogleich den Geist … Alessandro Panaro, sechzig Jahre alt, Ziegenzüchter und einer der besten Dudelsackbläser Kalabriens, hat die Ehre, zum Auftakt die Tarantella aller Tarantellas zu spielen! *Tappeti-tta tappeti-tte* … zum frenetischen Rhythmus des Tamburins setzt mit überraschendem Feuer der schräge Klang der Dudelsäcke ein. Dieser Klang ist der Geruch der Berge: Steinpilze und Schafherden.

In Kalabrien vergleichen Schäfer, Bauern wie Gauner den Klang des Dudelsacks mit der Zärtlichkeit einer mütterlichen Umarmung. Das wird einem klar, wenn man sieht, wie ihre Gesichter beim Klang dieser Musik aufleuchten. Schon eine knappe Bewegung des Kopfes genügt, um von diesem atemberaubenden Rhythmus erfasst zu werden.

»Verfolge aufmerksam den Tanz«, legt Meister Ciccio mir nahe. »So wirst du die Struktur unseres Clans erkennen. Wer kommandiert, das ist der Boss. Alle anderen richten sich nach seinen Befehlen. Präg dir gut die Reihenfolge der Tänzer ein, keiner wird sich nämlich je die Mühe machen und die Verantwortung übernehmen, um dir die Hierarchie in diesem *Lokal* zu erläutern.«

Don Peppe genügt ein Blick, um den Platz vor sich freizumachen. Die Gäste gehorchen mit feierlichem Gebaren. Sogleich bildet sich ein dichter Ring aus Personen von rund fünf Meter Durchmesser. Don Peppe betritt die Runde; er lässt den Sichtschutz seiner *coppola* herab und beobachtet die anderen schräg von unten herauf mit einem spöttischen Grinsen. Die Begeisterung über den kriminellen Erfolg steckt ihm tief und gut verborgen in den Knochen. Nur seine Augen, sei es wegen des Weins, sei es wegen der Aussicht auf wirtschaftlichen Erfolg, wie er sich durch die Machtzunahme seiner Bande abzeichnet, lassen streckenweise diese Freude erkennen. Mit gut vernehmlicher Stimme verkündet er: »Wie schön ist doch dieser Kreis, der aus echten *Christen* geformt ist. Mit Verlaub, ich bin der Erzengel Gabriel und ich bin es, der entscheidet, wer wann und mit wem tanzt.[10] Und welcher Tanz getanzt wird. Denn heute Abend ist dieser Kreis der Kreis der Tarantella aller Tarantellas. Also zückt die Messer und stellt euch dem Tanz. Mit aller Bescheidenheit und unter Beachtung der Regeln rufe ich Don Vito, den *Professor,* die Nummer zwei in diesem *Lokal* in den Kreis. Mir das Kommando und Euch die Ehre. Mit diesem Machtwort erkläre ich den Ball für eröffnet!« Don Peppe fuchtelt bereits mit einem Schlachtermesser herum. Mit weit aufgerissenen Augen, aber vergnügt beobachtet Dario das Geschehen. Don Vito stürzt sich mit einem Lächeln um den offen stehenden Mund in die Runde und holt unter der Weste ein altes Klappmesser hervor; er lässt es aufspringen, das Metall der Schneide funkelt, und er folgt mit rhythmischen Sprüngen und großer Bravour den Tanzbewegungen von Don Peppe, dem er gegenübersteht. *Tippititu, tippitità,* bis sich die beiden an einem bestimmten Punkt unterhaken, und mit erhobenen Messern tanzen sie den Kreis aus eng beieinanderstehenden Männern ab. Obgleich sie keine athletischen Körper haben, tanzen diese Männer mit überraschender Geschmeidigkeit. Ich habe sowieso noch nie verstanden, wie Mafiatypen, die fettleibig und behäbig aussehen und bereits in fortgeschrittenem Alter sind, beim Tarantellatanz mit einer solchen

---

10 Will heißen: »Ich bin derjenige, der – mittels der symbolischen Formation des Tanzes – die Rangordnung kommuniziert.« Zur Funktion des Erzengels Gabriel, siehe Fußnote 14.

Körperbeherrschung und Anmut tanzen, dass sie die *Eingeweihten* vor Neid erblassen lassen.

Don Sergio befiehlt Don Vito, dem Meister Totò, einem eingefleischten *Camorrista* aus der Bande von Brancavilla, den Platz zu überlassen. Seine Nummer drei erscheint schwarz gekleidet. Er hat eine stattliche Figur, die aber in der engen schwarzen Hose und dem Hemd schmal wirkt. Trauerschwarz ist auch seine Weste aus glänzender Seide. Er zückt ein Messer mit schwarzem Griff, auch dessen Schneide ist schwarz. Nur die geschliffene Kante blinkt. Der Aufruf, in den Tanzkreis zu treten, lässt diese Zigeunerfigur mit ihren neunzig gut verteilten Kilo einen Augenblick innehalten. Doch dann bringt er die starre Hand an die Stirn, wie zum militärischen Gruß, erhebt das Messer und beginnt rückwärts zu tanzen, wie von einer unsichtbaren Macht getrieben, die kräftigen Arme jedoch nach vorne ausgestreckt. Er dreht und wendet sich, als wäre er in der Gewalt heftiger Windböen. Einige junge Männer stellen sich neben den Musikanten auf und singen:

»Wie schön tanzen diese Leut', die Madonna möge ihnen zur Seite stehen. *Larallarallaralaralala.* Und ... nimm ihn doch, nimm ihn doch, nimm ihn doch.«

Und zum Rhythmus des Tamburins schlagen sie kräftig in die Hände.

Nun ist die Nummer vier, der *Camorrista di sgarro*[11], dran.

»Martino! Zeig diesen Herrschaften, wie das Blut in deinen Adern braust!«

Mamma mia! Sein Messer ist zwar nicht so groß wie das der anderen, aber es hat zwei Klingen, eine oben und die andere, kürzere, unterhalb des Griffs. Beim Springen und Tanzen lässt er es wie einen Propeller zwischen Zeige- und Mittelfinger der rechten Hand kreisen. Er wirft es in die Höhe und fängt es im Fallen mit

---

11 Führt Buch über Verdienste und Vergehen der Mitglieder.

einem Zucken des Fußspanns wieder auf, kurz bevor es den Boden berührt. Durch den Aufprall wird das Messer erneut in die Höhe geschleudert, und so, wie ein Jongleur, kann Martino es ergreifen, ohne die Arme, die er weiterhin über den Kopf gestreckt hält, senken zu müssen. Seine Messerschneiden hören nicht mehr auf sich zu drehen.

»Bravo, Martino. Lass dieses Messer fliegen.«

Don Peppe hat noch nicht aufgehört zu tanzen. Er zappelt und tritt in die Luft wie ein wildes Fohlen und gebietet:

»Danke Martino. Jetzt ist der *Soldat* an der Reihe. Komm in die Runde, *Engelsgesicht*.«

Martino verlässt folgsam den Kreis und klappt dabei demonstrativ mit einer Hand die Schneiden seines Messers zusammen. Im Innern des Kreises springt und hüpft nun ein zwanzigjähriger Bursche: Er ist schmal und blass und hält das Messer zwischen den Zähnen fest. Mit ausgebreiteten, über Kreuz gelegten Armen und aufrechtem Oberkörper beginnt er zu kreisen. Don Peppe dreht sich nach einer Runde rings um den Kreis zusammen mit dem *Soldaten* zu mir, sieht mich an und ruft laut: »Willst du die Tarantella tanzen? Die echte? Die blutige?« Ohne zu zögern nicke ich. »Also gewähre ich dir die Freude, in diesem Kreis zu tanzen. Doch sei auf der Hut, *Engelsgesicht* könnte zustechen.« Er dreht sich ein letztes Mal um und zwinkert mir zu, während er Anstalten macht, die Tanzrunde zu verlassen. Auf dieses Zeichen hin stürze ich mich ins Innere des Kreises und beginne zu hüpfen.

Ich spüre meine Beine zittern, aber außer mir merkt das keiner. *Engelsgesicht* hüpft vor mir herum und hindert mich daran, im Kreis zu laufen, so wie er das macht. Praktisch gesehen zwingt er mich, wie ein Blödel in der Mitte des Kreises auf nur einem Quadratmeter zu tanzen. Er beherrscht mich. Was soll ich nun tun? Soll ich ihn stellen? Ich suche den Blick von Meister Ciccio, mit Erfolg. Er begreift auf der Stelle, nimmt die Finger und steckt sie sich zwischen die Zähne, dann lässt er sie in der Luft kreisen; das bedeutet: Ich muss sofort handeln. Ich ziehe also mein Messer, klappe es auf und stecke es mir ebenfalls zwischen die Zähne. Wie von einem Zauberwort befehligt, tritt *Engelsgesicht* beiseite und lässt mich vorbei, sodass ich frei den ganzen Kreis abtanzen kann. Es ist das erste Mal, dass ich mit so vielen Verbrechertypen an einem Tanz teilnehme. Ich versuche mich aufs Höchste zu konzentrieren, um vor einem so erfahrenen Publikum eine gute Figur zu machen; dennoch, es fällt mir schwer, eine so stolze und zugleich lässige Haltung zu zeigen, wie sie mein Tanzpartner zur Schau stellt. Zu meiner großen Überraschung gebietet Don Peppe schon nach wenigen Augenblicken dem anderen, den Tanzkreis zu verlassen, und beginnt selbst sich mit mir zum Rhythmus der Musik zu bewegen. Er macht Anstalten, mich mit seinem alten Messer anzugreifen, doch ich kann noch rechtzeitig reagieren und seinen Schlag abwehren. Don Peppe tanzt wie ein junger Gott. Er will mir Mut machen und versucht zugleich, sich wiederum von mir angreifen zu lassen. Er treibt mich regelrecht dazu an. Wagemutig gehe ich mit meinem Messer auf ihn los, aber so, dass er zurückweicht. Hätte ich das nur nie getan! Ich sehe sein Schlachtermesser überall, ich kann gar nicht so schnell schauen! Ich schaffe es auch nicht, ihm so flugs auszuweichen. Ich gerate ins Schwanken, während sich meine Beine selbst im Wege stehen. Mein rechtes Bein gibt meinem linken einen Tritt, und am Ende liege ich flach auf der Erde, während Don Peppe um mich herum tanzt, wie ein Stier, den die Feierlaune gepackt hat. Von allen Seiten werde ich angefeuert aufzustehen und wieder zu tanzen. Auch von Meister Ciccio. Ich gebe mein Bestes und zumindest schaffe ich es, meine Runde auf den Füßen stehend zu Ende zu bringen.

»Danke für die Lektion, Herr Tanzmeister«, schreie ich, als ich die Tarantella verlasse.

Zwei neapolitanische Bluthunde

Am nächsten Morgen erwache ich mit weinbenebeltem Kopf. Als erste Handlung des Tages öffne ich den Brief von Meister Ciccio, den ich am Samstag erhalten habe: *Guten Tag, Giuliano. Das verschwundene Pferd hat den Besitzer fünf Millionen Lire gekostet. Dieses Geld muss ihm dringend zurückerstattet werden. Finde du einen Weg, wie du dir diese Summe beschaffen kannst, aber ich lege dir dringlich ans Herz: Rühre dafür nicht dein eigenes Geld an. Wir sehen uns bei mir am Abend des dritten Tags ab heute: ich, du und die fünf Millionen Lire. Viel Glück.*

Ich lese den Brief noch ein zweites Mal, bevor ich ihn zerknülle und im Klo herunterspüle. Vom Badezimmer aus schaue ich auf die Piazza, wo ich sofort *Engelsgesicht* vor dem Zeitungskiosk neben dem Banco di Napoli ausmache. Auch er sieht mich und ich gebe ihm ein Zeichen: Ich will dich in einer Stunde sprechen. Der *Soldat* hebt den Daumen: O.k. Ich dusche, rasiere mich und schlüpfe in meinen sportlichen Anzug, vergesse auch die Sonnenbrille nicht und bin auch schon unten auf der Piazza. Raschen Schritts gehe ich über die schwarzen Granitplatten, ohne mich zu dem *Soldaten* umzuwenden, und betrete die Bank. Ohne zu zögern, lenke ich meine Schritte ins Büro des Bankdirektors. Alfonso sitzt bereits im gepolsterten Chefsessel hinter seinem Schreibtisch; neben ihm ein Regal voller Aktenordner. Höchst überrascht ruft er aus:

»Giuliano! Eine Ewigkeit, seit wir uns das letzte Mal gesehen haben! Ich schaffe es nicht einmal mehr, deinen Vater oder deinen Bruder zu sehen. Setz dich, bitte. Ich lass dir sofort einen Kaffee bringen.«

Alfonso ist Mitte fünfzig; er hat sich einen Schnauzer wachsen lassen und die Haare auf der Hälfte des Schädels verloren. Er ist sozusagen mein Onkel, Cousin meiner armen Mama, die starb, als ich erst zehn Jahre alt war. Er steht auf, kommt um den Tisch herum und gibt mir zwei Wangenküsse zur Begrüßung.

»Sag mir, was kann ich für dich tun?«

Ich sehe ihm starr in die Augen. In sehr beherrschtem Ton antworte ich, als wäre es das Normalste der Welt:

»Ich muss umgehend wissen, sobald jemand zu dir kommt, um mindestens sechs Millionen Lire in bar abzuheben. Es sollte möglichst eine wenig respektable, etwas chaotische und furchtsame Person sein, und vor allem darf sie nicht aus Brancavilla stammen. Ich sage es dir klar und deutlich: Mich interessiert nur das Geld, der Person wird kein Haar gekrümmt werden.«

Onkel Alfonso ist irritiert: »Was hast du es so eilig, Giuliano! So viel Geld (es handelte sich um eine Summe von umgerechnet etwa 3000 Euro) kann ich dir nicht geben, aber wir werden einen Weg finden, um es zu beschaffen. Und ich will nicht einmal wissen, was dir passiert ist.«

Ich setze die Sonnenbrille wieder auf und ergreife noch heiterer als zuvor das Wort. »Danke, Onkel Alfonso, aber in diesem Fall ließe sich nur dann ein Weg finden, wenn ich eine kleine kriminelle Aktion organisiere. Kriminell, habe ich gesagt. Hast du verstanden?«

Onkel Alfonso ist wie zu Eis erstarrt. Diese überraschende Offenbarung meinerseits bereitet ihm sichtbar großen Schmerz. Er bedeckt sein Gesicht und lässt sich schwer in den Ledersessel fallen. Er schluchzt ein Weilchen stumm, dann schaut er mich mit feuchten Augen an, und während er nach einem Taschentuch sucht, sagt er:

»Es wird schwierig sein, deiner Bitte nachzukommen. Aber gib mir ein paar Stunden Zeit. Wir sehen uns zum Mittagessen bei mir zu Hause.«

Ich verlasse die Bank, gehe an *Engelsgesicht* vorüber, der mir prompt eine Zigarette anbietet. Ich danke ihm und sage laut und deutlich, dass ich nicht mehr rauche. Gleich darauf sage ich ganz leise und fast ohne die Lippen zu bewegen:

»Heute Nachmittag brauche ich eine große Knarre, mit kurzem Lauf und *Maulkorb*[12]. Wir sehen uns hinten im Stadtgarten, um drei Uhr.«

Onkel Alfonso wohnt allein in einer Altbauwohnung in der Via Garibaldi. Amalia, seine Zugehfrau, hat vor Dienstschluss den Esstisch im Wohnzimmer gedeckt. Die *caponata siciliana* aus Auberginen, Oliven und Kapern ist eine Wucht: süßsauer im richtigen Verhältnis. Auch das Huhn mit Paprika scheint großartig zubereitet zu sein, aber ich bin schon nach der Vorspeise satt. Der Kaffee ist wässrig, ich koste nicht einmal davon. Onkel Alfonso leert ihn mit einem Schluck und sagt dann:

»Wie ich dir versucht habe zu erklären, kann ich es mir nicht leisten, dich auf die Fährte von denjenigen zu bringen, die Bargeld bei mir in der Bank abheben. Keiner außer dem Kassierer und mir

12 Schalldämpfer.

ist über diese Bewegungen auf dem Laufenden. Aber ich kenne einen gewissen Peluso, ein ehemaliger Kunde und Bauunternehmer; er wohnt in einer abgelegenen Villa zwischen Brancavilla und Panocato. Zweifelsohne hält er dort eine große Summe Geld, mindestens fünfzig Millionen Lire in bar, versteckt. Derzeit arbeitet er hauptsächlich in der Provinz Bari, wohin er auch sein Gesellschaftskapital transferiert hat. Dass er viel Bargeld in seinem Haus versteckt hält, wohin er jedes Wochenende zurückkehrt, habe ich im vergangenen Jahr rein zufällig mitbekommen: Die Firma, die bei ihm das Sicherheitssystem installiert hat, arbeitet seit eh und je für den Banco di Napoli. Ungewollt hörte ich bei einem Telefonat zwischen Peluso und dem Techniker mit, der sich zu jenem Zeitpunkt in meinem Büro befand, um eine normale Überprüfung der Alarmanlage durchzuführen. Da sich die Routinekontrolle aufgrund einer unvorhergesehenen Schwierigkeit jedoch über zwei Stunden hinzog, bat er mich, mein Telefon benutzen zu dürfen, um den Signor Peluso über seine Verspätung zu unterrichten; es war die Rede von einer seltsamen Vorrichtung, die im Hause Peluso noch am selben Tag installiert werden sollte. Das machte mich neugierig und so entwendete ich ein kleines Geräteteil aus der Arbeitstasche des Technikers, die er auf meinem Schreibtisch abgestellt hatte. Tags darauf ließ ich ihn zu mir ins Büro kommen, um ihm das *abhandengekommene* Teil zurückzugeben und nahm die Gelegenheit wahr, um ihm ganz diskret einige Fragen über seinen Kunden Peluso zu stellen. Kurz und gut, dabei kam heraus, dass der Safe im Arbeitszimmer von Peluso nur eine Imitation voller unwerter Papiere ist. Der echte Safe aber ist eine simple, dreißig Zentimeter tiefe Stahlkonstruktion, die sich unter dem Tropenfischaquarium im Wohnzimmer befindet. Dieser Metallkasten lässt sich durch Druck auf drei bestimmte Punkte am eisernen Sockelrahmen des Beckens öffnen. In den Eisenrahmen selbst sind mythologische Szenen eingraviert. Wenn man als Erstes auf den Kopf des Poseidon drückt, dann auf die Sonne oberhalb von diesem und am Ende auf den Schaumkamm der höchsten Welle, dann springt ein Mechanismus an, der die Feder freigibt ... und die Sicherheitsschublade nach außen gleiten lässt. Dort wirst du mindestens drei Geldscheinbündel von je einhunderttausend Lire finden, von der der eine bereits ohne Banderole ist. Peluso hat den Tick, sobald eins der Bündel aufgebraucht ist, dieses umgehend durch ein nagelneues zu ersetzen. Die Villa wird von zwei großen neapolitanischen Bluthunden bewacht, beides Rüden. Eine direkte Alarmverbindung zur Sicherheitsfirma gibt es nicht. Peluso ist Witwer, kinderlos, und hat sich den Ruf zugelegt, ein echter Geizkragen zu sein. Schlimmer als die Genueser.«

Engelsgesicht ist bereits dort und wartet auf mich; er lehnt mit dem Rücken an das schmiedeeiserne Geländer des Stadtgartens. Als er mich kommen sieht, rückt er vom Geländer ab, kommt mir entgegen und sagt: »Giuliano, ich habe dir das Schießeisen besorgt. Sehr großkalibrig ist es nicht ... aber was musst du eigentlich damit machen?«

Auf so viel Neugier kann ich nur mit finsterem Blick erwidern: »Versuch zu verstehen: Ich brauch das Ding, und damit basta!«

Daraufhin zeigt sich *Engelsgesicht* über alle Maßen ernst:

»O.k. Das Eisen kostet zweihunderttausend Lire. Wenn du es nicht gebrauchst und es mir *sauber* zurückbringst, gebe ich dir hunderttausend Lire zurück. Wenn du aber damit schießen solltest, denk daran: Lass es auf immer verschwinden. Du findest das Eisen bei dir zu Hause, in Lappen gehüllt hinter dem Spülbecken in der Waschküche im Keller, zusammen mit etwas Munition. Viel Glück!«

Um drei Uhr in der Nacht fahre ich mit Mauro auf der Schnellstraße Richtung Panocato; im Kofferraum des Panda haben wir eine junge Hündin mit weiß-schwarz geflecktem Fell versteckt; Mauro hat sie einfach aus dem städtischen Hundezwinger, wo er arbeitet, mitgenommen. Laika ist seit zehn Tagen läufig. Mauro hält am Straßenrand, weit und breit ist keine Menschenseele zu sehen, und stellt den Wagen gut geschützt hinter den Ruinen eines alten Gebäudes ab, wo sich bis Mitternacht die Autos von jungen Pärchen in Schmuselaune ein Stelldichein geben.

Ich steige aus, öffne den Kofferraum, greife nach der Leine und lasse den Hund herausspringen; bevor ich die Klappe wieder schließe, nehme ich eine große, schwere Tasche heraus und hänge sie mir über die Schulter. Mit gespitzten Ohren lausche ich in Richtung Schnellstraße, dann mache ich Mauro ein Zeichen, dass er weiterfahren soll. Ich und der Hund gehen in Richtung einer schmalen zementierten Straße, die zu einer kleinen terrassenförmig angelegten Fläche über dem Meer hinaufführt, die von unten nicht einsehbar ist. Wir gehen also mindestens zweihundert Meter auf dieser Straße, da haben uns die zwei Mastiffs auch schon gehört. Mein Hund beginnt am ganzen Leib zu zittern, als wir uns vor einer riesigen, grell erleuchteten Tafel wiederfinden; sie besteht der Länge nach aus einem ganzen Eichenstamm und springt so sehr ins Auge, dass sie gut auch aus Disneyland stammen könnte: WILLKOMMEN IN DER VILLA PELUSO steht dort. Wir gehen um den Garten des Hauses herum, und das Bellen der Bluthunde verfolgt uns ohne Unterlass. Auf der Rückseite der Umzäunung binde ich Laika mit ihrer Leine am Zaun fest und entferne mich. Die längst schon erregten Rüden stecken ihre Schnauzen vor der läufigen Hündin durch den Zaun. Ihr Geruch benebelt sie so sehr, dass sie in Panik geraten und heulen und völlig außer Rand und Band sind. Abwechselnd der eine und der andere werfen sich gegen den Zaun mit den dicken Stahldrahtmaschen, um sich so auf schmerzhafte Weise den Weg zu der entsetzten Hündin freizumachen, die versucht, aus dem Halsband freizukommen. Unbeachtet von den Höllenhunden stelle ich die große Tasche auf einem

Felsblock in der Nähe ab und ziehe mir einen Anstreicheroverall über, Fussmaschen, dreifache Chirurgenhandschuhe. In der einen Hand halte ich eine Taschenlampe, in der anderen ein eineinhalb Meter langes Brecheisen. Jetzt bleibt mir nur zu hoffen, dass die Mastiffs sich weiterhin ausschließlich um die Hündin kümmern, andernfalls wäre ich gezwungen sie zu erschießen. Der Fensterladen und das Küchenfenster lassen sich sofort öffnen. Ich steige ein und stehe im Wohnzimmer, das im schwachen Licht des Zierfischaquariums liegt. Die sprudelnd aufsteigenden Sauerstoffbläschen werfen psychedelische Effekte an die Wände und auf meine Kleidung, und nur das Blubbern des Wassers ist zu hören. Ich gehe vor dem Rahmen am Fuß des Beckens in die Knie und fülle meine Lungen bis zum Bersten, um mich besser konzentrieren zu können. Nach wenigen Sekunden springt der Schließmechanismus auf. Unglaublich! In der Schublade liegen zwei nichtangebrochene Bündel 100 000-Lire-Scheine und daneben noch ein anderes, aus dem höchstens zehn Scheine fehlen. Ich stecke alles Geld in die Hosentaschen und verlasse die Villa, ohne die Schublade vorher zu schließen. Ich eile zu Laika, die noch mehr zittert als zuvor und über und über mit dem Geifer der Bluthunde bedeckt ist; diese sind noch immer erregt, aber ziemlich ermattet auf der anderen Seite der Umzäunung. Ich binde Laika los und wir machen uns auf den Weg in Richtung Brancavilla, bewegen uns versteckt im tiefen Straßengraben der Schnellstraße voran. Unterwegs werfe ich die Tasche mit den Arbeitsklamotten in eine Baustelle und lasse auch das Brecheisen in einem Schilfrohrstück verschwinden, und eine Stunde vor Sonnenaufgang bin ich auch schon am Ortsrand von Brancavilla. Laika beginnt zu ziehen, dort steht auch schon Mauro mit seinem Panda und wartet auf uns. Im Kofferraum befinden sich zwei offene Kisten mit frischem Fisch, der noch nach Meerwasser riecht. Die Sache kommt mir gut zupass für den Fall, dass ich ein Alibi brauche: »Wer, ich? Aber wenn ich doch die ganze

Nacht über mit Mauro beim Fischen war.« Also bitte! Am Abend dann gibt es rote und weiße rohe Garnelen, frittierte Sardinen und Seebarben, das Ganze auf einem Beet aus apulischem Rucola. Und dazu Rosato[13] bis zum Abwinken!

In der Nacht bin ich ziemlich blau und denke an das Gesicht von Onkel Alfonso zurück, als ich ihm meine neue Aktivität offenbart habe. Er schien dermaßen betreten zu sein, dass ich anfangs fast sicher war, dass er mir nicht helfen würde. Wieso nur hat er mir am Ende sogar genaueste Anweisungen gegeben, wohin ich zu gehen hatte, um den Coup zu landen? Und was für ein Coup! Ich hatte den Hass in Onkel Alfonsos Herz gespürt, als er den Namen Peluso aussprach. Aber hatte dieses Gefühl schon ausgereicht, um seinen ehemaligen Kunden zu verraten?

Um ehrlich zu sein, wird mir erst jetzt klar, wie sehr die Methoden der Bankdirektoren denen der Mafiosi ähneln!

Im Wohnzimmer von Meister Ciccio lege ich mit stolzer Geste die Geldbündel auf dem Esstisch ab.

»Bitte schön, Meister! Es sind fast sechzig Millionen Lire.«

Er steht auf der anderen Seite des Tischs und meint ganz kalt: »Bist du verrückt? Mir brauchst du doch nur das Geld für das Pferd zu geben, das du getötet hast. Der Rest interessiert mich nicht.« Er ist verärgert, als könnten seine Finger durch die bloße Berührung mit anderen Banknoten in Flammen aufgehen.

»Dann schenke ich eben den Rest meinem Vater und meinem Bruder!«

Auf diesen Vorschlag hin tippt sich Meister Ciccio ungläubig an den Kopf:

»Also dann bist du noch verrückter, als ich vorhin dachte!«

13 Der kalabrische Rosato kommt aus der Gegend von Cirò und ähnelt eher einem Rotwein als einem Rosé.

Und weiter: »Was glaubst du denn, was die Bosse der *ehrenwerten Gesellschaft* tun? Meinst du, die kommandieren nur bei den Tarantellas? Heutzutage wird alles Geld gebraucht. Die Gelder, vor allem die kurzfristig zu beschaffenden, sind fast noch wichtiger als die Ehre und der Respekt.«

Er vermeidet es sogar mir in die Augen zu schauen. Bestürzt setzt er sich an den Tisch und starrt unduldsam auf die Bündel, dann zuckt er mit den Achseln und spricht mit brummiger Stimme:

»Die Bosse empfangen und geben Gelder wie diese in die Gemeinschaftskasse, aus ihr werden die Rechtsanwälte bezahlt, die sich um unsere Gerichtsprozesse kümmern, und die Monatswechsel für die Familien unserer Männer, die hinter Gittern sitzen. In den fetten Zeiten lässt sich ganz gut leben; fette Zeiten bedeuten, die Bedingungen geschaffen zu haben, damit die Bande drei, vier Raubzüge im Monat planen sowie die Schutzgelder bei den reichen Kaufleuten und Bauunternehmern aus der Gegend eintreiben und kiloweise Drogen und Lastwagenladungen von gefälschter Ware verticken kann.

In diesem Fall ist der Boss gezwungen, seine Anhänger gut zu bezahlen und es keinem je an etwas fehlen zu lassen. Also siehst du die stolze Ehefrau, die sich allein um die Kasse und die Kinder kümmert, die alle eine Schule besuchen dürfen. Wenn die fetten Zeiten lange andauern würden, hätte auch der Nachwuchs der *Ehrenmänner* die Möglichkeit, Arzt, Ingenieur oder Rechtsanwalt zu werden. Wenn die Geschäfte immer gut gingen, würde der *Ehrenmann* in seinem Bett sterben und nicht niedergeknallt mitten auf der Straße.

Die mageren Zeiten hingegen sind beinahe immer von einem gehässigen Krieg um die Nachfolge an den Spitzen der Macht gekennzeichnet. Die jungen Sprösslinge, die überzeugt sind, das Geld besser verwalten zu können als diejenigen, die schon an der Macht sind, pusten dann die alte Bande weg und quartieren ihre eigene in der Kommandozentrale ein. Wenn einer ermordet wird, kündet das fast immer von einer drastischen Veränderung im wirtschaftlichen Klima vor Ort. Das ist der Moment, in dem die Bürger die Mafiosi anfangen zu hassen, weil wir uns gegenseitig umbringen und auch noch Geld von denen verlangen, die wenig haben. Aber weil die Kriege einen Haufen Geld kosten, werden wir in den Augen der normalen Leute zu blutrünstigen Bestien. In der Tat, den Sieg trägt der davon, der am meisten Geld hat, um den Krieg zu finanzieren.«

Er steht auf, schenkt mir ein Glas tintenschwarzen Rotwein ein und verschwindet in seinem Schlafzimmer. Er kehrt in einem hellen, aber dezenten Anzug und ohne Krawatte wieder zurück.

»Los! Gehen wir und bereiten Don Sergio eine Überraschung.«

Wie eine Feder im Wind

Aus der Villa Peluso habe ich 58 Millionen und 200 000 Lire mitgenommen, davon habe ich fünf Millionen als Wiedergutmachung
für das verschwundene Pferd bezahlt, hunderttausend Lire für die
geliehene Pistole und eine Million habe ich Mauro gegeben. Geblieben sind mir also satte 52 Millionen.

Ein schönes Haus hat der Pate! Einige der Möbel sind wie die, die
man in der Nachkriegszeit aus Amerika importiert hat: mit laminierten, von verchromten Stahlrohren getragenen Fachbrettern.
Die Tische und Kommoden im großzügigen Wohnzimmer sind
aus Eichenholz und tragen schwere Platten aus Carrara-Marmor.
Unter den Augen von Don Sergio überreiche ich Meister Ciccio
das Bündel. Die zwei Mafiosi erheben sich von dem mit Brokat
überzogenen Sofa, das an den Rändern schon eine Patina hat, sie
entschuldigen sich und verschwinden im Nebenzimmer, um unter
vier Augen zu sprechen. Sonst scheint sich niemand im Haus auf-

zuhalten, doch wenn man die Ohren spitzt, hört man von Zeit zu Zeit ein diffuses Stimmengewirr von Frauen und Kindern. Nach rund zehn Minuten kehren die beiden ins Wohnzimmer zurück. Meister Ciccio entkorkt eine Eineinhalbliterflasche Rotwein und füllt die Gläser:

»Lasst uns anstoßen. *Salute!*«

Als die Flasche leer ist, schenkt mir Don Sergio drei Millionen Lire.

Der Rest, erklärt er feierlich, geht in die *Gemeinschaftskasse.*

Auf dem Rückweg nach Brancavilla überlässt Meister Ciccio mir das Steuer seines Renaults. Als wir Cosenza verlassen, vertraut er mir an:

»Dank dir, Giuliano, habe ich eine sehr gute Figur gemacht! Don Sergio ist nun dir gegenüber äußerst wohlgesonnen. Er sagt, dass er in deinen Augen die Seele des Mafioso gesehen hat, und er will dich deshalb so bald wie möglich *taufen!* Noch bevor das *Lokal* von Brancavilla wieder aufmacht, soll das geschehen. Er will dich zu einem seiner *Soldaten* machen. Wann denkst du, ist das möglich?«

Ich schnappe mir die MS, die er sich gerade angezündet hat, nehme einen tiefen Zug, drücke drei-, viermal auf die Hupe und fahre ein Stück im Zickzack. »So schnell, wie es geht!«, erwidere ich. »So wie *Mammasantissima* es wünscht ... bereite mich für die kommende Woche vor, Meister!«

»Über dieses Haus fliegt der Erzengel Gabriel[14] hinweg. Unter

14 Engel der Verkündigung, Gottesbote und Schutzpatron der Beschäftigten des Kommunikationswesens und der Fernmelde- und Nachrichtendienste. Der Erzengel wird bei der Taufe eines *Lokals* oder bei der Gründung einer neuen *ehrenwerten Gesellschaft* angerufen, damit er die Nachricht an die anderen Gesellschaften weitertrage. Dies geschieht mithilfe verschlüsselter Botschaften, die auch in die diversen Strafvollzugsanstalten Süditaliens gelangen, damit die *Abwesenden* auf dem Laufenden bleiben.

seinem Umhang trägt er Botschaften und Neuigkeiten für die *ehrenwerte Gesellschaft*. Und wie unsere spanischen Brüder Osso, Mastrosso und Carcagnosso, mit Demut und der geweihten Hostie und dem silbernen Kelch *taufe* ich das *Lokal*.« Diese Worte werden in einem furchterregenden Ton ausgesprochen. Ich stehe hinter der Tür eines feuchten Lagerkellers und lausche; mit diesen Worten sollen die Wände für das Ritual meiner Initiation vorbereitet werden. Geheime Worte, die dazu dienen, dieses unterirdische Loch in einen heiligen Ort zu verwandeln.

Den Blick zur hohen Gewölbedecke gerichtet hält Meister Ciccio mich am Unterarm fest. Wir befinden uns im Keller eines alten Palazzos, gleich hinterm Dom im historischen Stadtkern von Cosenza, wohin die Carabinieri und die Staatspolizei sich kategorisch weigern, ihren Fuß zu setzen. Spärlich nur dringt das Licht durch die Ritzen der Oberlichter, dort wo die Decke fast sieben Meter hoch ist. Wir tragen zur Feier des Tages leichte Sommeranzüge. Draußen herrschen Temperaturen um die dreißig Grad Celsius im Schatten. Doch die abgestandene Luft, die wir hier unten einatmen, lässt die Glieder einfrieren.

Die Tür vor uns öffnet sich mit einem entsetzlichen Quietschen. Auf der Schwelle steht ein hochgewachsener, drahtiger und muskulöser Mann und hält die rostige Eisenklinke fest in der Hand. Wie ein freundlicher Frankenstein bedeutet er mir einzutreten, dann nimmt er mich am Arm und führt mich feierlich zu einem schwarzen Tisch in der Mitte des Raums; die Tischplatte ist massiv wie das Holz eines Sargs. Um den Tisch herum sitzen Don Sergio und noch drei weitere *Höchstehrenwerte*. Alle haben die Arme verschränkt. Die drei Kerzen, die ohne Halterung direkt auf dem Tisch stehen, werfen ihr Licht auf diese drei raubeinigen Gestalten. Auf ihren Gesichtern liegt heitere Zufriedenheit, nichts kann ihre Freude trüben. Der Meister, der mich begleitet hat, rückt den für mich vorgesehenen Stuhl etwas vom Tisch. Sobald Frankenstein seinen Platz wieder eingenommen hat, muss auch ich mich niedersetzen. Der Raum misst mindestens einhundert Quadratmeter und wirkt schauderhaft: An den Wänden stapeln sich wurmstichige Tische, Regale mit verschimmelten Büchern, von der Feuchtigkeit aufgequollene Matratzen, zu Bruch gegangenes Mobiliar, Ballonflaschen mit Jahrhundertessig. Auch eine Schar von Katzen scheint inmitten des Schrotts zu leben.

Ich sitze Don Sergio genau gegenüber und habe die Arme aufgestützt. Zu seiner Rechten liegt eine Bibel. Zu seiner Linken hingegen steht ein tiefer Teller mit fünf an den Tellerrand gelehnten Gabeln, in der Mitte des Tellers ein doppelt verknotetes, zusammengerolltes Küchentuch, das die Verbundenheit mit der *ehrenwerten Gesellschaft* symbolisiert.

Don Sergio legt die rechte Hand auf die Bibel. Sein prüfender Blick taxiert mich von oben bis unten. Er fragt mich:

»Woher kommst du?«

»Ich stamme aus einem unbekannten Land. Ich komme von der alten Insel Favignana.«

Vor lauter zeremoniellem Eifer sind seine Augen rot und die Adern an seinem Hals geschwollen, was ihm das Charisma eines gestandenen Mannes vom Lande verleiht. Ein Blick von ihm, und er hat mich in seinen Bann gezogen. Sein gewinnendes Lächeln fesselt mich. Mit einem lang gezogenen Pfeifton atmet er durch die Nase ein, bis seine Lungen ganz gefüllt sind:

»Wie bist du hierhergekommen?«

»Ich bin durch einen Gang voller Rosen und Jasmin gegangen.«

»Und wer hat dich begleitet?«

»Drei Schutzengel mit einer mir unbekannten Uniform.«

Don Sergio schnaubt wie ein Stier, zieht den rechten Ärmel hoch und befiehlt mir gutmütig:

»Stich zu!«

Mir ist, als würde mir jemand eine Pfanne über den Kopf ziehen. Aber ich empfinde keinen Schmerz. Ein metallischer Schlag in einem grellweißen Licht, und wie festgefroren vibriert eine Note in meinem Gehirn.

»Ich befehle dir, mir in den Arm zu stechen und von meinem Blut zu trinken!«

Instinktiv greife ich nach der zwanzig Zentimeter langen Matratzennadel auf dem Tisch. Ich umklammere sie mit der ganzen Hand, als wäre sie ein Messer, und hebe sie hoch in diese feierliche Luft. Bestialisch, wie ein mit Krallen bewehrtes Katzenraubtier fällt mein Arm auf das Fleisch von Don Sergio und mit der Kraft eines Fausthiebs steche ich mindestens vier Zentimeter tief in seinen Arm. Don Sergio zuckt nicht mit der Wimper, ja auch sein Lächeln verschwindet nicht. Beim Anblick des Bluts streckt er seinen Arm noch näher an den meinigen.

Die Hitze, die aus meiner Brust bis an die Schläfen hinaufsteigt, zwingt mich zu langsamen Bewegungen. In meinem Kopf beginnt sich ein Karussell zu drehen.

Alles um mich herum dreht sich, nur den kräftigen Unterarm von Don Sergio sehe ich vor mir ... das Blut läuft nun nach unten.

Ich stürze mich auf das Blut, stoppe mit meiner Zunge seinen Lauf, und mit den Lippen auf seiner Haut sauge ich und säubere alles bis zum letzten Tropfen. Keine Spur von Blut ist mehr zu sehen. Don Sergio zieht meinen Kopf an den Haaren hoch, zieht seinen Arm wieder zu sich und fährt fort:

»Zuvor kannte ich dich als *ehrenwerten Eingeweihten*. Heute erkenne ich dich als *ehrenwerten Soldaten*. Weißt du, was das bedeutet, *Picciotto, Soldat?*«

»Ich bin wie eine Feder im Wind, die der *ehrenwerten Gesellschaft* Bericht erstattet.«

Don Sergio starrt mich an, als wolle er bis in meine Seele blicken. O mein Gott! Es ist ihm gelungen. Ich spüre, wie mein Sein von allen körperlichen Fesseln befreit wird, und wie dieser dunkle Keller sich in einen Königspalast verwandelt.

Die ungewohnte, warme Luft führt in mir zur Entstehung eines gänzlich neuen Wesens. Ich werde zu einer völlig neuen Person. Ein Mann wächst auf magische Weise im Innern meiner Glieder heran, bis er sie vollständig ausfüllt. Ich mache die Augen wieder auf. Instinktiv schüttle ich den Kopf, als ich sehe, wie sich Don Sergios Lippen erneut bewegen. Der Klang seiner Worte erreicht mich leicht zeitversetzt, so als könnte ich nur ihr fernes Echo hören:

»Giuliano! Von diesem Moment an erkenne ich dich als einen *ehrenwerten Soldaten* und als meinen *Sohn* an!«

Wir erheben uns. Don Sergio legt erneut seine Hand auf die Bibel, neigt sich zu mir und küsst mich, erst auf die rechte, dann auf die linke Wange.

»*Buon vespero!*[15]«, sagt er voller Stolz zu mir.

Noch in Trance erwidere ich: »*Buon vespero*, weiser Gefährte.«

Don Sergio setzt sich wieder und beginnt in der Bibel zu blättern, ohne darin zu lesen, so als solle das Buch von sich aus sprechen:

»Das Oberhaupt der Gesellschaft, das du auf deiner Stirn tragen wirst, heißt Sergio Sbarra. Als *Kassenwart* zu deiner Rechten wirst du Franco Canuto haben. Als *Camorrista di sangue*[16] wirst du Rocco Pizzuto haben, und Meister Aldo Samá wird der *Camorrista di sgarro* sein.«

In seinem Blick liegt eine Spur von Mitleid, das nach und nach tief und immer tiefer wird.

»Von diesem Moment an gehörst du zur *Heiligen Familie*. Und

---

15 Losung, mit der sich die 'Ndrangheta-Mitglieder untereinander erkennen. Die Phrase »Buon vespero« (frohe Vesper) ist im alltäglichen italienischen Sprachgebrauch absolut unüblich und wird ausschließlich von *Eingeweihten* verwendet.

16 Der *Camorrista di sangue* wird als Gelderpresser eingesetzt und erledigt seine Befehle mit aller Härte.

mit der Heiligen Schrift *taufe* ich dich. Nie wirst du einen Verrat begehen. Wenn du jemals zum Verräter werden solltest, wirst du so enden, wie du zu enden akzeptiert hast. Und dein Blut wird dazu dienen, die Schmach wegzuwaschen!«

Seine Worte verhallen nur langsam. Ich erhebe mich, nähere mich voller Entschlossenheit dem Zirkel der *Ehrenwerten* und küsse die Wangen dieser hochrangigen Mafiosi. Der kräftig gebaute *Soldat des Tages* begleitet Meister Ciccio und mich wieder zur Tür. Meister Ciccio hatte hinter mir stehend der Initiation beigewohnt. Bevor ich den Raum verlasse, überreicht er mir die Liste mit den Namen der Mitglieder der Gesellschaft, die mich gerade *getauft* haben.

Wir stehen auf dem Kopfsteinpflaster des Corso Telesio. Das unvermindert starke Licht der untergehenden Sonne blendet in den Augen und Meister Ciccio strahlt. Er schiebt sich die Sonnenbrille auf die Nase und deutet auf die Bar Duomo an der Ecke. Unablässig lächelnd folge ich ihm bis zur Theke und bestelle zwei Campari mit dreifachem Gin.

»Giuliano«, brummelt er zufrieden unter seinem Bart, »jetzt musst du dich nur noch dem *Soldaten* von Brancavilla vorstellen und die Sätze aufsagen, die auf dem Papier in deiner Tasche stehen. Du musst sie auswendig lernen und aufsagen, ohne innezuhalten. Als handle es sich um deinen Namen, Geburtsdatum und Adresse. Der *Soldat* wird Don Peppe Sorria, dem *capobastone*[17], über den dir zugeteilten Grad Mitteilung machen; der wird wiederum die Versammlung der *Ehrenmänner* vor Ort einberufen ... und so wirst du zum *Soldaten* der Bande von Brancavilla!«

Den Abend verbringen wir im Restaurant *Lo Sparviero*, einem gut besuchten Landgasthof in den Bergen auf halber Strecke nach Cosenza; der Hof steht dicht bei einem Felsvorsprung, von dem

17 So wird traditionell der Boss eines 'Ndrangheta-Clans genannt.

aus sich ein atemberaubendes Panorama bietet. Der Blick geht über eine ganze Reihe von Tälern und endet steil abfallend im Tyrrhenischen Meer. Über allem liegt der zauberhafte Widerschein des Wassers. Das Klima in diesen Bergen ist so wechselhaft, dass in der einen oder anderen Schlucht selbst im Sommer unter den Esskastanien Steinpilze gedeihen. Wir bekommen sie im Topf, außerdem fein geschnittene rohe weiße Kaiserlinge, mit Olivenöl und Scheibchen von gut durchgereiftem Pecorino darüber, oder gegrillt mit *capocollo*, einem kalabrischen Nackenschinken, oder frittiert, dazu Kartoffelschnitze. Als *secondo* gibt es Zicklein und Spanferkel mit Morcheln geschmort. Erhitzt vom vielen Wein lockern wir unsere Krawatten und öffnen die oberen Hemdsknöpfe. Zwischen Schnaps, Kaffee und zwei schnellen Zügen von Meister Ciccios Zigarette werfe ich immer wieder einen Blick hinaus in Richtung Berge. Dichte Nebelbänke gleiten zwischen den dunklen Bergrücken dahin und besetzen die Täler. Die Stille wird vom Geheul der Schäferhunde und dem fernen Gebimmel der Ziegenglöckchen durchbrochen. Wir sind jetzt allein im Restaurant. Nachdem die Spannung von uns gewichen ist, überkommt uns die Müdigkeit am ganzen Leib.

Meister Ciccio ist schon in Halbschlaf gefallen, den Kopf zwischen den Händen und die Ellenbogen auf die Tischplatte gestützt. Der Besitzer des *Lo Sparviero* nähert sich uns auf Zehenspitzen:

»Wenn Ihr gestattet, möchte ich Euch anbieten, heute hier im ersten Stock zu übernachten, selbstverständlich seid Ihr meine Gäste, und die Zimmer werden Euch nicht auf die Rechnung gesetzt. Aber Ihr scheint mir sehr müde zu sein.«

Meister Ciccio wird von diesem freundlichen Angebot wieder wach und zwinkert dem Gastwirt zu:

»Danke, Gevatter Antonio, gerne ein andermal. Bringt uns jetzt freundlicherweise die Rechung und noch zwei Magenbitter und noch mal zwei Kaffee.«

Wie man es anstellt, hinter Gitter zu kommen

In Brancavilla werde ich sofort von Don Peppe zum Soldaten seiner Bande ernannt. Meine Namensliste füllt sich, vier weitere Namen sind dazugekommen. Ich verbringe den Tag damit zu lernen, sie flüssig aufzusagen:

Auf meinem Haupt trage ich den Segen von Don Sergio Sbarra / Zu meiner Rechten die Intelligenz von Franco Canuto / Begleitet vom Blut von Don Rocco Pizzuto und wo die Verfehlungen von Meister Aldo Samá gezählt werden / Ich lege Prüfung vor und im Namen von Peppe Sorria ab / Rechter Hand Vito Tripicchio / Linker Hand Kamerad Totó De Maria und Martino Vottura.

Im Januar 1981 wird Don Sergio Sbarra verhaftet. Man wirft ihm versuchte Bestechung bei einem vereidigten technischen Sachverständigen vor, der den Wert einer bedeutenden Immobilie, Eigentum einer bekannten Gesellschaft aus Cosenza, schätzen sollte. Die Rechtsanwälte sagen, es sei schwierig, seine Entlassung früher als vor Ablauf eines Jahres hinzukriegen. Um meine kriminelle Karriere ist es schlecht bestellt. Nur er, mein Pate, könnte meine Beförderung auf einen höheren Grad vorantreiben.

In der 'Ndrangheta muss der Übergang von einem Grad zum anderen innerhalb von sechs Monaten nach Einsetzung in den vorigen Grad erfolgen. Verstreicht diese Frist, verbleibt man für immer auf dem zuletzt empfangenen Grad, ohne Möglichkeit des Aufstiegs in der Hierarchie. Es wäre doch Unsinn, mich zu einem Leben als einfacher *Soldat* zu verpflichten!

Vor Ablauf der sechs Monate nach meiner *Taufe* muss ich es schaffen, die Verdienste zu erwerben, die Don Sergio wiederum befähigen, aus mir einen *Camorrista* zu machen. Ich muss es irgendwie hinkriegen, mich so bald wie möglich verhaften zu lassen, um mit ihm im Gefängnis zusammenzutreffen.

Ich gehe bei Don Peppe vorbei und teile ihm meinen Entschluss mit. Der Boss von Brancavilla ist einverstanden. Er rät mir, mich im Nachbarort verhaften zu lassen: »Wenn sie dich dort schnappen, bringen sie dich bestimmt in die gleiche Justizvollzugsanstalt, in der gerade eben Don Sergio eingefahren ist. Unterdessen will ich Freund Leopoldo eine Botschaft zukommen lassen, damit niemand von seiner Bande vor Schreck auf dich schießt, wenn du dort plötzlich auftauchst. Hier, nimm den Autoschlüssel, steig in den blauen Lancia um die Ecke und fahr los. Viel Glück.«

Ich muss in Panocato einen regelrechten Aufstand machen und rase also mit Karacho durch die Hauptstraßen des Ortes in der Hoffnung, in eine Verkehrskontrolle zu geraten. Endlich, da ist ja eine! Die zwei Carabinieri mit der Kelle gebieten mir sofort anzuhalten. Gut so, einer von ihnen ist sogar *Maresciallo*. Ich bremse und springe aus dem Auto. Außer mir vor Zorn beschimpfe ich sie als dreckiges Schergenpack und infame Aasstücke, und eiskalt wie eine Hyäne füge ich noch hinzu:

»Wenn ihr mich auf die Wache bringt, kriegt ihr von mir vor all den anderen Nullen die Fresse poliert.«

Der *Maresciallo* der Carabinieri, ein langer dünner Typ, sagt mit der Kelle noch in der Luft:

»Ja, wie? Sie rasen wie ein Wahnsinniger, wir halten Sie an, und noch bevor wir den Mund aufmachen, werfen Sie uns schon Beleidigungen an den Kopf?!!«

Ich bleibe ungerührt und sage laut:

»*Maresciallo*, Sie sind es nicht einmal wert, dass man Ihnen zuhört!«

Ich verbringe die Nacht auf einem Stuhl in einem winzigen fensterlosen, ausbruchsicheren Raum im Kellergeschoss der Kaserne der Carabinieri von Panocato. Im Morgengrauen lassen sie mich in einen Polizeiwagen steigen und zusammen mit ein paar jungen Kerlen aus Matera bringt man mich nach Cosenza. Um neun Uhr in der Früh bin ich bereits Insasse der Zelle Nummer 13 des Gefängnisses von Colle Triglio und warte auf meinen Prozess wegen Beleidigung des Corps der Carabinieri und eines öffentlichen Ordnungshüters.

Ich strecke mich auf der einfachen Pritsche aus, und bereits nach einer knappen halben Stunde öffnet ein Gefängnisaufseher die Zellentür:

»Nummer 13, ich überbringe dir den Willkommensgruß von Don Sergio. Er lässt fragen, ob du etwas brauchst.«

Der Schlafmangel verhindert eine rasche Koordination meiner Gedanken, und so zwinge ich mich zu den Worten:

»Ich kenne keinen Don Sergio. Wie auch immer, überbringe meinerseits einem so wohlwollenden Unbekannten meine Grüße. Das ist alles. Mach die Tür wieder zu!«

Es hat mich viel Kraft gekostet, aber ich habe es geschafft!

Die Nacht zuvor hatte ich den Carabinieri lediglich meinen Namen verraten und gesagt, ich würde nur in Gegenwart meines Verteidigers den Mund aufmachen.

Pietro Mammone sucht mich gleich nach dem Mittagessen auf. Der in die Jahre gekommene Rechtsanwalt kümmert sich seit eh und je um die Interessen meiner Familie; er drückt mir die Hand, umarmt mich, setzt sich aufs Bett und meint kurz und bündig:

»Entweder du bist vernünftig und akzeptierst sechs Monate ohne Bewährung oder sie lassen dich ein ganzes Jahr oder länger hier schmoren!«

Ich bin noch nicht richtig wach und muss Schultern und Rückgrat recken und strecken. Ich presse die Hände gegen mein Gesicht und schaue ihm vergnügt in seine kleinen, von dichten Augenbrauen umwachsenen Augen:

»Dottor Mammone, ich bin Ihnen sehr zu Dank verpflichtet dafür, dass Sie sofort hergekommen sind, und verzeihen Sie mir bitte, wenn ich Ihnen keinen besseren Empfang bereiten konnte. Sechs Monate müssten reichen. Andernfalls werde ich schon einen Weg finden, um meine Entlassung auf einen passenden Zeitpunkt zu verschieben. Verstehen Sie mich richtig! Ich habe nicht urplötzlich den Verstand verloren, sondern ... ich habe hier an diesem Ort etwas zu erledigen. Versuchen Sie vielmehr zu verhindern, dass ich in eine andere Haftanstalt verlegt werde!«

Ich gehe zur Tür und klopfe zweimal, sofort erscheinen die Augen des Wächters hinter dem Sichtgitter und mit metallischem Knacken geht die Tür auf. Mammone erhebt sich, ich reiche ihm die Hand und noch bevor er die Zelle verlässt, sage ich zu ihm:

»Herr Rechtsanwalt, tausend Dank und richten Sie der geschätzten Gattin meine Grüße aus.«

Am Nachmittag verlasse ich die Zelle für eine Stunde Hofgang. Begleitet von zwei Gefängniswärtern gehe ich durch die Gänge; sie erklären mir die Regeln, die es während der Stunde an der frischen Luft zu beachten gilt. Ich tue so, als würde ich ihnen gar nicht zuhören, und natürlich schaue ich ihnen auch nicht in die Augen. Der Innenhof ist noch heruntergekommener als das Innere des

Knastgebäudes. Der kleine Bolzplatz ist total staubig und voller Löcher, sodass man keine flachen Bälle spielen kann: Hier kann man nur aus der Luft heraus ein Tor schießen. Der Platz ist ringsum von einem nackten, ungekachelten Zementstreifen begrenzt. Die Sitzgelegenheiten sind im Laufe der Jahre durch Witterungseinflüsse stark abgenutzt worden und ähneln scharfkantigen Gebilden, die wenig einladend sind. Die Mauern des Hofs sind mindestens acht Meter hoch und von rostigem Stacheldraht gekrönt; der Verputz ist größtenteils abgeblättert. Der Kalk, der hie und da der Reparatur wegen aufgebracht wurde, kann die roten Backsteinziegel nicht überdecken. Inmitten dieser Mauern fühlt man sich wie von der Epidermis eines Brontosaurus voll blutender Schwären umgeben.

Eine größere Gruppe Gefangener hat sich an der Nordwand zusammengefunden und rührt sich nicht vom Fleck. Don Sergio, da ist er ja! Zusammen mit vier anderen Männern sitzt er inmitten dieser rund sechzig Häftlinge, die alle auf ihrem Posten stehen; sie unterscheiden sich in ihrer Haltung deutlich von allen anderen Gefängnisinsassen, die ihre Runden drehen und miteinander diskutieren; ein unsichtbarer Graben trennt die einen von den anderen. Wenn einer aus der Gruppe der sechzig seinen Platz verlässt, um mit einem anderen ein Wort zu wechseln, kehrt er unmittelbar danach genau an die Stelle zurück, wo er zuvor gestanden hat. So als stünde jedem Einzelnen nur der eine ihm zugewiesene Platz zu. Ich verspüre sofort das Bedürfnis, bei Don Sergio vorstellig zu werden, doch für den Moment verkneife ich es mir. Es ist besser, wenn er entscheidet, wann und wo wir aufeinandertreffen sollen. Er ballt die rechte Hand zur Faust und führt sie auf Herzhöhe an die Brust, um so meine Zugehörigkeit zu seiner kriminellen Gruppe anzuerkennen. Bei diesem Zeichen fühle ich mich wie neugeboren. Da wo ich bin, knie ich mich nieder, lege meinem Paten gleich die Faust auf meine Brust und hebe den Blick gen Himmel. Den ganzen Freigang über verharre ich in dieser Haltung, ohne mich auch nur einen Millimeter zu rühren.

Bei der Rückkehr in meine Zelle treffe ich auf einen Aufseher, der mir befiehlt, meine Sachen zu nehmen und ihm zu einer anderen Unterkunft zu folgen. Wortlos und ohne ihn auch nur eine Sekunde anzuschauen, gehorche ich. Wir gehen in das obere Stockwerk und folgen den Korridoren. Am Ende fällt die Tür der Zelle 27 mit einem dumpfen Knall hinter mir ins Schloss, und ich schrecke zusammen. Diese Zelle ist viel geräumiger als die erste und hat sechs Schlafplätze in Hochbetten, zwei Schlafplätze rechts, zwei links und zwei in der Mitte, vor dem vergitterten Fenster. Die langgezogene Zelle wirkt eher wie ein Wohnzimmer; rechts steht ein breiter Tisch, auf dem mit zwei Gaskochern eine Kochgelegenheit improvisiert ist.

Überall stehen Töpfe und Pfännchen herum, getrockneter Oregano, Bündel mit roten *peperoncini* und Knoblauchzöpfe hängen von der Decke herab. An den Fenstergittern sind Plastikgefäße befestigt, in denen Basilikum und Petersilie, Salbei und Rosmarin wachsen. Eine Ecke des Raums ist mit dicken Wolldecken vom Rest abgetrennt. Dahinter das Klo. Das Waschbecken befindet sich neben der Tür, und hinter dem Gaskocher stehen zwei Kühlschränke aufeinander.

Vier Männer sitzen im Halbkreis zwischen den Stockbetten und scheinen auf mich gewartet zu haben. Neugierig blicken sie mich aus finsteren Gesichtern an. Zwei von ihnen haben die fünf Punkte zwischen Daumen und Zeigefinger tätowiert: Es handelt sich also um *Freunde*. Entschiedenen Schrittes baue ich mich in der Mitte der Zelle auf und stelle den Plastiksack mit meinen Sachen auf den Boden:

»*Buon vespero*, weise Gefährten. Ich ersuche um Erlaubnis und Ihr müsst sie mir geben: Ich will in dieses *Lokal* eintreten.« Sogleich erhebt sich der Jüngste und tritt ganz nah vor mich hin. Er tut leicht erzürnt:

»Dieser Ort ist für niemanden zugänglich. Er ist den *Ehrenmännern* vorbehalten. So wie es der Gesellschaftskodex vorschreibt.«

Ich erstarre von Kopf bis Fuß und bekreuzige mich in Zeitlupentempo, bevor ich wieder das Wort ergreife:

»Ich ersuche erneut um Zustimmung. Ich muss in dieses *Lokal* eintreten und ich kann die Erlaubnis auch erzwingen. Ich bin ein Mann des Blutes und der Ehre.«

Und noch finsterer erwidert der andere:

»Ich schenke Euch Gehör, aber ich kann Euch nicht eintreten lassen, wenn Ihr mir nicht sagt, woher Ihr kommt.«

Ich mache erneut das Kreuzzeichen, breite die Arme aus und sage:

»Ich komme aus einem sehr fernen Land, wo meine Person die Taufe empfing. Eine Insel namens Favignana.«

Der *Soldat* vor mir wird immer misstrauischer und lässt nicht locker: »Das Land, das Ihr nennt, wie könnt Ihr es kennen?«

Ich hole ganz tief Luft und antworte in einem Atemzug:

»Ein Stern machte sich auf, um mich zu geleiten, und er brachte mich auf den rechten Weg und stellte mich dem Kreis der *Gesellschaft* vor.«

»Also dann nehmen wir Kenntnis von Eurem *Taufspruch*.«

Endlich! Mein Blick geht prüfend vom einen zum andern, aber ich kann das Oberhaupt unter ihnen nicht ausmachen. Seltsam, einer der Stühle, der letzte rechter Hand, ist mit einem roten Taschentuch bedeckt. Was hat das zu bedeuten? Der *Taufspruch* geht mir flüssig von der Zunge, kaum öffne ich den Mund: »*Auf meinem Haupt ruht der Segen von Don Sergio Sbarra / Die Intelligenz von Franco Canuto zu meiner Rechten / Begleitet vom Blut von Don Rocco Pizzuto und wo Verfehlungen von Meister Aldo Samá gezählt werden / Ich lege Prüfung ab vor und im Namen von Peppe Sorria /*

Zu meiner Rechten bringe ich Vito Tripicchio / Zu meiner Linken Kamerad Totó De Maria und Martino Vottura.«

Als die Mafiosi den Namen von Don Sergio hören, werfen sie einander überraschte Blicke zu. Grabesstille tritt ein. Wieder ergreift der Jüngste das Wort:

»Wenn es Euch beliebt, weiser Gefährte, dies ist Euer Haus und wir stehen Euch zur Verfügung.« Er umarmt mich und fügt mit einem Anflug von Zustimmung hinzu: »Ich bin Ulisse D'Amato, *Flachschuss* genannt, weil ich nur einen Meter fünfzig groß bin. Ich bin seit zwei Jahren in Colle Triglio und *Ehrensoldat* dieses *Lokals*. Wir beide sind Blutsbrüder, Dank sei Don Sergio.«

Nach diesen Worten bedeutet er mir zu seiner Rechten Platz zu nehmen, und zwar am Ende des Halbkreises, in dessen Mitte der Stuhl mit dem roten Taschentuch steht. Alle sitzen da, als warteten sie noch auf jemanden oder etwas. Kurz darauf hört man zwei, drei Schlüsselumdrehungen, und die Tür geht auf. Don Sergio steht da und sieht prächtig aus in seinem azurblauen Leinenanzug. Ich höre den dumpfen Ton, als sich die Tür wieder schließt. Ich verneige mich knapp, dann hebe ich den Kopf und schaue ihm geradewegs ins Gesicht. Seine Augen funkeln, so erfreut ist er, mich zu sehen. Er taxiert mich von Kopf bis Fuß und sagt dann:

»Herzlich willkommen in der Wolfshöhle, Giuliano!«

Und mit diesen Worten breitet er die Arme zu den anderen Männern aus, um sie mir vorzustellen.

Der Signore mit dem Bart und den langen Haaren, ungefähr Mitte fünfzig und sehr hochgewachsen, stellt sich vor:

»Ich bin Fernando. Willkommen!«

Dann sagt der, der Don Sergio ähnlich sieht:

»Ich bin Antonio, der Bruder deines Paten. Nenn mich ruhig *Onkel* Totonno.«

Der andere, so um die vierzig, dünn wie eine Sardine, ganz in Schwarz gekleidet, stellt sich vor:

»Ich bin Alfredo und ich freue mich, dich hier bei uns zu sehen. Weißt du, dass ich auch deinen Vater kenne? Der ist eine tüchtige Person.«

Am Schluss fasst Don Sergio mich an den Schultern und drückt mich in einer kräftigen Umarmung an sich, wie nur mein Vater es hätte machen können.

Mein Blick folgt dem *Soldaten* Ulisse, der zum Stuhl in der Mitte des Kreises geht und das rote Tuch entfernt.

Es ist der geheiligte Platz des *Mammasantissima.*

Don Fernando hat die Hälfte seiner achtjährigen Haftstrafe wegen Mordes abgesessen. Das Gleiche gilt für *Onkel* Totonno. Gevatter Alfredo wartet nun schon seit zwei Jahren auf seinen Gerichtsprozess; sollte er der Waffenschieberei für schuldig befunden werden, riskiert er zwischen drei und sechs Jahren Gefängnis.

Wer sich mit einem Boss die Zelle teilt, genießt eine Sonderbehandlung, die die Haftbedingungen um einiges erträglicher macht. Ein Boss hat die Möglichkeit, zum Gefängnisdirektor vorgelassen zu werden und auch im Namen eines anderen Häftlings mit ihm eine Unterredung zu suchen, wann es ihm genehm ist. Ein Boss bespricht mit dem Direktor die Möglichkeit, einen bestimmten Häftling in eine andere Zelle oder gar in eine andere Haftanstalt zu verlegen. Der Direktor gibt den Anträgen des Bosses statt, soweit es in seiner Macht steht. Ein Boss bekommt Kisten voller Wein, Wurst, Schinken und Käse in die Zelle geliefert. Dort darf er kochen und auch andere Häftlinge empfangen. Ein Boss hat außerdem die Möglichkeit, sich Geld von draußen zu besorgen und es außerhalb der Gefängnismauern wieder zu verteilen. Ein Boss kann auf die Solidarität des gesamten Gefängnisses zählen, was auch den Direktor mit einschließt; dieser tut alles, um ihm die Haft so angenehm wie möglich zu machen. Im Gegenzug wird der Direktor bei jedem Geldtransfer, bei jeder Delikatessen- und Weinlieferung bedacht. Wenn die Häftlinge untereinander mit Zigaretten und Alkohol handeln, bekommt er einen Anteil. Und jede Sondergenehmigung kostet bei ihm eine Million Lire.

Das mir zugewiesene Bett ist das links unten. Don Sergio schläft auf dem oberen in der Mitte.

Am nächsten Morgen um halb sieben werde ich von Ulisse alias *Flachschuss* geweckt. Er zeigt mir alles Notwendige, um das Frühstück zuzubereiten. Im Flüsterton, um die *Ehrenmänner* nicht zu wecken, sagt er:

»Du brauchst zwei Kaffeekannen für uns alle. Wenn's nicht reicht, setzt du nochmal eine auf. Hier ist der Gerstenkaffee für Gevatter Nino, der unter hohem Blutdruck leidet. Weiter oben, dort ist der Zuckernapf. Kamerad Turo und Don Fernando sind Diabetiker, also für sie nur Süßstoff.«

Ich habe jetzt Lust auf einen Cappuccino und frage:

»Und die Milch?«

Da zieht Ulisse eine Augenbraue hoch, bis sie wie ein Fragezeichen aussieht:

»Nimm bloß nie mehr dieses Wort in den Mund, solange du hier drinnen bist. Das gefällt nämlich keinem.«

Tja, denke ich, auf lange Sicht zeigt der Knast schon seine Wirkung, und die Leute werden richtig seltsam.

»Dann bin ich ja beruhigt!«, versichere ich ihm und setze noch eins drauf:

»Mich ekelt's auch davor.«

Während der Kaffee in der Kanne hochsteigt, schaltet Ulisse den Kassettenrekorder ein, der unterhalb des Fernsehers an der Wand befestigt ist, und stellt die Musik auf eine gemäßigte Lautstärke:

O mastro di lu sonu e di lu ballu / Carcunu ci armau lu tranellu / Ma cu si permettia ma faci sgarru / Lu fazu ora carni di macellu ...

(»Oh Gebieter über Musik und Tanz / Jemand hat ihm eine Falle gestellt / Doch wer sich erlaubt seine Pflicht zu vernachlässigen / Den schlachte ich wie ein Tier ...«).

Langsam erwachen die Ehrenmänner bei den Klängen dieses Lieds und einer nach dem anderen erhebt sich aus seinem Bett. Ganz oben gähnt und reckt und streckt sich Don Sergio, bevor er herunterklettert. Er steht als Letzter auf und setzt sich als Erster an den Tisch, um seinen Kaffee zu trinken, bevor er sich mit der Zigarette im Mund erhebt. Wieder ist er der Erste, der zum Klo geht, das mit dicken Wolldecken abgeschirmt ist. Kaum ist Don Sergio unter diesem Baldachin verschwunden, ist auch schon der erste laute Furz zu hören, und damit beginnt die leidige Leier des Morgengestanks. Erst nach einigen Minuten kommt Don Sergio aus dem finsteren Verschlag wieder heraus und geht, natürlich als Erster, ans Waschbecken. Sobald er sich frisch gemacht hat, reiche ich ihm das Handtuch und die Zahnbürste. Der Gestank und die Fürze im anderen Teil der Zelle nehmen zu. Nachdem die Klosettspülung zum fünften Mal bedient wurde, bin ich an der Reihe. Ulisse kommt mitleidig lächelnd unter dem Baldachin hervor. Sobald der Vorhang hinter mir gefallen ist, versinke ich in einer heftigen Gestankwolke. Zäh und sichtbar ist sie und dringt wie ein dreckiger Arm in meine Kehle, presst meinen Magen zusammen, der voller Kaffee und Verdauungssäften ist. Ich kotze in die Kloschüssel und kriege kaum mehr Luft. Der Drang zur Darmentleerung ist mir vergangen. Das Gefühl, mich jeden Moment wieder übergeben zu müssen, hält noch den ganzen Vormittag an.

Von jetzt an gehöre ich fest zur Zelle 27, die auch als *Lokal* im Gefängnis von Colle Triglio fungiert. Für den Augenblick bin ich die Nummer sechs, der Letzte also. Und dem Letzten fällt die Aufgabe zu, Frühstück, Mittagessen und Abendessen für alle zuzubereiten, den Boden zu fegen und nass zu wischen, die Betten zu machen, die schmutzigen Betttücher und Wäschestücke in die Reinigung zu bringen, und natürlich das Klo und das Waschbecken zu putzen; außerdem muss ich die Weingläser bei Tisch nachfüllen. All das war bis zu meiner Ankunft die Aufgabe von Ulisse, genannt *Flachschuss*.

Für den Moment kommt es mir zupass, eine solche Rolle auszufüllen, aber ich habe jetzt schon das starke Gefühl, dass ich in ein paar Tagen zu allem bereit sein werde, um Ulisses Platz einzunehmen.

Fünf Tage später. Zu Beginn des Hofgangs, noch bevor ich meine übliche Position innerhalb der Gruppe einnehme, verziehe ich mich mit Don Sergio ans Ende des Hofes, wo wir uns auf der letzten Bank niederlassen:

»Mit Verlaub gesprochen, mein Pate, es gereicht mir zur Ehre, Euch dienen und Ehrerbietung erweisen zu dürfen! In Euch habe ich meine Familie gefunden und dafür bin ich Euch dankbar. Aber ich verspüre das Bedürfnis, *Flachschuss* zu überholen. Daher bitte ich Euch um die Erlaubnis, handfeste Methoden anwenden zu dürfen ... zum gebotenen Zeitpunkt. Ich versichere Euch, in der Lage zu sein, ihn in jeder Hinsicht zu ersetzen.« Don Sergio sieht mich nicht einmal an, ja er dreht sich zur anderen Seite, als wolle er die Meinung der Wand einholen. Dann erst dreht er sich langsam zu mir und sagt leise und in sehr vertraulichem Ton:

»Traust du dir das zu? Dann tu es vor dem Schlafengehen. Noch heute! Aber eines muss klar sein: Meine Erlaubnis gilt nur bis Mitternacht. Und nicht länger!«

102 Am Abend in der Zelle, nach anderthalb Stunden *tresette,* klaube ich die letzten Spielkarten vom Tisch und sehe, dass Don Fernandos Glas leer ist. Ich schaue nach der Wasserflasche, auch die ist leer. Ich stehe auf und kehre schnurstracks mit dem Wasser für Don Fernando zurück. *Flachschuss* kommt mir gleich blöd:

»Kamerad Giuliano, du willst uns doch nicht etwa verdursten lassen?«

Günstiger könnte der Moment nicht sein, um zum Angriff überzugehen. Während ich Don Fernando von dem Wasser einschenke, spüre ich bereits an meinen Augenlidern, wie mein Blick eisig wird. Ich sage zu ihm:

»Bruder Ulisse, mit der vor der ganzen *Gesellschaft* gebotenen Ergebenheit sage ich dir eines: Von jetzt an wirst du die Getränke servieren. Ich bitte dich als wahrer Freund darum: Tritt zur Seite!«

Ich ergreife mein Weinglas und leere es in einem Zug. Ulisse sitzt noch immer zu meiner Linken. Ich hebe den Arm und knalle das Glas vor ihm auf die Tischdecke. Zischend, mit dem Nachdruck eines Todesversprechens, sage ich zu ihm:

»Von jetzt an stehst du unter mir. Denn es ist für mich, für dich und für den gesamten *ehrenwerten* Kreis von Vorteil. Guter Freund, nimm es dir nicht allzu sehr zu Herzen. Ich werde es dir danken.«

Flachschuss hat während meiner ganzen Rede keine Miene verzogen. Die anderen *Ehrenwerten* sitzen noch immer um den Tisch und sind sichtbar beeindruckt von der Angelegenheit. Der junge Kamerad dreht sich reflexartig um und sieht mir in die Augen. Sein Blick ist zwar warm und ganz dunkel, verrät jedoch keinerlei Gefühlsregung, nur einen Hauch von Überheblichkeit. Als handle es sich um einen einkalkulierten Verlust, eine Niederlage nicht ohne Vorteil. Wie ein Diener erhebt er sich und kehrt mit einer vollen Flasche zurück:

»Das ist Wein aus Bivongi. Darf ich euch einschenken, Freunde?«

Mein Glas füllt er als vorletztes, zum Schluss schenkt er sich selbst ein. Er wendet sich an die anderen *Ehrenmänner* und spricht wie nach einem Drehbuch, wie ein Kind, das auswendig sein Gedicht aufsagt:

»Ich habe ihm in die Augen geschaut. Er hätte mich umgebracht. Ich hätte auch reagieren können, aber ich habe es vermieden, um nicht auch Euch, an die ich eine Bitte richte, in Schwierigkeiten zu bringen. Morgen wäre es wohl angebracht, wenn ich mich in eine andere Zelle verlegen ließe, um die Gemüter im Falle einer Meinungsänderung nicht zu verstimmen. Ich danke euch.«

Mit verstellter Stimme wendet er sich an mich:

»Was dich angeht, Giuliano, *ehrenwerter Bruder*, hoffe ich sehr, dass du dein Versprechen, mir dankbar zu sein, nicht brechen wirst.«

Tags darauf umarmt Ulisse mich zum Abschied und verlässt die Zelle.

Die Kunde von der tragikomischen Wende dieses Konflikts, der unerwartet dank eines Machtworts beigelegt wurde, verbreitet sich binnen weniger Tage in sämtlichen Gefängnissen zwischen Matera und Reggio Calabria. Es ist ein absolut ungewöhnlicher Fall. Der höchst respektable *Soldat* Ulisse, der noch vier Jahre wegen bewaffneten Raubüberfalls zu verbüßen hat und allseits bekannt ist als knallharter Mann der Tat, wurde allein durch meine Worte besiegt, und hat dabei trotzdem nicht seine Ehre eingebüßt. Elegant sei er vorgegangen und habe nicht durch irgendeine unbedachte Gewaltaktion den Interessen der ganzen Zelle und denen der anderen Mafia-Häftlinge in Colle Triglio geschadet.

Dieselbe Darlegung der Ereignisse führt zu Lob und Anerkennung auch meiner Person; viele Mafiosi haben sich nämlich gefragt: »Wie nur ist es ihm gelungen, ohne einen Finger zu rühren, den Platz des anderen einzunehmen?«

Die Einzigartigkeit der Umstände ist verblüffend: Es handelt sich um den ersten Ehrenkonflikt, bei dem es nicht einen, sondern zwei Sieger gibt!

In den daruffolgenden Tagen sind sowohl ich als auch Ulisse von der Solidarität der anderen Gefängnisinsassen angenehm überrascht.

Der rothaarige, sommersprossige Gino, genannt *die Barbe,* wird in unsere Zelle verlegt; er ist ein zweiundzwanzigjähriger *ehrenwerter Eingeweihter.*

Gino, *die Barbe,* ist glücklich, jetzt zur Mannschaft der Zelle 27 zu gehören. Das kann ich mir gut vorstellen! Noch einer, der versucht, sich von Don Sergio *taufen* zu lassen. Gino ist der Sohn von Peppe Mottura aus Cosenza, der seit dreizehn Jahren im Knast auf der Insel Asinara sitzt. Er hat sieben Morde auf dem Kerbholz. Ginos Mutter ist die wunderschöne Amalia, *die Rote,* die der Chansonsängerin Milva ähnlich sieht, aber noch viel attraktiver ist. Auch sie sitzt im Gefängnis wegen erwiesener Beihilfe zu mindestens zwei der von ihrem Ehemann begangenen Morde.

Gino zeigt sich gelehrig beim Zellendienst. Aber in der Küche hat er zwei linke Hände, und die Sache ist ihm mehr als peinlich. Seit zwei Wochen bekommt er nicht mehr das geringste Lob. Nicht einmal die einfachsten Gerichte kann er zubereiten. Gerade sehe ich, wie er einen halben Teller Pasta mit Kichererbsen in den Abfall kippt. Ich stehe von meinem Bett auf und trete ganz nah an ihn heran: »*Signor*[18] Gino, die Reste, die Ihr gerade wegschmeißt, die bezahlen unsere Kameraden da draußen. Und es ist wahrlich nicht schön zuzusehen, wie Geld weggeworfen wird, das noch nicht einmal unseres ist. Machen wir es so: Überlasst in Zukunft mir den Küchendienst.«

Gino, *die Barbe,* sieht mich verdutzt an und sagt dann lachend: »Ja wollt Ihr mich etwa auf den Arm nehmen? Ihr werdet doch nicht behaupten wollen, dass Kochen für Euch ein Vergnügen ist, oder?«

Und ich erwidere mit abfälligem Ton, während ich mich anschicke, auf den Korridor hinauszugehen:

»*Signor* Gino, mein Entschluss steht fest! Ab morgen koche ich.«

In den folgenden Tagen kann ich meinen Augen kaum trauen:

18 Unter den Mafiosi ist *Signore* keine Höflichkeitsform, sondern eine neutrale Anrede für einen *ehrenwerter Eingeweihten,* also eine Person, die noch nicht vom Paten die Taufe erhalten hat.

Innerhalb von zwei Wochen ist aus unserer Zelle eine regelrechte Luxusunterkunft geworden. Um mein Entgegenkommen zu würdigen – schließlich erspare ich ihm einen Haufen Arbeit – hat Gino die ganze Zelle frisch gestrichen; auch die Gestelle der Hochbetten, an denen der Lack abgeblättert war, hat er neu lackiert. Die Zelle ist picobello sauber! Teppiche und Matten sind gereinigt, die Schuhe frisch geputzt und ordentlich im Regal aufgereiht. Für jedes Ding hat er einen Platz gefunden. Das Durcheinander ist behoben. Am Morgen stinkt es auch nicht mehr so bestialisch: Gino hat ein Aluminiumrohr mit einem eingebauten Ventilator mit dem Fenster verbunden. Ein Luftabsaugsystem, das die Luft in der Klokabine reinigt. Es genügt, eine Minute nach Benutzung abzuwarten, bevor man den Verschlag betritt.

Täglich verwandelt Gino meine Küche ein bisschen mehr. Er kauert in der Ecke seines Bettes und verfolgt gespannt, wie ich mir an der Kochstelle zu schaffen mache. Wenn es irgendwelche Probleme gibt, hat er sogleich eine praktische Lösung parat. Mittlerweile muss ich mich beim Kochen nicht mehr von der Stelle rühren, denn alles Notwendige befindet sich in meiner Reichweite. Und wenn man das Unauffindbare sucht ... da ist es auch schon! Gino hält es einem vor die Nase.

Heute hat man mir einen prächtigen Drachenkopf von eineinhalb Kilo gebracht. Ich schuppe den Fisch, nehme ihn aus und lege ihn in den Kühlschrank. Dann setze ich Wasser auf, in dem ich die frisch zubereiteten *scialatielli*, regenwurmdicke Bandnudeln, kochen will. Bis das Wasser den Siedepunkt erreicht, brate ich eine rote Zwiebel und drei Knoblauchzehen an, und sobald alles schön gebräunt ist, gebe ich vier Kilo geschälte, dunkelrote Tomaten dazu, die die Frau von Don Fernando eingemacht hat. Bevor die Sauce zum Kochen kommt, versenke ich den ganzen Fisch darin. Ich lege den Deckel darauf und lasse das Ganze köcheln. Zehn Minuten später gebe ich eineinhalb Kilo Pasta ins kochende Wasser und salze die Tomatensauce nach, in der noch immer der Fisch schwimmt. Ich gieße die *scialatielli* ab, gebe ein klein wenig von der Sauce dazu und richte die Pasta in Vulkanform auf einem Aluminiumteller an; dann lege ich den Fisch auf den Pastaberg, der nachgibt, bis der Fisch darin versinkt. Ich schneide das Rückgrat des Fisches von Kopf bis Schwanzflosse auf, um die Filets von den Gräten zu befreien. Auf den so geteilten Fisch gebe ich die ganze Saucenmenge, dazu *peperoncino*, eine Prise Oregano und grob gehackte Petersilie – herrlich, welch ein Duft! Erst jetzt nehme ich die anderen wahr. Sie schauen abwechselnd auf mich und auf den Fisch: Ihnen läuft das Wasser im Mund zusammen. Ich stelle die Servierplatte auf den bereits von Gino gedeckten Tisch. Was für ein Bild! Heißhungrig zitternd sitzen wir am Tisch und betrachten diese Gottesgabe.

Wie man sich eine Beförderung verdient

In den nächsten Tagen diskutiere ich während des Hofgangs eifrig mit Ulisse und Gino. Wir haben vor, etwas Nützliches und Unterhaltsames in diesem verdammten Gefängnis zu tun.

Im Knast zu arbeiten, also Seite an Seite mit allen anderen Gefangenen, ist für die körperliche Unversehrtheit eines Mafioso gefährlich.

Für die Mafiosi ist das Gefängnis einer der bevorzugten Orte, um untereinander ihre Rechnungen zu begleichen oder um Verrätern für immer den Mund zu stopfen. Deshalb ist folgende Regel streng einzuhalten: Man muss sich immer in der Nähe der eigenen Gruppe, bei den echten *Freunden* aufhalten, um auf diese Weise jeden Zentimeter kontrollieren zu können, auf dem man sich bewegt.

Wir beschließen, uns um den Bolzplatz zu kümmern, um dort echte Fußballspiele zwischen Sechsermannschaften austragen zu können. Die Mafiosi stellen zwei Mannschaften. Weitere drei Mannschaften werden von den gewöhnlichen Verbrechern gebildet: Die eine repräsentiert Brancavilla und Umgebung, die anderen zwei Cosenza-Nord und Consenza-Süd. Ich und Ulisse trainieren unsere Mannschaft, die *Wölfe*. Die *Falken* werden von Don Fernando und einem anderen Mafioso trainiert, der als junger Bursche in der Dritten Liga gespielt hat und den Spitznamen *Rivera* trägt.

Wir machen uns gleich daran, das notwendige Material zu beschaffen, um den Fußballplatz wieder bespielbar zu machen. Don Sergio kann den Direktor überzeugen, uns einige alte Zementsäcke zu überlassen, die für die Reparatur der Innenmauern des Gefängnisses bestimmt waren; sie liegen unter freiem Himmel in einer Ecke und sind nur von einer längst brüchig gewordenen Plastikplane bedeckt. Die Instandsetzung des Spielfeldes wird Gino übertragen; der lässt gleich eine ganze Gefangenenbrigade antreten und ist mit der Arbeit schon einen Tag vor dem vereinbarten Termin fertig. Gleich darauf treffen wir, Don Fernando und ich, die Vertreter der anderen drei Mannschaften, die aus den *Eingeweihten* von Brancavilla und Cosenza bestehen, und verkünden die Einrichtung einer geheimen Wettbank, die natürlich unter ausschließlicher Kontrolle der *Ehrenmänner* steht.

Nach zwei Wochen Training werden die ersten Spiele ausgetragen. Die Bank kassiert fünfzig Prozent der gespielten Summe und bezahlt die Gewinne aus der anderen Hälfte. Die Einsätze steigen im Laufe des Turniers, und beim Halbfinale hat sich der Gewinn bereits verfünffacht. Die Mannschaft Cosenza-Nord schlägt die *Wölfe* 2:0. Die *Falken* gewinnen gegen die Mannschaft von Brancavilla mit 4:1; die *Falken* stellt die besten Spieler in diesem Turnier. Beim Endspiel zieht sie gegen Cosenza ins Feld. Alle *Eingeweihten* wetten auf den Sieg der Mannschaft der *Falken*; der eine sagt 3:1 vorher, der andere 4:1. Kurz vor Ende der Wettannahmen setzt Don Fernando eine unverhältnismäßig hohe Summe auf einen knallharten Sieg der Mannschaft von Cosenza: 2:1.

Kurz vor Ende des Spiels steht es 1:1.

Rivera kriegt praktisch keinen Ball mehr, und wenn doch, verliert er ihn sofort wieder. Ein Pfeifkonzert bricht los, als Cosenza angreift, der Schuss wird von einem Spieler der *Falken* aufs Feld gebracht. Der Schiedsrichter pfeift einen Elfmeter, der erreicht den Strafraum der *Falken*, die Verteidigung kann den Ball unter ihre Kontrolle bringen ... und schießt ein Eigentor. Nein!!!!!!!!!!!!

Die Mannschaft Cosenza-Nord gewinnt 2:1. Don Fernando reibt sich die Hände.

Mich würde interessieren: Wie hat er es bloß fertiggebracht, die Niederlage der eigenen Mannschaft zu organisieren, ohne dass jemand Wind davon kriegt?

Am selben Abend erstattet Don Fernando vor Don Sergio Bericht über die Bilanz der Wettbank. Dann erhebt er sich vom Tisch, zieht die Weste übers Hemd und darüber sein Jackett, schiebt eine Rolle Banknoten in die Vordertasche seiner Hosen und nimmt wieder Platz. Der Gefängniswärter klopft an und öffnet die Zellentür, tritt aber nicht ein:

»Guten Abend. Don Fernando wird beim Direktor verlangt.«

Schon ist Don Fernando auf den Beinen und folgt ihm, ohne ihn eines Blickes zu würdigen. Noch bevor der Gefängnisaufseher die Tür wieder schließt, meint Don Sergio zu mir:

»Wie ist diese Tür doch laut! Kann die nicht etwas leiser geschlossen werden?« Und vom Bett aus füge ich bekräftigend hinzu:

»Das stimmt, schon lange geht diese Sache der ganzen Zelle auf den Geist. Aber wir können ja nicht anfangen, mit den Wärtern zu diskutieren! Wo soll das hinführen?«

Der Aufseher hört, die Türlinke in der Hand, aufmerksam zu. Dann schließt er still und leise die Tür und erspart uns das sonst übliche ohrenbetäubende Zudonnern.

Nun, da wir allein in der Zelle sind, winkt Don Sergio mich an den Tisch. Ich setze mich auf meinen Platz; er streicht sich die Haare glatt und sagt:

»Es gibt unter den *Ehrenmännern* hier in Colle Triglio jemanden, der den Auftrag hat, Don Fernando umzubringen.«

Er macht eine halbe Zigarettenlänge Pause. Ich ahne, er weiß noch nicht, um wen es sich handelt. Don Sergio berichtet mir von diesen Umständen ohne besondere Gefühlsregung, wie ein Automat.

»Wenn Don Fernando davon erfahren würde, käme es zu zwei Massakern: eines hier im Gefängnis und ein weiteres in Cosenza … Aber wer kann sich einen Krieg leisten? Das Problem gehört an der Wurzel angepackt und gelöst, ohne weiteren Zorn und Streit aufkommen zu lassen. Fühlst du dich dazu in der Lage? Du willst doch befördert werden, nicht wahr?«

Ich stütze die Ellenbogen auf die Knie, und mein Blick verändert sich unweigerlich. Bei meiner Rede brauche ich gar nicht mehr zu denken, die Worte kommen wie von selbst über meine Lippen:

»Ich bin nicht hier, um aus purer Anmaßung einen *Ehrenmann* auszuschalten. Ich bin hier mit Euch als Gefängnisinsasse, weil ich ein Licht wie jenes suche, das der Diamant an Eurem Ring[19] verbreitet.«

Mit offensichtlicher Verwunderung sagt Don Sergio:

»Schön klingen deine Worte. Sie sind mir ein Trost.«

Er steht vom Tisch auf, holt die Flasche Wein und schenkt zwei Gläser voll.

»Weißt du was, Giuliano? Jetzt ist die Stunde gekommen, an deine Zukunft zu denken. Und deshalb: Mach dieses Aas ausfindig und beseitige es!«

Ich gewahre den aufblitzenden Stolz in seinen Augen. Wir trinken den Rotwein wie zwei Vampire das Blut.

In den folgenden Tagen mache ich mich daran, ein Netzwerk sämtlicher Querfreundschaften zu zeichnen, und beginne bei den

---

19 Die Farbe des Steins lässt auf die Macht eines 'Ndrangheta-Bosses schließen.

Insassen der Zelle von Ulisse, dem *Soldaten*, der wegen mir seinen Platz in der Zelle 27 verloren hatte. Bei den Freigängen und auf den Korridoren beobachte ich jeden Einzelnen aus den Augenwinkeln, besonders diejenigen, die auf Abstand zu Don Fernando gehen.

Bis vor wenigen Jahren waren gewisse Knastbrüder erklärte Feinde der Zelle Nummer 27. Grund für ihren Hass waren die uralten Fehden der Väter der heutigen Bosse, die zu Recht oder zu Unrecht keine Gelegenheit versäumten, ihre Macht mit den Messern zu behaupten. Doch die Schmisse im Gesicht waren mittlerweile passé, die neue Generation schoss sich gegenseitig mit der *lupara*[20] die Schädeldecke kaputt.

In den Ortschaften des Territoriums um Cosenza und Cassano hatte es Tote und Verletzte auf beiden Seiten gegeben, und niemand war in der Lage, ein Mittel zu finden, um diesem Groll und Streit ein Ende zu setzen. Es ist eine angeborene Verhaltensweise, ein Instinkt des 'Ndrangheta-Mitglieds, sich nach Möglichkeit nicht auf Gespräche und Friedensverhandlungen mit dem traditionellen Feind einzulassen. Diese Haltung nährt den Hasskult bis hin zum Mord. Die *Punktzahl*, der objektive Wert eines 'Ndrangheta-Mitglieds innerhalb der Organisation, wird durch die rechnerische Summe der Verdienste bestimmt, die man sich durch die mehr oder weniger eifrige Beteiligung an Bluttaten und dem Begleichen von Rechnungen erwirbt. Je mehr *Punkte* man sich verdient, umso mehr zählt man in seiner Bande, auf seinem Territorium. Wenn man jemanden tötet, geschieht dies vor allem, um die Konkurrenten auf der Karriereleiter auszuschalten.

Um gefährliches Blutvergießen in Colle Triglio zu vermeiden, hatten die *Ehrenmänner* zwei Jahre zuvor einen eisernen Frieden geschlossen und jedweden Konflikt im Zusammenhang mit der uralten Fehde verboten. Gerade innerhalb dieser Gruppierungen,

20 Schrotflinte mit abgesägtem Lauf.

die Don Sergio einst feindlich gesinnt waren, suche ich nach einer Lösung für mein Dilemma. Doch zehn Tage später gelange ich zu der Überzeugung, dass sich auf dieser Seite niemand regen wird.

So bleiben rund dreißig Verdächtige übrig. Am Abend liege ich auf meinem Bett und lasse mir noch einmal alles durch den Kopf gehen, was ich während des Tages erlauscht oder gesehen habe. So halte ich es eine ganze Woche lang. Unbrauchbares Material für mein Vorhaben schalte ich aus und komme mir vor wie ein Regieassistent fürs Fernsehen. Ich übertrage alles in Kurzform in eine Art Tagesbulletin. Don Sergio reicht mir heimlich sämtliche Listen mit den Bezugsnamen für jeden einzelnen Mafioso, der hier einsitzt. Was für ein Namenskonzert! Ein ganzes Heer! Es ist eine Mordsarbeit, aber indem ich die Listen miteinander vergleiche, gelingt es mir, weitere elf Verdächtige auszuschließen. Es vergehen noch einmal zwei Wochen, und es bleiben fünf Fragezeichen übrig. Kreuze ich den Weg von einem der fünf, werde ich zu einer Radarantenne. Seit dem Fußballturnier ist mehr als ein Monat vergangen, und die Wortführer der *Eingeweihten* stellen unermüdlich neue Anträge, um ein weiteres Turnier planen zu dürfen. Nachdem Don Fernando und Don Sergio mit dem Anstaltsleiter gesprochen haben, verkünden sie das Programm: Es sieht ein siebentägiges Turnier vor, und zwar jeden Monat, ein ganzes Jahr lang. Dazu wird auch die Wettbank wiedereröffnet. Das Freudengeschrei, das gleich darauf durch die Gänge schallt, lässt das Gefängnis bis in die Grundfesten erzittern. Von meinen Gewinnen im Wettbüro schaffe ich es, Mimmo und Papa zu finanzieren, denen ich eingeschärft habe, von niemandem Geld anzunehmen.

Es ist Sonntag. Das erste Spiel des zweiten Fußballturniers ist im Gange; Brancavilla führt vor Cosenza-Süd mit 1:0.

Fünfzehn Minuten vor Spielende gehe ich in die Zelle zurück, um das Mittagessen zuzubereiten. Ich stehe vor dem Gaskocher, als der Gefängniswärter eintritt und eine Kiste mit zwei Kabeljaus, das Stück zu ungefähr zwei Kilo, auf dem Abtropf des Spülbeckens abstellt. Er wünscht einen »Guten Appetit!« und ist gleich wieder verschwunden. Ich stelle fest, dass einer der beiden Fische deutlich weniger kalt ist als der andere, so als sei er lange Zeit vor dem anderen aus dem Kühlschrank genommen worden.

Eine schreckliche Vorahnung bereitet mir regelrecht Schmerzen in der Brust. Ich stürze zur Tür und rufe nach dem Aufseher:

»Wer hat dir die Kiste mit den Fischen gegeben? War es Mattacchione, wie jeden Sonntag?«

Er erwidert:

»Nein, Mattacchione wurde heute für einige Stunden an der Warenausgabe abgelöst ... er ist gerade damit beschäftigt, die Duschräume zu schrubben.«

Böse lachend unterbreche ich ihn:

»Es interessiert mich einen Dreck, was Mattacchione gerade macht! Ich will wissen, wer dir die Fische gegeben hat!« Der Wärter antwortet verlegen:

»Rosario Pica heißt er.«

Ich schwenke einen 50 000-Lire-Schein vor seiner Nase, er greift danach und entfernt sich sogleich. Pica ist einer der fünf Verdächtigen, die noch auf meiner Liste stehen. Ich inspiziere umgehend die Fische, zuerst den eisgekühlten, dann den weniger kalten ... Oh mein Gott! Ich suche nach dem Vergrößerungsglas, das wir benutzen, um die *pizzetti*, die kleinen Zettel mit den geheimen Botschaften in winziger Schrift, zu entziffern. Es besteht kein Zweifel: An diesem Kabeljau hat man sich mit einer Spritze zu schaffen gemacht.

Ich nehme beide Fische aus, filetiere den ersten und lege die Stücke auf einen Teller, den ich gut sichtbar auf den Tisch stelle. Das Gleiche mache ich mit dem verbliebenen Fisch. Unterdessen bereite ich die Tomatensauce zu und schnuppere von Zeit zu Zeit an den Kabeljaustücken. Ich bin mir beinahe sicher, dass der Geruch jeweils verschieden ist. Die Zellengenossen kommen zurück. Als letzter Don Sergio. Er sieht die Teller mit den Fischstücken auf dem Tisch und fragt:

»Ist das ein neues Rezept? Wie heißt es? Ist es Kabeljau *nackt und roh*? Oder *Kabeljau-kocht-ihn-euch-doch-selbst*? Ha, ha!«

Ich gebe mich gleichgültig, schiebe den Stuhl vom Tisch weg und lasse ihn Platz nehmen.

»Wir sind so weit, Don Sergio! Ich weiß jetzt, wer dazu befohlen wurde, Don Fernando nach dem Leben zu trachten.«

Bei diesen Worten halten alle wie erstarrt inne. Don Fernando lässt seinen Blick kreisen und fasst sich mit der Hand an den Nacken, als wolle er sich vergewissern, dass er noch unversehrt ist. Gino ist der Erste, der sich wieder fängt; er greift nach den Gläsern und füllt sie mit Wein. Don Fernando leert eines auf der Stelle. Gino steht da wie ein Messdiener und füllt das Glas erneut. Ich schaue einem nach dem anderen in die Augen, um mich ihrer Aufmerksamkeit zu versichern, dann wende ich mich erneut Don Sergio zu:

»Ich möchte Euch bitten, dass Ihr Rosario Pica, sechsunddreißig Jahre alt, aus der Zelle 33 zum Mittagessen einladet. Ich will mich mit ihm besprechen und sehen, wie er sein schmachvolles Handeln zu sühnen gedenkt.«

Während ich rede, fahre ich unbeirrt mit meinen Essensvorbereitungen fort. Ich werfe den Fisch in die Sauce und gebe die Gewürze hinein. Keiner bittet mich um weitere Erklärungen. Nicht einmal Don Fernando, dessen Augen vor Zorn glühen, stellt weitere Fragen. Don Sergio erhebt sich:

»Ich gehe, um mich mal mit dem Boss der Zelle zu unterhalten, in der unser Pica logiert.«

Nach wenigen Minuten ist er zurück. Gino hat den Tisch gedeckt, ich brauche nur noch aufzutun. Im Korridor ertönt die Stimme des Aufsehers:

»Los, beeilt euch! Es ist Zeit für den Umschluss.«

Kaum ist Rosario Pica in unserer Zelle, *krack, krack*, wird auch schon die Tür hinter ihm geschlossen. Keiner sagt ein Wort. Unterdessen serviere ich den dampfenden Fisch und sage warnend:

»Rührt den Kabeljau ja nicht an. Ich bestehe darauf.«

Auf der anderen Seite des Tischs meint Don Sergio in gereiztem Ton:

»Aber denkst du wirklich, dass der Fisch vergiftet ist?«

Während ich den letzten Teller fülle, der für unseren Gast gedacht ist, sage ich:

»Ich will ganz ehrlich sein. Ich habe keinen wissenschaftlichen Beweis, aber hören wir doch, was unser Gast dazu zu sagen hat. Bitte, nehmt Platz, Rosario! Lasst es Euch schmecken!«

Obgleich er ein gestandener Mafioso ist, gibt er sich umgehend geschlagen:

»Ich hab verstanden, Ihr habt es sofort gemerkt. Ihr müsst aber wissen, dass es nicht meine Idee war. Ich möchte mich für alles entschuldigen.«

Don Sergio ist genervt und macht mir ein Zeichen mit dem Kopf – jetzt habe ich das Wort!

Eiskalte Berechnung durchströmt mich. Die letzten Worte aus dem Mund von Rosario reizen meine Nerven wie das metallische Scheppern eines Flippers kurz vor dem Tilt. Ich starre in sein kreidebleiches Gesicht und frage:

»Wer erteilt dir Befehle?«

Rosario Pica zittert, richtet sich aber kerzengerade auf und erwidert meinen Blick. Innerhalb weniger Sekunden ist die anfängliche Panik aus seinen pechschwarzen Augen verschwunden. Farbe kehrt in sein Gesicht zurück. Sein Kopf hat die Kontrolle über seine Gefühle zurückgewonnen. Bittend, aber bestimmt sucht Rosario nach einem Ausweg:

»Was würdet ihr an meiner Stelle tun? Wenn ihr redet, würden die anderen nur das Leben eurer Frauen schonen. Das wäre das Ende für euer Geschlecht. Es tut mir leid, aber wie ihr längst begriffen habt, bin ich gezwungen, mich als *Ehrenmann* bis zum Ende zu erweisen. Tötet mich also und Schluss. Aus diesem Mund werdet ihr keinen Namen erfahren.«

Eine heftige Woge tief sitzenden Stolzes flammt in Rosario auf, als er mir mit angespanntem Oberkörper, den Hals nach vorn gestreckt, furchtlos wie ein Aasgeier unverwandt in die Augen starrt. Die anderen sitzen im Kreis um uns, die Hände in den Haaren vergraben und nach umgehender Rache dürstend.

Der Fisch auf dem Tisch ist längst kalt geworden. Gino krempelt sich die Ärmel hoch und kippt alles in den Mülleimer. Dann füllt er die leer gewordenen Weingläser auf dem Tisch. Don Sergio verzieht gelangweilt die Stirn, seufzt und macht ein Zeichen mit dem Kopf, was bedeuten soll: »Mach weiter!« Unwillkürlich reiße ich die Augen auf, aber mehr vor Ungläubigkeit als vor Zorn. Ich knüpfe mir Rosario wieder vor und sage, mir mit dem Zeigefinger gegen die Schläfe klopfend: »Ja bist du noch ganz bei Trost? Was bildest du dir ein: Dich in unserer Zelle umbringen, und dann soll alles wieder gut sein?! Denkst du etwa, ich bin blöd? Und dann willst du auch noch bei uns Eindruck schinden, indem du das bisschen Mut zeigst, das es braucht, um sich töten zu lassen!«

Ich greife nach meinem randvollen Weinglas und gieße es über seinen Kopf. Mit abfälligem Ton füge ich hinzu:

»Du hast nicht nur Don Fernando nach dem Leben getrachtet, uns alle, die ganze Zelle wolltest du umbringen!«

Ich massiere mir mit den Fingerknöcheln die glühend heißen Schläfen, hinter denen das Blut pocht. Dann werfe ich einen raschen Blick erst auf Gino zu meiner Rechten, dann zum Kloverschlag und schließlich zu Don Sergio, der sich mit einem stummen Zeichen einverstanden zeigt: Dann flüstere ich Gino ins Ohr: »Los! Bereite die Sauerei vor!«

Rosario hat die Ohren gespitzt und springt entsetzt vom Stuhl auf, stampft und tritt auf der Stelle, ohne sich fortzubewegen. Er ist verzweifelt. Wie ein Hund, der mit eingezogenem Schwanz den Zorn seines Herrn über sich ergehen lässt und nicht abhauen kann, um sich in Sicherheit zu bringen.

Gino verschwindet hinter dem Vorhang des Kloverschlags und entleert seinen Darm. Kaum ist die Klospülung zu hören, kommt er auch schon hervor, in der Hand die Klobürste dick voll mit dunkler Scheiße. Ich stehe auf, Gino reicht sie mir. Den Bürstenstil fest in der Rechten, stürze ich mich auf Rosario und schmiere ihm Gesicht, Haare und Brust mit der Kacke ein. Sein Gesicht sieht hinterher aus wie das eines verdreckten, in Tränen aufgelösten Clowns.

Mit dieser »Scheißaktion« ist er auf immer aus der Organisation ausgeschlossen. Voller Entsetzen schlägt er die Hände vors Gesicht, um die Scham zu verbergen, die noch verhängnisvoller ist als der Tod. Dann fällt er auf die Knie, sackt seitlich nach unten und schlägt mit dem Kopf heftig auf den Fußboden. Auf dem Boden liegend schluchzt er wie ein kleines Kind. Die anderen lachen laut und kriegen sich nicht mehr ein und Rosario wird fast verrückt.

Ich lege erneut los:

»Mach, dass du verschwindest, auf immer! Nur so können wir für die Sicherheit deiner Familie garantieren.«

Rosario würgt und stottert:

»Ich werde tun, was ihr verlangt ...«

Ich halte immer noch die stinkige Bürste in der Hand. Drohend hebe ich sie hoch und mache gnadenlos weiter:

»Könntest du dich etwas genauer ausdrücken?«

Rosario weiß keinen Ausweg mehr und versucht, Luft zu holen, bevor er das Urteil über sich selbst fällt. Er hat einen Hustenanfall, und unter größter Anstrengung quält er die Worte aus sich heraus:

»Gebt mir eine Woche Zeit, damit ich meine Angelegenheiten

regeln kann, und ich schwöre euch, dass ich in sieben Tagen ab heute ...«

An diesem Punkt hebt Don Alfredo, der *Camorrista di sgarro*, die offene Hand, als wolle er sagen: *Wartet ab, mein Freund. Lassen wir ihn zu Ende reden.* Rosario nimmt die Hände aus seinem Gesicht und hebt zaghaft den Blick. Ein Jammerlappen mit scheißeverschmiertem Gesicht, so sieht er aus, als er sagt:

»Ich schwöre es. In sieben Tagen werde ich mich aufgeknüpft haben.« Am folgenden Sonntag lädt Don Sergio sämtliche Gefangenen zum Mittagessen ein; dazu bestellt er aus dem besten Restaurant von Cosenza ein erlesenes Menü: geräucherten Schwertfisch, *paccheri* mit Tintenfischsauce, Shrimps, gegrillten Pfeilkalmar und Weißwein aus dem Savutotal.

Es ist Frühlingstag des Jahres 1981, an dem der Gefangene Rosario Pica an einem Betttuch erhängt in seiner Zelle gefunden wird. Er hat sein Versprechen gehalten und nicht einmal einen Abschiedsbrief hinterlassen.

Später, gegen dreiundzwanzig Uhr, hat Gino unserer Zelle gerade die *Taufe* als *Soldat* erhalten. Zu meiner größten Freude beschließt Don Sergio angesichts des bereits geweihten *Tauflokals*, mir den lang ersehnten höheren Grad zu verleihen. Der Ehrenkodex schreibt vor, dass zur ersten Beförderung auf der Hierarchieleiter der 'Ndrangheta, also vom *Soldaten* zum *Camorrista*, zwei *ehrenwerte* Mitglieder die Verpflichtung haben, ein Streitgespräch in die Wege zu leiten. Als Erstes zählt Don Fernando, der meiner Beförderung wohlwollend gegenübersteht, meine Verdienste auf:

»Freunde! Giuliano ist der fähigste Jungmann, dem ich in den letzten zehn Jahren begegnet bin. Ihr könnt ruhig in euren Sesseln sitzen bleiben, während er die Befehle ausführt. Gesagt, getan! Ohne sinnlose Verschwendung von Zeit oder Ressourcen. Er ist ein Meister im Dosieren von Güte und Strenge. Er besitzt eine lebhafte, kreative Intelligenz, die er in eine tödliche Waffe zu verwandeln versteht. Überdies habe ich den Eindruck, dass Giuliano die Leute liebt und achtet. Genau das ist das Geheimnis des *Soldaten*, der imstande ist mit jedermann zu kommunizieren, ohne Missverständnisse aufkommen zu lassen. Wie ein Priester mit Löwenherz. Er verfügt über ausgezeichnete Manieren und seine Wortgewalt und sein Verhandlungsgeschick können Mauern zum Einsturz bringen! Er besitzt Heldenmut, ist höchst ergeben und absolut verschwiegen. Ah! Ein ganz Ausgekochter!«

Nun ist es an *Onkel* Totonno, Don Fernando zu widersprechen: »Um ehrlich zu sein, einen Fehler kann ich erkennen. Nur einen zwar, aber der ist groß wie das Meer. Ein tüchtiger *'Ndranghetista* sollte außerhalb unseres Kreises auch Mitglied einer traditionellen Familie sein. Einer großen Familie, das heißt mit Brüdern, Cousins, Onkel und mutigen Söhnen, die bei Bedarf bereitstehen, um ihm Rückendeckung zu geben. Ich werde Euch allzu hartherzig vorkommen, Giuliano, aber Ihr habt keine Familie! Weder Frau noch Kinder. Nur einen alten Vater und einen Bruder, der mit Verlaub gesagt, immer ohne eine Lira in der Tasche herumläuft. Ohne Euch beleidigen zu wollen, eine Familie existiert bei Euch ganz einfach nicht!«

Obwohl die Worte von *Onkel* Totonno wie giftige Pfeile mein Herz durchbohrt haben, gebe ich mich weiterhin jovial.

Ich versuche den Knoten in meiner Kehle zu lösen, und Don Sergio erkennt meinen Schmerz.

Sogleich nimmt er meinen Kopf zwischen die Hände, drückt **121** ihn leicht und wiegt ihn ganz sanft. Bei dieser Berührung gerate ich geradezu in Ekstase und überlasse es ihm, für mich zu denken. Mit einem seligen Ausdruck im Gesicht und einem breiten Lächeln spricht Don Sergio zu mir. Aber mein Gehör ist nicht mehr in der Lage, den Klang seiner Worte wie gewohnt aufzunehmen und ins Gehirn weiterzuleiten; vielmehr begreife ich das, was er sagt, auf eine völlig unbekannte Weise: Ich nehme seine Worte über den Körper auf. Mir ist, als befände ich mich in einem Floating-Becken, in dem keine äußeren Reize mehr zu mir durchdringen und meine Sinneswahrnehmung vollständig ausgeschaltet ist. Ich sehe die gedruckten Buchstaben durch Nasenlöcher und Ohren bis hinauf zur Schädeldecke strömen. Ich spüre deutlich, wie die Buchstaben, die Sätze sich gegen die Gehirnwände schmiegen. Als ich meine Augen langsam wieder öffnen kann, sehe ich nur verschwommen, aber ich bin imstande, in den Augen von Don Sergio eine geradezu boshafte Entschlossenheit auszumachen. Was hat er jetzt wohl vor?

Ich sehe, wie *Onkel* Totonno ihm ein Fläschchen Spiritus reicht. Er spritzt etwas davon auf meine Brust. Durch das Einatmen der Alkoholdämpfe werden meine Sinne wieder völlig klar. Der Pate hält ein Feuerzeug ungefähr zehn Zentimeter vor meinen Augen in die Höhe, ein Klick und die Flamme züngelt auf. Einen Augenblick danach spüre ich die Luft unter meiner Nase brennen ... aber ist es tatsächlich Luft, die da brennt? Ich reiße die Augen auf, die bereits nach unten gerichtet sind: Meine Weste steht in Flammen! Ich bleibe unbeweglich stehen, wie vom Schlag gerührt. Instinktiv hätte ich mir sofort die Kleider vom Leib reißen wollen, aber mein Körper ist wie von einem anderen Gehirn gesteuert. Es ist Don Sergio, der mir in diesem Moment auf telepathische Weise befiehlt, die Flammen mit der flachen Hand zu ersticken. Ich bin ganz in seiner Gewalt, als ich gezielt handle und nicht in Panik gerate.

122 Die Hitze, die ich auf meiner Haut und unter meinen Händen verspüre, vermischt mit dem Geruch nach verbrannten Haaren in der Luft, ist der Beweis dafür, dass das Feuer echt war. Ich bin nahe dran, mir durch diesen Gestank den Magen zu verderben, und versuche deshalb so wenig wie möglich Luft zu holen. Don Sergio ergreift das Wort:

»Giuliano, mein Sohn! Wenn ich dich zuvor als *ehrenwerten*

Soldaten gekannt habe, erkenne ich dich nun als *Camorrista di sgarro* an, aufgrund deiner Verdienste um das Fußballturnier zusammen mit der geheimen Wettbank, die du hier in Colle Triglio ins Leben gerufen hast. Die *ehrenwerte Gesellschaft* dankt dir für das Bargeld, das dank deiner Bemühungen in die Gemeinschaftskasse geflossen ist.

Überdies hast du dich ein weiteres Mal verdient gemacht, als du den Mordplan gegen Don Fernando aufgedeckt und vereitelt hast und den Verräter, der es nicht einmal wert ist, hier in diesem *ehrenwerten* Kreis namentlich genannt zu werden, zum Selbstmord gezwungen hast.«

Die Pause, die daraufhin eintritt, kommt unerwartet. Nein, mein Gehör hat mich nicht wieder im Stich gelassen. Die Lippen von Don Sergio sind starr, ja er beißt sich auf die Zähne und zittert am ganzen Leib.

Er steht fest auf beiden Beinen, die Hände an die Brust gedrückt, und rudert mit den Ellenbogen, so als wolle er sich das Herz herausreißen und es mir zuwerfen. Jetzt holt er so tief Luft, dass er blau anläuft, und endlich öffnet er den Mund und sagt: »Und so, Giuliano, verleihe ich dir den Grad eines *Camorrista di sangue*!«

In dieser Nacht werde ich von Alpträumen geplagt.

Die Krönung der Saucen

Eines frühen Morgens bringt Mattacchione einen Sack mit fünf Kilo Seeigeln aus Tropea in die Zelle. Um neun mache ich mich an die Arbeit und lege sie nach und nach auf das Hackbrett in der Küche. Mindestens dreißig Minuten dauert es, bis ich die Stachelpanzer alle geöffnet und die Eier herausgeholt habe; die gebe ich in eine Schüssel und stelle sie sofort in den Kühlschrank. Ich habe mir in den Kopf gesetzt, die weltbeste Sauce zuzubereiten.

Gino ist dabei, das Waschbecken zu schrubben, als ein Aufseher kommt und mir mitteilt, dass der Dottor Mammone mich sofort im Büro des Anstaltsleiters erwartet. Endlich! Zum ersten Mal seit vier Monaten kriege ich meinen Verteidiger zu sehen.

Zwei Neonleuchten erhellen den Raum mit seinen schlitzartigen Fenstern, die wie Festungsluken wirken.

Ich setze mich neben meinen Anwalt, während der Direktor Amilcare Botta in seinem Büro, bestehend aus zwei Zimmern, die durch eine breite Schiebetür abgeteilt sind, auf und ab läuft. Er dürfte noch keine sechzig sein, aber seine überbordende Dickleibigkeit lässt ihn mindestens zehn Jahre älter aussehen. Sein Schritt ist derart schwer, dass er den Boden zum Schwingen bringt, den ein altes ockerfarbenes Mosaik schmückt. Pietro Mammone streckt den Arm aus, um den Ärmel seines Jacketts hochzuziehen, und schaut auf seine Uhr. Dann zieht er ein großes gelbes Kuvert aus seiner Aktentasche, entnimmt ihm einige Akten und reicht sie mir. Er erhebt sich von der Bank und spaziert wie der Direktor im Zimmer herum. Er hat mir den Urteilsspruch des Gerichts über die Verhandlung vor zwei Monaten unter die Nase gelegt; damals war ich gezwungen gewesen, den Mund zu halten.

Oh mein Gott! Ich springe auf, als ich das Urteil gelesen habe:

»Dottor Mammone, Teufel noch eins! Hier heißt es zwölf Monate ohne Bewährung!«

Mein Anwalt hält ruckartig inne. Mit betont überraschtem Gesichtsausdruck dreht er sich zu mir und meint:

»Und da willst du dich noch beklagen? Mit der Stummfilmszene vor dem Richter hast du dem Staatsanwalt Gelegenheit gegeben, sogar achtzehn Monate für diese Dummheit zu fordern. Nächste Woche aber können wir Berufung einlegen.«

Wenn man den Anstaltsleiter so sieht, könnte man meinen, er habe eine Eingebung gehabt. Mit strahlendem Gesicht schleppt er sich hinter seinen Schreibtisch und lässt sich schwer wie ein nasser Sack auf den Stuhl fallen. Er streckt die Beine auf dem Fußschemel lang und lehnt den Nacken gegen die Kopflehne. Wie eine abgeschnürte Salami sieht er aus, wie er sich da hingefläzt hat und die Arme von den unproportioniert schmalen Schultern hängen. Längst kristallisierte Schweißränder unter den Achseln schmücken seine Weste. Mühsam dreht er sich zur Seite, um ein Türchen unten an seinem Schreibtisch zu öffnen, und befördert eine Flasche Whisky und drei breite Schwenker ans Licht.

Beim Einschenken sagt er:

»Mein lieber Herr Anwalt, ich bitte Sie wärmstens, meinen Rat anzunehmen. Bis zur Verhandlung kommender Woche werden Sie entdeckt haben, dass Ihr Mandant wenige Stunden vor der Tat einen schweren Nervenzusammenbruch hatte. Es wird für Sie nicht schwierig sein, das entsprechende ärztliche Gutachten mit dem passenden Datum bei einem der Ärzte in Brancavilla zu besorgen. Sie werden auch den Gefängnisarzt in den Zeugenstand rufen, der entsprechend instruiert sein wird. Ihr Mandant hat bereits vier Monate abgesessen. Wenn wir nun die gute Führung während des Strafvollzugs berücksichtigen ... was wollen Sie mehr ... dann muss doch alles gut gehen ... ich weiß nicht, ob wir uns da verstehen ... Das wäre der einfachste Weg für alle«, und damit zwinkert er meinem Anwalt zu.

Auf diese Andeutung hin kann Pietro Mammone wieder aufatmen. Er sieht mir prüfend in die Augen, hebt seinen Blick zur Decke, zieht die Schultern hoch und breitet die Arme aus. Dann schenkt er dem Direktor ein Lächeln, das so überzeugend ist wie das einer Nutte:

»Lieber Herr Direktor! Wären doch alle so wie Sie! Ich versichere Ihnen, dass Sie eine entsprechende *kleine Aufmerksamkeit* erhalten werden. Besser gesagt, wenn wir tatsächlich die Entlassung meines Mandanten gleich nach der Berufungsverhandlung erreichen, bin ich mir sicher, dass dieser es nicht versäumen wird, dem Herrn Direktor von Colle Triglio und auch dem Herrn Richter gegenüber den Gefallen zu erwidern. Wie heißt es doch so schön, Herr Direktor? Eine Hand wäscht die andere! Also zum Wohl.«

Der Direktor:

»Herr Anwalt, so spricht nur ein Gentlemen! Auf Ihr Wohl!«

Und runter mit dem Whisky.

Ich schnuppere daran und bin bedient. Erstaunt fixiere ich die Whiskyflasche: billiges geschmuggeltes Gesöff, der Geruch ist ekelerregend.

Ich kann's kaum erwarten, in meine Zelle zurückzukehren und meine weltbeste Sauce zu kochen. Hat man die richtigen Zutaten zur Hand, ist die Zubereitung ein Kinderspiel. Außer den Seeigeleiern, die ich schon vorbereitet habe, braucht man sehr reife Kirschtomaten, außerdem Olivenöl aus den Höhenlagen des Aspromonte sowie Petersilie. Ich gebe zwei Kilo gewürfelte Tomaten in einen Topf, dazu das Olivenöl und Salz und schiebe alles in den auf hundert Grad erhitzten Ofen. Um die Süße der Tomaten voll zur Geltung zu bringen, sollte die Sauce nicht kochen. Man sollte sie nur vor sich hin dampfen lassen, damit sie keine Säure entwickelt. Unterdessen bringe ich das Salzwasser für die *linguine* zum Kochen. Noch richtig *al dente* vermenge ich die Pasta mit der Tomatensauce, gebe portionsweise davon auf die Teller und auf jedes Häufchen einen Löffel der Seeigel-Eier, die wie orangefarbene Karamellen aussehen und den Geruch nach Meerwasser verbreiten. Ihr Geschmack ist eine Überraschung – eine Mischung aus Süße und Austern, Felsenfrüchten und Algen. Eine Delikatesse für den Gaumen und ein potentes Aphrodisiakum, das auch noch einen Achtzigjährigen beflügelt.

Rückkehr nach Brancavilla

In der Zelle muss ich oft an das unglückselige Schicksal meiner Familie und an deren finanziellen Ruin denken.

Meine offenkundige Gleichgültigkeit gegenüber den Gepflogenheiten der bürgerlichen Gesellschaft Kalabriens rührt von meiner sozialen Ausgrenzung her, die ich als junger Bursche erfahren habe. Meine Familie konnte nur mit Müh und Not dank der Mieteinnahmen zweier kleiner Lagerräume im Ortszentrum überleben. Ich war acht Jahre alt, als die Mieter diese heruntergekommenen Löcher verließen, und neue Mieter waren selbstverständlich keine in Sicht.

Meine Mutter machte sich sofort daran, den Boden hinter unserem Haus zu bewirtschaften. Es war ein alter Garten von dreihundert Quadratmetern, in dem Orangen-, Mandarinen-, Zitronen- und Birnbäume, drei große Olivenbäume sowie Pfirsich-, Mispel- und Feigenbäume und Erdbeertrauben gediehen. Dort pflanzte sie Tomaten, Paprika, Auberginen, Zucchini, Broccoli,

Weißkohl und Salate an. Ein wahrer Feldfrüchtedschungel. Neben dem Garten hielt sie in einer alten Voliere ein Dutzend Hühner, und in dem kleinen Treppenverschlag eine Stallreihe mit rund zehn Kaninchen. Für den Rest, also Milch, Mehl, Käse, Kaffee, Zucker und Salz, reichte gerade einmal das Arbeitslosengeld meines Vaters: 70 000 Lire im Monat.

Und keiner von uns durfte sich erlauben, krank zu werden.

Ich werde nie das schöne Gesicht meiner Mutter vergessen, wie sie mich und meinen Bruder unter Tränen anflehte, alles aufzuessen, um ja gesund zu bleiben. Natürlich waren wir auch in der staatlichen Krankenversicherung; aber einen Arzt des öffentlichen Gesundheitswesens zu rufen, konnte auch bedeuten, dass der Kranke, noch bevor er eintraf, das Zeitliche gesegnet hatte. Es heißt, dass ein Arzt allein so viele Tote auf dem Gewissen hat, wie laut Staatsanwaltschaft alle Mafiosi zusammen, wenn es überhaupt reicht.

So war man also gezwungen, zum Privatarzt zu gehen, der zwar besser als der *Metzger* von der staatlichen Krankenkasse war, dessen berufliche Fähigkeiten jedoch nicht einmal denen eines durchschnittlichen Veterinärs gleichkamen. Eine Untersuchung bei ihm kostete zwanzigtausend Lire, was ungefähr der Verdienst meines Vaters war, wenn er zwei oder drei Monate lang das kommunale Schlachthaus putzte.

Meine arme Mutter hatte ständig Magenbeschwerden, aber sie beklagte sich nicht, um ja kein Geld auszugeben, das wir sowieso nicht hatten. Schließlich brach das Magengeschwür auf, und im Korridor der Notaufnahme des Krankenhauses, während sie auf einen Chirurgen wartete, starb sie an einer akuten Bauchfellentzündung.

Ich war damals gerade zehn Jahre alt.

Auch wenn sich alle der miserablen ärztlichen Versorgung hier im Süden bewusst sind, werden die Posten der Krankenhausärzte mit größter Selbstverständlichkeit vom Vater auf den Sohn übertragen, egal, ob dieser fachlich geeignet ist oder nicht. Der Herr Vater zahlt dem ärztlichen Direktor der Klinik oder dem verantwortlichen Funktionär der staatlichen Krankenversicherung ein Schmiergeld, damit der Herr Sohn, nachdem er sich seinen Doktortitel gekauft hat, eine gut dotierte Stelle bekommt. Auf dieselbe Weise werden die Posten in der öffentlichen Verwaltung und in den diversen Ämtern und Behörden auf Kommunal-, Provinz- oder Regionalebene besetzt. Kalabrien quillt über von Ärzten, Chirurgen, Lehrern, Ingenieuren, Architekten, Biologen und Ökonomen, deren berufliche Unfähigkeit und Anmaßung ihresgleichen sucht.

Dieser gesellschaftliche Status quo wird durch die allgemeine Apathie begünstigt, die jeden Fortschritt lähmt. In Wirklichkeit wird eine Projektplanung nur dann ernst genommen, wenn die *Ehrenmänner*, die Mafiosi, mit am Verhandlungstisch sitzen.

Heute ist mein letzter Tag in Colle Triglio, morgen soll ich entlassen werden. Während wir den zweiten Kaffee trinken, kommt ein Aufseher zu unserer Zelle. Er bittet Don Sergio, ihm ins Büro des Direktors zu folgen. Der Boss kehrt eine Stunde später zurück. Er gibt sich höchstfreundlich, als er alle außer mir bittet, die Zelle zu verlassen. Als wir alleine sind, tritt er vor mich, ballt die Hände zu Fäusten und sagt:

»Giuliano, es ist etwas Schreckliches passiert. Du musst jetzt stark sein ... Dein Vater ist vor drei Stunden in eurem Garten überfallen worden. Er war auf der Stelle tot. Deinem Bruder geht es gut. Man hat ihn sofort im Haus von Meister Ciccio versteckt.«

Was? Mein Vater ist nicht mehr am Leben? Ich konnte es doch kaum erwarten, ihn in die Arme zu schließen! Ich lege die Hände auf die Ohren, halte den Atem an und versuche, die Gehirnsensoren zu blockieren, die das Gefühlszentrum aktivieren. Mein Körper schließt sich in sich selbst. Mein Magen ist ein einziger Krampf, mein Rücken ist wie ein Schildkrötenpanzer, mein Hals nach vorn gestreckt und mein Kopf hängt nach unten. Ich erwarte das niedersausende Fallbeil.

Der Schmerz streckt mich mit einem Schlag zu Boden.

So als hätte die Erde, nachdem sie ein Bein und einen Arm von mir verschlungen hat, mich wieder an der Oberfläche ausgespuckt. Der körperliche Schmerz zerreißt mir die Brust und die Luft, die ich atme, brennt mir in der Kehle. Tränen laufen mir übers Gesicht, immer mehr, Speichel tropft mir aus den Mundwinkeln. Ich verliere den Orientierungssinn, ich gehe auf allen vieren und suche nach Don Sergio. Ich umschlinge seine Knie, und schluchzend wie ein Kind, das Gesicht in seinen Hosenbeinen vergraben, heule ich mir die Augen aus dem Kopf.

Ich erwache auf meinem Bett. Gino und Don Fernando stehen daneben und scheinen Totenwache zu halten. Ich will sofort auf die Beine kommen. Gino eilt zum Tisch und schenkt mir heißen Kaffee ein. Eine zweite Tasse füllt er mit Mandelgebäck. Ich setze mich aufrecht hin, Kaffeeduft steigt mir in die Nase. Den Kopf in den Gewitterwolken frage ich meine Freunde:

»Wie konnte ich denn einschlafen?«

Don Fernando setzt sich an den Tisch. Äußerst charismatisch, mit seinem knochigen, entschlossenen Gesicht, der dichten Haarpracht und dem langen Bart, beide vorzeitig ergraut. Seine derben Bauernhände schauen aus einem schwarzen Doppelreiher hervor.

132 Er sieht mich an und drückt mich an einer Schulter:

»Don Sergio hat dir Roipnol in den Wein gegeben. Wie ein Engelchen hast du geschlafen. Es ist halb acht, in ein paar Minuten kommen die anderen zurück.«

Ich stecke mir einen Keks in den Mund und versuche meinen Kauapparat in Bewegung zu setzen. Ich komme mir vor wie ein Fußabtreter, in jeder Hinsicht.

Im Laufe des Abends enthüllt mir Don Sergio im Beisein aller anderen, dass mein Vater verdächtigt wurde, *Stoff* aus einem Versteck entwendet zu haben, das von den Mafiosi genutzt wurde und das seinerzeit auch von mir genehmigt worden war. Dieses geheime Eckchen befindet sich im Keller unseres Hauses, unterhalb einer getarnten Doppelfalltür, wo ganz früher das Eis aufbewahrt wurde. Ich stehe auf und nähere mich Don Sergio: »Wusste denn Don Peppe von Brancavilla, dass mein Vater umgebracht werden sollte?«

Don Sergio zeigt sich von meiner Frage bestürzt und beinahe schweren Herzens sagt er zu mir:

»Aber sicher doch wurde er über den Plan informiert, es ist doch sein Territorium! Ich sage dir auch, es waren keine Leute aus Brancavilla, die den Plan in die Tat umgesetzt haben. Doch davon später.«

Don Sergio steht auf, greift sich unsere Stühle und stellt sie in die andere Ecke hinter dem Kloverschlag, unter das Fenster, das mit mächtigen Eisengittern gesichert ist. Mit einer Handbewegung gebietet er mir, mich dorthin zu verziehen.

Er legt ein Kartenspiel auf den Tisch, schlägt den anderen vieren eine Partie *tresette* vor und bittet, uns nicht zu stören. Dann schiebt er eine Kassette in den Kassettenrekorder und dreht volle Lautstärke auf. Das Lied beginnt mit einem krächzenden Gruß:

Freunde, zum Wohl und seid gegrüßt, wer bietet mir ein Glas an?
Zuerst trinken wir und dann verabschieden wir uns, auf diese Weise
werden die Gedanken klar.

Don Sergio nimmt seinen Platz mir gegenüber wieder ein. Dann beugt er sich zu mir und sagt ganz leise:

»Don Peppe ist ein Mafioso von Rang, aber er hat schon zu viele Gefallen ringsherum eingefordert. Im Falle deines Vaters hat er wahrscheinlich nicht Nein sagen können. Es stimmt, er hätte sich auch widersetzen können, aber er hat sich nicht getraut, um sich einem, den er ganz besonders fürchtet, nicht zu widersetzen. Jemand, der ihn gezwungen hat, ihm einen großen Gefallen zu erwidern, den er ihm schuldig war. Die Genehmigung für einen Mord an einem *Eingeweihten*, einem Mafiaexternen, zu erteilen, ist keine geringe Sache. Du verdirbst es dir nicht nur mit dem Staatsanwalt, sondern auch mit der Bevölkerung. Ich habe beschlossen, mit dir persönlich über diese bedauerliche Situation zu sprechen, denn am Ende hat sie ja deinen Vater das Leben gekostet. Ich erkläre mich genauer: Don Peppe ist mit uns aus Cosenza durch eine *Blutlinie* verbunden; er besitzt einen Löwenmut und ist deshalb sehr gefürchtet, aber auch verhasst. Besonders bei denen aus Panocato, die ihm in den letzten Jahren unendlich viele Gefallen erwiesen haben. Als ob Don Peppe, nur weil er der Freund von einflussreichen Leuten aus Cosenza ist, ein Anrecht auf diese Gefallen hätte. Du musst wissen, dass Don Peppe die Mafiosi aus Panocato in Sachen Geld immer knapp gehalten und stets ihren tiefen Respekt gegenüber den Bossen aus Cosenza ausgenutzt hat. In Wahrheit produziert ihr Territorium große Mengen Wein, Olivenöl, Feigen, Mandeln, Pistazien und andere Obstsorten, die vor Ort zu köstlichen Delikatessen weiterverarbeitet und dann in die ganze Welt verkauft werden, und zwar überreichlich. Und wenngleich die Mafiosi von Panocato die Erpressung von drei Prozent der Bruttoeinnahmen der Unternehmen übernehmen, landet am Ende alles in den Händen von Don

134

Peppe. Ihr wahres Problem ist, dass sie nicht sprachgewandt sind. Es gibt Mafiosi, die zwar nach außen hin mächtig erscheinen, aber nicht den Mut haben, einem anderen *Ehrenmann* mit Worten entgegenzutreten. Überlege mal: Wenn der eine ein Boss ist, dann ist auch der andere ein Boss. Gut so. Wenn nun Don Leopoldo aus Panocato das erpresste Geld in die Hände von Don Peppe übergibt, vergisst er nie, eine bescheidene Bitte um wirtschaftliche Unterstützung an ihn zu richten. Doch zum Schluss geht er stets gesenkten Hauptes von dannen. Don Peppe hat Don Leopoldo gezwungen, immer wie ein Habenichts zu leben, sodass er sich alle paar Monate dazu hergibt, irgendeine Geschichte, einen vorgetäuschten Autounfall oder Ähnliches auszuklügeln, um die Versicherungen abzuzocken. Stell dir vor, ein Boss, der es nicht einmal schafft, das Geld aufzutreiben, um seine Enkel in weiterführende Schulen oder an die Universität zu schicken. Aber die aus Panocato, auch wenn sie gezwungen sind, in Armut und Ignoranz zu leben, bleiben dennoch echte Mafiosi. Reinrassige *Ehrenmänner*. Wenn sie dich mögen, werden sie alles für dich tun. Sie stehen da, verlässlich bis zum Tod! Wenn sie dir ihr Wort geben, wird aus dir eine Katze mit sieben Leben. Hast du mich verstanden, Giuliano?«

Alle fünf Sekunden kommt mir unwillkürlich mein Vater in den Sinn. Aber ich habe alles begriffen. Was Don Sergio sagt, ist glasklar. Ich schnäuze mich, und die Ellenbogen auf die Knie gestützt, lege ich meinen Hals in meine Hände und sehe Don Sergio an. Fast ohne die Lippen zu bewegen, säusle ich: »Ich ersuche um die Erlaubnis, mir das Reglement und die Macht zu eigen machen zu dürfen, um eine neue Gesellschaft in Brancavilla zu gründen. Und auch um Angelina, Tochter von Don Leopoldo aus Panocato, heiraten zu dürfen.« Don Sergio fasst mich um beide Schultern und lässt mich mit ihm zusammen aufstehen. Er drückt mich an sich und zischelt mir ins Ohr:

»Ich hab's kaum erwarten können, so etwas aus deinem Munde zu hören. Du bist ein tüchtiger Bursche. Auf dass die Seele deines Vaters, des armen Ercole, dich beschützen möge. Ich erteile dir die Erlaubnis, alle notwendige Gewalt anzuwenden, um Rache zu üben und um Teil einer Familie zu werden, wie es sich gehört. Ich selbst werde Don Leopoldo eine Botschaft zukommen lassen. Wir werden uns in ein paar Monaten bei mir zu Hause sehen. Sobald ich draußen bin.«

An einem Julimorgen des Jahres 1981 um halb neun schließt sich hinter mir das Tor des Zuchthauses von Colle Triglio. Auf dem Vorplatz entdecke ich einen schwarzen Alfa Romeo und daneben Alfonso und Rino aus Cosenza. Sie kommen auf mich zu, bekunden mir ihr Beileid zum Tod meines Vaters und lassen mich mit meiner Tasche vorne auf dem Beifahrersitz Platz nehmen. Auf der Schnellstraße Richtung Brancavilla richtet Rino dann das Wort an mich:

»Wir haben den Auftrag erhalten, für deine Sicherheit zu garantieren, bis Don Sergio wieder in Freiheit ist. Die Beamten von der Spurensicherung wollen dein Haus und deinen Garten noch zwei Tage lang unter die Lupe nehmen. So lange werden wir es uns im Hotel *Dioniso* bequem machen. Damit wir unsere Ruhe haben, steht uns die gesamte obere Etage zur Verfügung.«

Am Ende einer Serpentine gibt es ein Wiedersehen mit dem Meer, und ich atme tief durch. Im Auto fühle ich mich in Gesellschaft der anderen beiden *Camorristi* so sicher, dass ich mich vom Schlaf übermannen lasse. Tief in den Beifahrersitz gesunken gehen mir Erinnerungen an meinen Vater durch den Kopf. Da ist er, wie er noch immer mit einem Lächeln seine Armut zu überspielen versucht. Ich sehe ihn zusammen mit meiner Mama. Sie sitzen vor dem Birnbaum im Garten und sehen zu, wie die Pflanzen ringsum wachsen und gedeihen. Der Garten verwandelt sich in einen immer dichteren Wald, der alles verschlingt. Mama und Papa sind längst inmitten der Vegetation verschwunden, in einem Gewirr aus Baumstämmen, Ästen und Zweigen, die ununterbrochen in Bewegung sind und sich von innen her rot färben, als fließe farbige Lymphe durch sie hindurch, bis sie Blut schwitzen.

Gott sei Dank! Ein abruptes Bremsen reißt mich aus dem Schlaf.

Ich greife nach dem oberen Haltegriff und ziehe mich auf dem Sitz in die Höhe. Wir sind an der Marina von Brancavilla angelangt.

Oben erhebt sich im Sonnenschein das alte Burgdorf, einge-

rahmt von riesigen schwarzen Kumuluswolken, die unausweich-
lich über den Bergen auf der Lauer liegen.

Draußen vor dem Hotel *Dioniso* stehen zwei *Soldaten* und nehmen unser Gepäck in Empfang. Rino überreicht mir eine alte
Browning 7,65. Sie ist wunderschön. Ich streichle sie, bevor ich sie
mir hinten in den Hosengürtel stecke. Gleich fahren wir wieder
los, um das Leichenschauhaus neben dem Krankenhaus oben im
Ort zu erreichen.

Auf der Stahlfläche in der Mitte des Raums liegt ein Leichnam
ohne jegliche Bedeckung. Ich nähere mich und erkenne in ihm
meinen Vater, obwohl sein Gesicht und sein Schädel von den Kugeln zerschmettert sind. Auch die Brust und der Bauch sind von
großkalibriger Munition durchsiebt. Ich zähle sieben Einschüsse.
Auf dem Brustkorb, den Rippen und dem Bauch bis hinunter zu
den Leisten sind die Schnitte der Autopsie zu erkennen, die bereits
wieder grobstichig zugenäht wurden.

Rino und Alfonso bitten den Arzt und einen Polizisten, die dort
anwesend sind, den Saal für einige Minuten zu verlassen.

Jetzt bin ich allein mit meinem toten Vater. Ich hebe seine Hände, halte sie umklammert und sage:

»Auf dem Weg nach Brancavilla habe ich von dir geträumt. Du
warst zusammen mit Mama. Ihr habt so schön und heiter ausgesehen. Aber der Garten rings um euch war kreuz und quer von bösartigen Geistern durchwandert. Nicht verzweifeln! Ich verspreche
dir, dass ich Jagd machen werde auf die, die unsere Ehre befleckt
haben, damit ihr den Frieden habt, der euch zusteht. In diesem
Sinne, Vater, schwöre ich dir, Rache zu nehmen!«

Von dort fahren wir weiter zum Haus von Meister Ciccio. Endlich kann ich Mimmo wieder umarmen. Mein Bruder steht unter
Schock. Er kann sich an nichts mehr erinnern. Nicht einmal an die

Tatsache, dass unser Vater tot ist. Immer wieder fragt er mich, ob ich wüsste, wo er sei.

Im Wohnzimmer stoße ich auf einen *Soldaten*, der den Doktor Trave, einen pensionierten Arzt, im Schlepptau hat. Dieser ist immer gerne bereit, die Verletzungen der Mafiosi zu behandeln. Im Laufe der Jahre hat er fast die ganze *ehrenwerte Gesellschaft* von Brancavilla wieder zusammengeflickt. Drei Minuten später schnarcht Mimmo wie ein Holzfäller.

»Er wird jetzt ungefähr achtundvierzig Stunden durchschlafen. Später komme ich vorbei und setze ihm noch eine Infusion«, und ohne sich zu verabschieden, ist der Dottore auch schon wieder draußen.

Wie die Reiter der Apokalypse kehren wir ins Hotel zurück. Wir nehmen unser Mittagessen auf dem Zimmer ein, ich schlucke anschließend eine halbe Roipnol. Sechs Stunden später bin ich wieder auf den Beinen. Auf dem Programm steht ein Besuch bei Don Peppe.

Wir fahren ins Städtchen hinauf bis zu den Ruinen der Normannenburg mit den zwölf Türmen. Dort schlagen wir eine unbefestigte Straße ein, die uns durch die Berge direkt zu einem Häuschen führt, dem 'Ndrangheta-Lokal von Brancavilla. Während wir uns dem Gebäude nähern, stelle ich mir vor, wie sich der Alfa Romeo in einen Panzer verwandelt – und ich mich in ein Kanonengeschoss. Links und rechts parken zwei Fiat, eine Ape und eine Vespa. Unser Panzer macht in der Mitte Halt. Ich ziele auf das Häuschen und mache *bum*! Rino und Alfonso brechen in Gelächter aus.

Im Licht unserer Scheinwerfer kommt uns der *Soldat Engelsgesicht* entgegen. Ein Teil des Gebäudes ist bis unters Dach mit Stroh gefüllt. Die Männer sitzen auf drei Strohballen, die u-förmig um einen Tisch angeordnet sind. Darauf steht eine Petroleumlampe, und in ihrem hellen Lichtschein sind ein Brotlaib, ein Stück

Käse, Wurst und zwei Flaschen Wein bereitgestellt. Ich entbiete vor dem Kreis der fünf *Ehrenmänner* von Brancavilla meinen Gruß:

»Drei in Cosenza *getaufte Camorristi* bitten um Erlaubnis ...«

»Das genügt!« Don Peppe erhebt seine Stimme:

»Tretet ein, Freunde. Und du, Giuliano, komm näher und lass dich umarmen! Aber vorher wollen wir uns bekreuzigen, um der Seele deines Vaters zu gedenken. Im Namen des Vaters, des Sohnes und des Heiligen Geistes.«

Dann presst er mich an sich. *Engelsgesicht* bietet mir einen Stuhl an und füllt drei neue Gläser. Ich drücke allen die Hand und richte, erst nach rechts, dann nach links schauend, das Wort an die ganze Runde:

»Großzügig ist Euer Gedanke, und ich bin Euch dankbar dafür. Aber ich bin nicht hier, um Trost zu suchen. Ich muss Euch vielmehr fragen, ob ich in Anwesenheit des ganzen Kreises sprechen darf. Jetzt!«

Auf diese Frage hin fasst sich Don Peppe an den Kopf, als hätte er einen plötzlichen Migräneanfall, und sagt:

»Es tut mir leid. Wir haben soeben den Kreis aufgelöst. Ich darf keine neuen Regeln erfinden. Alles muss zu gebührender Zeit geschehen. Wenn du reden willst, kannst du das mir gegenüber tun. Ich und du, wir zwei alleine!«

Seine Worte klingen nicht schlecht. Ich leere mein Glas in einem Zug. Drei Sekunden später ist es erneut gefüllt. Die Antwort, die mir auf der Zunge liegt, ist für einen *Camorrista,* der sich an den Boss wendet, nicht sehr üblich. Wuuooaah! Das Blut kocht in meinen Adern. Nur Mut! Das ist der richtige Moment, um dein Wort zur Geltung zu bringen:

»Ich begreife gut, dass Euch die Sache in diesem Moment nicht möglich ist. Aber ich möchte Euch mitteilen, dass ich erst dann wieder vorstellig werde, wenn ich zum versammelten *Lokal* und nicht nur mit seinem Oberhaupt sprechen darf. Nur vor der höchsten

Instanz werde ich das Wort ergreifen. Und die höchste Instanz besteht nicht allein aus Euch, Don Peppe, sondern aus den Besten der ganzen Bande. Die Crème de la Crème der Kriminellen aus Brancavilla. Ich erwarte also Eure Nachricht. Mit allem vorstellbaren Verlaub gesprochen, hoffe ich mich deutlich ausgedrückt zu haben.«

Ich hebe mein randvolles Weinglas zu den bass erstaunten, ja alarmierten Gesichtern der anderen. Mit einem Mal spüre ich, wie mir die Tränen übers Gesicht laufen. Kein Nerv rührt sich. Ich schaffe es noch, den Sturm zu bändigen, der sich in meiner Brust ballt, und sehe mich die ganze Zeit in der Runde um. Ohne das Glas abzusetzen, setze ich meine Rede fort:

»Ich bin nicht als Feigling hierhergekommen, sondern als Brigant, der in seiner Ehre verletzt wurde. Ich suche keinen Unterschlupf, sondern ein Schlachtfeld. Ich bin hier, um mir Gerechtigkeit zu verschaffen und die Regeln unserer Fürsten und Vorväter Osso, Mastrosso und Carcagnosso zur Anwendung zu bringen, in deren Schatten ich sicher meinen Weg beschreite.«

Und zur Besiegelung meiner Kriegserklärung an die Männer der Organisation von Brancavilla hefte ich meinen harten Blick auf Don Peppe, ich drehe das erhobene Glas in meiner Hand und gieße den Wein auf den Boden.

Die fünf *Ehrenmänner* sehen mich zornesbleich an und sind bei meinen Worten dennoch erstarrt. Die Köpfe zwischen die Schultern gezogen halten sie den Atem an, so als erwarteten sie die explosionsartige Reaktion von Don Peppe, der schnaubend die Fäuste ballt, sich aber weiterhin nicht rührt.

Kurz danach verabschieden wir uns. Im Augenwinkel sehe ich, wie Don Peppe die Hände in die Luft streckt, als wolle er sagen dass sich keiner von der Stelle bewegen möge. In der Tat, niemand hindert uns daran hinauszugehen.

Taratarata … tarataratar. Die Kapelle spielt den Trauermarsch und geht hinter dem Sarg meines Vaters.

Die Kirche hat sich während der Trauermesse unerwartet gefüllt, und eine große Zahl von Menschen, allesamt Trauer tragend, folgt jetzt dem Zug auf der Straße. Mein Bruder und ich sowie Dario, Alessio, Rino und Alfonso sind komplett in Schwarz gekleidet. Drei auf jeder Seite, die Augen hinter Spiegelglassonnenbrillen verborgen, tragen wir den Sarg auf unseren Schultern zum Friedhof. Mein Vater war ein Hungerleider und aus dem gesellschaftlichen Leben des Dorfs ausgeschlossen. Sein Wort hat unter den Bürgern von Brancavilla nie etwas gezählt. Trotzdem hat die Bevölkerung sehr wohl begriffen, dass sein Tod den geheimnisvollen Tätern erhebliches Kopfzerbrechen bereiten wird. Die Leute haben beschlossen, Ercole Belfiore die letzte Ehre zu erweisen, und das aus mehreren Gründen: zum einen, um es niemandem an Respekt fehlen zu lassen; zum andern, weil niemand von Don Peppes Leuten an der Trauerprozession teilnimmt; und nicht zuletzt, weil alle mich, Giuliano Belfiore, allmählich zu fürchten beginnen! Überdies hat sich inzwischen überall herumgesprochen, dass die Killer von außerhalb gekommen sind. Die ungewöhnlich hohe Zahl an *Eingeweihten* hinter diesem Leichenzug dient auch als Mahnung, um den Versuch einer Kolonialisierung seitens auswärtiger Krimineller im Keim zu ersticken. Die Leute ziehen den lokalen Mafioso dem auswärtigen vor. Denn der lokale Boss, auch wenn er grausam und gnadenlos ist, wirft stets ein wachsames Auge auf sein eigenes Territorium und dessen Bewohner.

Nach der Beerdigung bleiben nur die Mafiosi, die in Vertretung der Provinzen von Cosenza und Catanzaro eingetroffen sind. Auch Don Mico aus Reggio Calabria, ein Uraltfreund von Don Sergio, umarmt mich und flüstert mir ins Ohr:

»Ich wünsche dir die beste Rache, die man sich vorstellen kann! Wir stehen alle auf deiner Seite.«

Die Musikkapelle hat noch nicht mit dem schleppenden rustikalen Marsch aufgehört. Die Blechbläser mit den auf Hochglanz polierten Instrumenten spielen traditionell schräg und übertönen diese blutigen Wünsche, damit kein neugieriges Ohr um uns herum etwas davon mitbekommt. Der Friedhof war einst ein blühender Garten; heute ist er ein Gewirr aus völlig zuzementierten Korridoren, wo kaum ein Grashalm mehr zu finden ist. Viele der Grabsteine, die die Grabnischen in den oberen Reihen bedecken, sind nichts als grobe, nackte Zementplatten, auf die man mit der Spitze der Maurerkelle die Daten des Verstorbenen geritzt hat.

Viele der Kreuze, die sich über den Gräbern der ermordeten Mafiosi erheben, sind ganz schlicht aus Kalkzement und Sand geformt. An den Ecken liegen die verrosteten Drahtskelette frei. Sie sehen aus, als bewegten sie sich im Kampf gegen die Unbilden des kalabrischen Himmels. Dieses schauerlich surreale Spektakel bezeugt die Unverfälschtheit, die Schnörkellosigkeit, wie sie von vielen Mafiosi bis über den Tod hinaus gewahrt wird.

Während der folgenden Wochen bin ich damit beschäftigt, für mich und meinen Bruder eine Arbeit zu erfinden, um der *Guardia di Finanza* keinen Anlass zu geben, Ermittlungen über die Herkunft der Gelder anzustellen, mit denen wir unseren Lebensunterhalt bestreiten. Einen Lebensmittelladen aufzumachen und so zu tun, als würden wir ihn mit dem in Deutschland verdienten Geld finanzieren, wäre wohl das Einfachste.

Auch wenn in Wirklichkeit die 'Ndrangheta das Geld auf den Tisch legt, um dieses kleine Ladengeschäft zu eröffnen, bin offiziell ich der Eigentümer. Wir finden einen passenden Raum auf dem Corso Roma. Mein Bruder arbeitet darin, und zur Seite steht ihm ein Freund unseres Vaters, der sich in diesem Beruf auskennt.

Blutbad

Vor zehn Tagen bin ich mit Rino und Alfonso in mein Haus umgezogen. Wir lassen sofort fünf Überwachungskameras rings um das Gebäude installieren. Der Garten wird von zwei Riesenschnauzern bewacht, und wir selbst sind bis an die Zähne bewaffnet. Auch Mauro, mein geschätzter Begleiter vor und nach der Aktion in der Villa Peluso, gesellt sich zu uns. Ihm habe ich die Sicherheit des ganzen Hauses und die meines Bruders übertragen. Mauro ist auch Spezialist für den Schutz der sogenannten *latitanti*, der untergetauchten Mafiosi. Es gelingt ihm, eine undurchdringliche Barriere zu schaffen, wofür er Hunde und den Dienst von drei ganz jungen *Soldaten,* Massimo, Cecè und Bubù, in Anspruch nimmt. Den dreien gegenüber ist Mauro unerbittlich streng. Kategorisch hat er ihnen rund um die Uhr und über die gesamte Zeit der Überwachung jegliche Form der Kommunikation mit dritten Personen verboten, das heißt, außer mit uns, die wir im Haus wohnen. Über mehrere Monate sind die drei Burschen völlig isoliert vom Rest der Gemeinschaft. Nur so lässt sich die Planung und Vorbereitung unserer nächsten Aktionen garantiert geheim halten.

Eines Nachmittags stößt auch Mimmo zu uns; wir umarmen ihn herzlich, kaum dass er im Haus ist.

Mein Bruder, der bis dahin im Haus von Meister Ciccio gewohnt hat, scheint sich von dem Schicksalsschlag wieder einigermaßen erholt zu haben. Wir gehen ohne die anderen ins obere Stockwerk hinauf, und als habe er genau auf diesen Moment gewartet, verkündet er, noch immer bleich im Gesicht, dass er nicht an die Geschichte mit dem Diebstahl Papas glaube, wie sie von den Verrätern in Umlauf gebracht worden ist. Dass in dem Keller, den auch ich als Drogenversteck der Bande abgesegnet hatte, immer alles in Ordnung gewesen sei. Gemeinsam mit *Engelsgesicht* hatte Mimmo ein geheimes System entworfen, um zu verhindern, dass ein Unbefugter sich dem Versteck unbemerkt näherte. Und dieses System war nur ihnen beiden bekannt.

Von Zeit zu Zeit muss Mimmo schluchzen und schniefen, seine Stimme ist heiser; schmerzgetrübt erklärt er mir: »In den Monaten, als du im Knast warst, hat *Engelsgesicht* mir geraten, den Zugang zum Versteck im Auge zu behalten. Außer dir und mir besaß nur er einen Schlüssel für den Hauseingang. Außerdem haben wir Gegenstände, die sich genau neben und auf der verborgenen Falltür zum Versteck befanden, in einer bestimmten Weise positioniert: Wenn sie sich nach dem Öffnen und Schließen der Falltür wieder genau in dieser Position befanden, bedeutete das, dass alles mit rechten Dingen zuging. Doch eines Morgens, als ich den Boden dort unten fegte, sah ich, dass die alte Ausgabe der *Gazzetta del Sud* an einem völlig anderen Platz abgelegt worden war. Das war ein Signal, dass etwas nicht stimmte! Du musst wissen, dass unser Vater gar nicht hier war, sondern schon am Vortag zusammen mit Meister Ciccio aufs Land gefahren war. Ich habe die Besonderheiten in einer Skizze festgehalten. Von diesem Moment an habe ich das Haus nur noch verlassen, um in aller Eile Zigaretten an der Ecke zu kaufen, und das Tor habe ich von innen zusätzlich mit einer Eisenstange versperrt. Am Nachmittag habe ich mich vor den Fernseher gehockt, und da habe ich gehört, wie sich jemand am Torschloss zu schaffen machte. Ich bin hinuntergerannt, habe die Eisenstange beiseitegezogen und einen Türflügel geöffnet. Auf der Straße stand *Engelsgesicht* und war höchst verdutzt, weil er das Tor nie auf diese Weise versperrt vorgefunden hat.

Ich habe ihm sogleich meine Skizze von der seltsamen Position der Zeitung auf der Falltür zum Versteck gezeigt. Nicht unter der Flasche mit dem Terpentin, sondern daneben. Vor Schreck ist er aufgesprungen und die Stufen zum Keller hinuntergeeilt. Als er wieder heraufkam, hielt er eine blaue Sporttasche an sich gepresst und grinste verdächtig wie ein schlauer Fuchs. Doch der Dumpfkopf war bereits so weggetreten, dass er gar nicht merkte, wie das weiße Pulver, das aus seinen Nasenlöchern rieselte, Spuren auf seinem dunklen Pulli hinterließ. Er würdigte mich keines Blickes und bemühte sich auch nicht, mir zu erklären, was mit dem Versteck passiert war. Zugedröhnt und mit einem seligen Lächeln, die Adidastasche über den Schultern, ging er davon, ohne mich zu grüßen.«

Wir verbringen den Rest des Abends allein. Irgendwann serviert uns Mauro, wie immer in Begleitung eines der Schnauzer, das Abendessen. Es gibt *arancini alla 'nduja*, deftige Reisbällchen, gefüllt mit pikanter Salami, und als Hauptgang Brasse aus dem Ofen. Der süße Muskatwein *Zibibbo* ist köstlich; sein königliches Gold schmeichelt dem Gauen, lässt den Geschmack von Zitronen, Pfirsichen und Mandeln in Mund und Kehle zurück. Die Nase erkennt den Duft von Orangenblüten und Bergamotte. Zum Teufel mit den trockenen Weißweinen!

Bei uns Mafiosi sind Leben und Tod sehr nahe. Als ich an Papa denken muss, höre ich auf zu trinken. Unterdessen wischt Mauro mit einem feuchten Tuch den Boden da, wo der Hund gestanden hat. Bevor er wieder nach unten geht, wünscht er uns einen guten Appetit.

Wir sind erst bei der Hälfte des Essens angelangt, da erhebt sich Mimmo und geht hinaus auf den Balkon. Noch immer wird er von einem Weinkrampf geschüttelt. Er kniet dort draußen, das Gesicht gegen das schmiedeeiserne Gitter gepresst. Ich ziehe ihn hoch und helfe ihm, wieder hineinzukommen und sich aufs Sofa zu setzen. Ihm fehlt noch immer der Mut, mich danach zu fragen, aber ich weiß schon, was er von mir hören möchte. Ich strecke mich auf einem Sessel aus und warte, dass er aufhört zu weinen. Ich streiche seine Haare aus der breiten Stirn und mir fällt auf, dass er so, mit der Mähne nach hinten, Papa noch ähnlicher sieht. Ich streiche ihm weiter über den Kopf und sage:

»Lieber Bruder, wenn es dich beruhigt, kann ich dir versichern, dass ich nie auch nur einen Moment lang geglaubt habe, dass unser Vater einen solchen Diebstahl begangen hat! Wo kämen wir da hin! Ercole Belfiore klaut Kokain!«

Bei meinen Worten verwandelt sich Mimmos Leidensmiene in ein starres, tragisches Lächeln. Mit zitterndem Kinn und triefender Nase wischt er sich mit bloßen Händen und den Ärmeln seines weißen Hemds die Tränen aus den Augen. Gebannt starre ich auf den Knopf aus schwarzem Samt, der als Zeichen der Trauer auf seiner Weste steht. Der lichtlose Ring um meinen Kopf wird größer und größer, bis ich von tiefster Finsternis umgeben bin. Ich spüre die Dunkelheit in mich eindringen, durch und durch, bis in meine Muskeln und Knochen. Ich bin wie ein Schwamm, der in einen Eimer mit eisiger Tinte gefallen ist. *Madonna!* Die Halluzinationen, hervorgerufen von der Erschöpfung und der unerwünschten Wirkung des Roipnol, setzen ein. Auch wenn dieser Zustand nur einige Augenblicke anhält, bin ich schweißgebadet. Es ist drei Uhr nachts. Ich verschwinde unter der Dusche und kehre nach einer Weile in Bademantel und Pantoffeln ins Wohnzimmer zurück, unterm Arm ein Kissen und eine Decke für Mimmo, der erschöpft auf der Couch eingeschlummert ist. Ich decke ihn mit einem Betttuch zu und stelle dann zwei Sessel zu einer Schlafgelegenheit zusammen, kuschle mich hinein und warte auf den Schlaf. Im sicheren Versteck des Hauses verbringe ich die Nacht traumlos neben meinem Bruder. Schlag acht Uhr werde ich von Mauro geweckt, der wie immer in Begleitung seines Schnauzers ist.

Dank des Motorengedonners der vorbeifahrenden Sattelschlepper auf der Nationalstraße gleich hinter Brancavilla kann ich mich ungestört mit Rino und Alfonso verständigen; wir haben uns inmitten des staubigen Gebüschs rund zehn Meter von dem Landhaus versteckt, in dem sich die Trattoria *I Pioppi* befindet. Dort warten wir in der Dämmerung, wie drei kolumbianische Guerillakämpfer, vermummt mit Sturmmützen. Unsere Aufmerksamkeit ist voll und ganz auf den rückwärtigen Diensteingang des Lokals gerichtet, den ein Halogenscheinwerfer taghell erleuchtet.

Da kommen zwei übergewichtige Buben mit Kurzhaarschnitt heraus, sie tragen Jeans und wattierte Jacken. Eine attraktive Frau mit einem kleinen Mädchen auf dem Arm folgt ihnen; das Kind hat ganz langes, mit einer weißen Blütengirlande geschmücktes Haar, in das immer wieder eine frische Meeresbrise fährt. Alle vier nehmen auf dem Rücksitz des weißen Alfa Romeo Giulia Bertone Platz, der am Rand der Freifläche, die um das Restaurant verläuft, geparkt ist.

Wieder richte ich meinen Blick auf den Hintereingang und sehe Don Peppe und *Engelsgesicht*. Lachend steuern sie auf das Auto zu.

Der Verkehrslärm auf der asphaltierten Fahrbahn hinter dem niederen Gebäude ist jetzt ohrenbetäubend. Die beiden streichen sich über die dicken Bäuche, als wollten sie die Verdauung beschleunigen. Dabei sehen sie sich nicht ein einziges Mal um.

Im Feuerhagel unserer Maschinenpistolen werden sie wie zwei Holzmarionetten durch ein jähes Reißen an den Strippen gegen die Wand geschleudert. Auf mein Kommando hin springt Enzo mit seiner *lupara* aus dem Gebüsch und geht ohne Eile auf die beiden übereinanderliegenden, halb toten Körper am Fuße der blutbespritzten Wand zu. Die Beine von Don Peppe zappeln wie verrückt in spastischen Krämpfen. Der Kopf von *Engelsgesicht*, der auf den Beinen des anderen liegt, tanzt auf und ab. Enzo senkt den Gewehrlauf und drückt ab. Die zerstörerische Brutalität der Kugeln aus der veralteten Waffe lässt die zwei Schädel explodieren wie Wassermelonen, die aus dem dritten Stock eines Gebäudes auf den Asphalt donnern.

Der Rest der Familie von Don Peppe ist im Wagen geblieben. Jetzt, da die Schießerei zu Ende ist, hört man gedämpft durch die dicke Karosserie des Alfa Romeo die verzweifelten Schreie der Frau und der Kinder.

Wir ziehen uns schleunigst zurück und beginnen den Aufstieg durch das Bett eines Wildbachs, der von den Ausläufern der Berge hinabstürzt. Ich schaue noch einmal zurück. Einer der dicken Buben hat den Mut gehabt, aus dem Wagen zu steigen. Jetzt inspiziert er den Ort des Geschehens, wie ein echter Mafioso. Schließlich wirft er sich auf die zerfledderte Leiche seines Vaters und schreit voller Entsetzen aus Leibeskräften.

Innerhalb von nicht einmal zehn Minuten hat die Nachricht von dem Blutbad die Runde durch das Städtchen gemacht. Don Peppe Sbarra, der Boss von Brancavilla, wurde in jener Dezembernacht des Jahres 1981 zusammen mit seinem *Soldaten* wie ein räudiger Hund zur Strecke gebracht.

Buon vespero

Der Plan, die *ehrenwerte Gesellschaft* von Brancavilla aufzumischen, ist perfekt gelungen. Alle Mitglieder der Bande des verstorbenen Bosses verstecken sich voller Entsetzen, als sie die Nachricht erhalten. Vermittels ihrer Verwandten bitten sie flehentlich, man möge sie verschonen, und schwören, dass sie sich der *neuen ehrenwerten Gesellschaft* unterwerfen und uns als ihre Vorgesetzten anerkennen wollen. Überdies versichern die einflussreichsten von ihnen, dass sie innerhalb von achtundvierzig Stunden leibhaftig aus dieser Gegend verschwinden werden. Sie bitten inständig um die Erlaubnis, oder besser gesagt: um den Passierschein, um an einem fernen Ort leben zu dürfen.

Es sind rund dreizehn Mafiosi aus Brancavilla, die auf der Suche nach einem Exil sind.

Schon im Vorfeld der Aktion beim Restaurant *I Pioppi* hatten wir uns hieb- und stichfeste Alibis zurechtgelegt. Und noch vor dem Mittag an jenem Sonntag, keine zwölf Stunden nach dem

Mord, stoßen wir in der Bar auf der kleinen Piazza des Viertels Motta vor allen Augen auf die gelungene Mission an.

Wer nicht in unserer Welt lebt, dem mögen solche Feiern geschmacklos vorkommen. Dennoch sind sie ein bequemes Mittel, um der Bevölkerung klarzumachen, wer von jetzt an das Kommando in ihrem Territorium hat. Andernfalls besteht die Gefahr, die Bürger zu verunsichern, weil sie nicht mehr wissen, an wen sie sich wenden sollen, wenn sie die Männer der *ehrenwerten Gesellschaft* für eine Verhandlung oder die Lösung eines dringlichen Problems zu Hilfe ziehen möchten.

Der neue Boss, der dieses Mal von den Leuten aus Cosenza ermächtigt wird, ist Alberto Panaro, fünfundvierzig Jahre alt. Alberto ist mit Caterina, einer der Töchter von Don Sergio, verheiratet. Er stammt ursprünglich aus Brancavilla, hat sich aber immer schon in Reggio Calabria und in Catanzaro herumgetrieben. Bis gestern war er als Buchhalter für einen der Clans aus der Gegend von Lamezia tätig. Heute obliegt es ihm, das *Lokal* von Brancavilla neu zu gründen und die *neue Gesellschaft*, die neue Bande, aufzustellen.

Es schlägt Mitternacht. Im Keller meines Hauses ist fast alles für die Zeremonie bereit. Alberto Panaro ist der Erste, der zur Versammlung erscheint.

Da es üblich ist, jedwedes *Lokal* der 'Ndrangheta unbewaffnet zu betreten, stellen wir einen breiten Tisch auf die freie Fläche vor der Kellertreppe, auf dem wir unsere Waffen ablegen. Drei neunkalibrige Beretta, ein Revolver Weihrauch und zwei Maschinenpistolen. Nach und nach treffen Rino, Alfonso und Mauro ein, und der Tisch füllt sich mit Trommelpistolen und Halbautomatischen. Zwei Kalaschnikow und fünf Handgranaten bilden den krönenden Abschluss des Waffenarsenals. Eine kriegerische Schau dieser Art soll mögliches Unheil abwenden und bedeutet zugleich einen Glückwunsch für die Gründung einer neuen *Gesellschaft*.

Während Alberto Panaro alle mit Handschlag begrüßt, ruft mein Bruder von oben: »Dario ist eingetroffen!«

Das Protokoll schreibt vor, dass bei der Gründung einer *ehrenwerten Gesellschaft* auch ein *ehrenwerter Eingeweihter* zugegen ist, der später vor dem *Tribunal* der 'Ndrangheta die korrekte Durchführung des Rituals bezeugen muss. Dario ist der richtige Mann für uns. Ich gehe hinauf, umarme den Freund aus Kinderzeiten, geleite ihn in den Kellerraum und bitte ihn, auf einem der Stühle im Raum unter der Treppe Platz zu nehmen. Beim Anblick der Waffen staunt er nicht schlecht und presst die Lippen zusammen. Keiner richtet das Wort an ihn. Keiner würdigt ihn während der ganzen Zeremonie auch nur eines Blickes. Es ist, als existiere er gar nicht. Ich sehe, wie er konzentriert auf den Fußboden starrt. Wie er bleibt auch Cecè stehen, um das Waffenarsenal zu bewachen. Wir anderen verschwinden nebenan im Raum des *Lokals*. Panaro tritt energisch und voller Entschiedenheit auf. Er heißt uns, um den Tisch herum Platz zu nehmen; schon sitze ich zu seiner Rechten, Enzo neben mir, und noch ein Stück weiter sitzen Alfonso und Mauro. Eine Seite des Tisches bleibt frei, was den Abstand in der Hierarchie zwischen der Figur des *Soldaten* und der des Bosses markieren soll. Wir sitzen in Form eines Hufeisens, wie es der heilige Kodex der 'Ndrangheta vorschreibt.

Nur Panaro bleibt stehen. Wir anderen verschränken verschlossenen Blicks die Arme.

Panaro zeigt keinerlei Gefühlsregung, er wirkt vielmehr wie ein Automat. Er besitzt nicht die Gewichtigkeit eines Paten wie Don Sergio, doch sein maßvoller Ton und sein wie aus Marmor gemeißelter Leib zeugen von einer überwältigenden Vertrautheit mit der Gewalt der okkulten Mächte. Er legt die Hände auf den Tisch, streckt die Arme gerade aus und fixiert erst Mauro, dann Alfonso, Enzo und am Ende mich. Dann wendet er sich um, nimmt ein Buch vom Regal, das ist der Kodex mit der Chronik der 'ndri-

na[21] von Brancavilla. Er hält das Buch auf Brusthöhe, zeigt es allen und legt es dann auf dem Tisch nieder. Sein ganzer Leib steht unter Anspannung, als er mit offenen Armen in den Raum deutet, in dem wir uns befinden, und die Zeremonie mit folgenden Worten eröffnet: »Ich taufe dieses heilige *Lokal* auf die gleiche Weise wie es unsere geliebten Ritter aus Spanien, Osso, Mastrosso und Carcagnosso, getauft haben. Und wenn dies einst ein ganz gewöhnlicher Ort war, so ist es von diesem Moment an ein heiliger und unantastbarer Ort. Jeder, der ihn nicht als solchen anerkennt, wird dafür büßen und zum Tode durch fünf von uns ausgeführte Messerstiche in den Rücken verurteilt. So wie es im Regelkodex unserer Gesellschaft geschrieben steht.« Er hat mit geschlossenen Augen, ohne Atem zu holen, ohne Regung gesprochen. Er nimmt das Buch vom Tisch, trägt es zum Regal zurück, und ohne mich anzusehen, sagt er zu mir: »Freund Giuliano, lasst nun ruhig den *Eingeweihten* eintreten.« Ich bitte um Erlaubnis, bevor ich mich erhebe. Rasch kehre ich zurück, gefolgt von meinem Jugendfreund. Ich bedeute ihm, rechter Hand von Mauro Platz zu nehmen, das heißt in gebührendem Abstand vom Tisch des *ehrenwerten* Kreises, wie es sich für einen *Eingeweihten* geziemt. Wenngleich es in dem Kellerraum recht kühl ist, schwitzt Dario aus allen Poren. Er sitzt da und hebt seinen Blick nur so weit, dass er die Gesichter der *Ehrenwerten* erkennen kann. Er schaut zu mir und zieht ruckartig die Augenbrauen in die Höhe, mein Einvernehmen suchend. Ich antworte ihm mit einem ernsthaften Nicken. Dario sitzt wie auf glühenden Kohlen, er tut alles, um weitere Blickkontakte, mit wem auch immer, zu vermeiden. Trotz seiner verschränkten Arme gleicht seine Haltung nicht der der anderen. Seine Halsschlagadern treten hervor, als wolle sein

21 Die gesamte organisierte Kriminalität eines Territoriums, einer Stadt, einer Gemeinde; mit einem oder mehreren herrschenden 'Ndrangheta-Clans (zum Beispiel die 'ndrina von Reggio Calabria, die 'ndrina von Crotone).

Herz gleich in die Kehle springen. Dario versucht sogar, das Atmen einzustellen, um sich gegen die unangenehme Situation zu wappnen. Aber was macht er denn bloß? In kürzester Zeit ist aus ihm ein Haufen zitterndes Fleisch geworden, der eindeutig einem Kollaps nahe ist. Die anderen scheren sich überhaupt nicht darum.

Alberto Panaro ergreift wieder das Wort. Jetzt klingt seine Stimme barsch und lässt erkennen, dass er die in Gang befindliche Machtergreifung genießt: »Freunde, seid gegrüßt. Seid ihr bereit?« Wir erwidern: »Mehr als bereit!« Don Alberto lächelt übers ganze Gesicht. Er hebt die Rechte und spreizt die Finger mit den Worten: »Bilden wir die Gesellschaft!« Sogleich presst er die Finger zusammen, ballt die Hand zur Faust und legt sie sich auf die Brust, mitten aufs Herz. Mit höchst ernstem Gesicht fährt er fort: »Wir bilden einen Kreis wie die Finger dieser Hand. Seid ihr damit einverstanden?« Und wir im Chor: »Wir sind höchst einverstanden.« Darauf holt Alberto Panaro wieder den Kodex: »Im Moment des Todes, wie Osso, Mastrosso und Carcagnosso dem Stern folgend, Silberkelch und geweihte Hostie, mit ergebenen Worten neu entstanden ist diese Gesellschaft.« Alberto Panaro gönnt sich eine Pause, lockert die Schultern und vollführt mit dem Kopf Kreisbewegungen, wie es die Sportler zur Auflockerung tun. Dann kreuzt er die Finger und lässt mit einem Ruck die Gelenke krachen. *Track!* und fährt fort: »Das Haupt der Gesellschaft, die ihr auf euren Köpfen tragt, steht vor euch: Alberto Panaro. Zu meiner Rechten seht ihr als Kassenwart Giuliano Belfiore. Der *Camorrista di sangue* ist Enzo Cimino. Ich ernenne Alfonso Schiavone zum *Camorrista di sgarro*. Alles, was an diesem heiligen Ort verlautbar wird, muss in diesen Wänden bleiben. Falls jemand den Mut verlieren und die Ehre mit Ehrlosigkeit verwechseln sollte, wird seine Bestrafung die Gesellschaft entlasten.«[22] Albertos Augen

153

---

22 »Die Bestrafung dieser Person erfolgt durch unsere Hand.«

glänzen vor Zufriedenheit angesichts seiner neuen Untergebenen. Mit donnernder Stimme fügt er hinzu: »*Buon vespero*, weise Genossen!« Für uns, die wir bereits trunken vor Macht sind, wird es ein inniger Genuss, die Antwort Silbe um Silbe zu formulieren: »*Buon vespero*, weises und gestrenges Oberhaupt!«

Pfirsichhaut

Eine Woche später, wieder ist es Sonntag und kurz vor zwölf, betrete ich zusammen mit meinem Bruder und den beiden *Camorristi* Enzo und Alfonso das Café *Centrale* in Panocato. Die Stühle um das mittlere Tischchen des kleinen Gastraums sind von Don Leopoldo, dem örtlichen Boss, samt seiner Frau und seiner Tochter Angelina besetzt; sie sind umringt von fünf Leibwächtern, die an Pitbulls erinnern, nur die Stachelhalsbänder fehlen.

Bevor wir unseren Fuß in das Städtchen gesetzt haben, sind wir bei dem *Soldaten* vor Ort vorstellig geworden, der rechtzeitig Don Leopoldo unseren Wunsch überbracht hat, ihn baldmöglichst zu treffen. Don Sergio hatte ihn bereits vom Gefängnis aus von meinen Familienplänen unterrichtet und ihn gedrängt, mir doch seine Tochter zur Frau zu geben.

Angelina ist sauer. Doch wer unsere Frauen kennt, die auch in ihrem Verhalten eine gewisse *omertà*, eine Verschwiegenheit, an den Tag legen, der findet es reizvoll, sie in diesem Zustand zu sehen. Angelina verbirgt ihre Neugier hinter einer vorgetäuschten Abneigung. Mit gesenktem Haupt wirft sie, ununterbrochen schnaubend, ihrem Vater Blicke zu. Keiner sagt ein Wort, und sie wirkt eher verloren als ungeduldig. Doch dann, als wäre die Langeweile eine unerträgliche Folter, öffnet sie den Mund:

»Müssen wir noch lange hierbleiben? Ich will weg. *Uffa!*«

Angelina ist wunderschön. Sie hat eine niedrige Stirn, hohe Wangenknochen und ein spitzes Kinn. Ihre Nase ist winzig, und der Blick ihrer schwarzen Augen ist bedrohlich. Ihre Haare sind pechschwarz. Sie hat mich noch keines echten Blickes gewürdigt, obwohl ich sie von Zeit zu Zeit beobachte. Sie ist hochgradig nervös und schafft es nicht stillzusitzen.

Auf ein Zeichen ihres Vaters hin steht sie auf und begibt sich, gefolgt von der Mutter und zwei Pitbulls, zum Ausgang. Sie geht ganz nah an mir vorüber, und ich entdecke auf ihrem grazilen Hals unterhalb des Ansatzes ihrer zurückgebundenen Haare einen reizenden Flaum wie von einem Pfirsich, der sich den ganzen Nacken hinunterzieht und unter ihrer Kleidung verschwindet. In allerletzter Sekunde wirft sie mir einen Blick voller Hass und Leidenschaft zu, und mein Herz schmilzt dahin, als wäre es aus Wachs. Der Speichel in meinem Mund gefriert. Ich stehe wie zur Salzsäule erstarrt, da ist sie auch schon aus meinem Blickfeld verschwunden.

Don Leopoldo hat für alle zu trinken bestellt. Seine Bluthunde lassen uns mit steinerner Miene Platz nehmen. Dann treten sie gesenkten Hauptes einen Schritt zurück. Der Kellner zeigt uns die Flasche mit dem besten schottischen Whisky, füllt die Gläser und reicht sie uns; ein zweiter stellt eine Schale mit Reishäppchen und Kartoffelkroketten, knusprige *crispelle* und Olivenöl-*taralli*, Sardellen und Lupinensamen vor uns auf den Tisch. »Der Aperitif ist stark, wenn ihr wollt, lasse ich etwas ohne Alkohol bringen«, sagt Don Leopoldo und lacht, dass sich seine beachtliche Körpermasse schüttelt. Er ist ein unglaubliches Muskelpaket und dank seiner langen Gliedmaßen misst er mindestens einen Meter neunzig.

Gut, damit ist der erste Schritt getan! Mein Blick ruht auf ihm, während ich einen Schritt nach vorn mache, mich verneige und mich mit den Worten vorstelle:

»Mit den besten Grüßen von Don Sergio *dem Vornehmen*: Ich bin Giuliano Belfiore aus Brancavilla. Es ist mir eine große Ehre, hier vor Euch zu stehen. Ich erlaube mir überdies, Euch auch von Seiten Alberto Panaros zu grüßen, dessen rechter Arm ich bin. In aller Ergebenheit, Don Leopoldo, Ihr wisst Bescheid. Ihr kennt mich.«

Der Boss von Panocato blickt wenig intelligent drein. Er hebt sein Glas, das fast vollständig in seiner enormen Hand verschwindet. Seine Stimme ist tief, flüsternd, fast tonlos, als er sagt:

»Lieber Giuliano, dank Don Sergio kenne ich Euch. Ich will keine Zeit mit Reden verlieren. Die Fakten, nicht die Pakte sprechen eine klare Sprache. Fragt mich nichts, ich weiß bereits alles. Mein Freund Giuliano, es wird mir eine Ehre sein, Euch mit meiner Tochter zu verloben. Und sollte es Euch gelingen, Angelinas Liebe für Euch zu gewinnen, wird sie Euch heiraten.«

Er hebt den Arm und kippt seinen Whisky in sich hinein, die anderen tun es ihm gleich. Einer der Pitbulls schenkt nach. Don Leopoldo hebt sein Glas erneut, wirft mir einen Kuhblick zu und sagt mit kehliger Stimme:

»Mit allem erdenklichen Respekt gesprochen, ich muss Euch auch die andere Seite der Medaille zeigen. Ich weiß, dass Ihr ein tüchtiger Jungmann seid, auch wenn Ihr sicherlich schon so einige Frauen ins Bett gekriegt habt, besonders dort in Deutschland. Doch da ich ein modern denkender Mann bin, kann ich über so etwas auch hinwegsehen. Doch eine Sache sei hiermit klargestellt: Wenn Ihr Angelina liebt, werdet Ihr aus meinem Mund niemals ein schlechtes Wort gegen Euch hören, und ich werde bereit sein,

Euch gegen alle zu verteidigen, auch unter Einsatz meines Lebens. Doch wenn Ihr die Ehre meiner Tochter beschmutzt, gleich aus welchem Grund, werde ich mich gegen Euch stellen und einen Weg finden, Euch auf immer verschwinden zu lassen. Und mit Euch Euer ganzes Geschlecht. Versteht mich recht: Falls Angelina mit Schmach bedeckt werden sollte, werde ich dafür sorgen, dass Euer Blut und das Eurer nahen oder fernen Verwandten sich nicht mehr fortpflanzen wird! Jetzt habe ich gesprochen und ich habe nicht vor, mich zu wiederholen. Das ist das Ehrenwort von Leopoldo Barocco. Ihr wisst es, mein Freund Giuliano, Ihr kennt mich!«

Und runter mit dem zweiten Whisky.

In den Ohren eines gewöhnlichen Bürgers mag der perfide Tonfall Don Leopoldos wie eine unmissverständliche Einschüchterung klingen. Doch für einen verliebten und machthungrigen Mafioso ist das ganz und gar nicht der Fall, im Gegenteil. Seine Worte sind angesichts der Liebesqualen, die der vernichtende Blick Angelinas beim Verlassen der Bar bei mir ausgelöst hat, eine wahre Erleichterung. Es tröstet und ermutigt mich, dass Don Leopoldo offenbar gewissenhaft, präzise und pünktlich die Vorschriften und Regeln der Mafia befolgt. Ich weiß sehr wohl, dass eine Ehe mit Angelina bedeutet, ihre gesamte Familie mitzuheiraten. Doch dies erweist sich als Vorteil für meine Sicherheit ebenso wie für die meines Bruders und der gesamten Bande. Es ist hinlänglich bekannt, dass auch die mächtigsten Clans von Kalabrien erzittern, wenn sie den Namen der Familie Barocco aus Panocato vernehmen.

Wir lassen uns die Häppchen schmecken und spülen sie mit einem letzten Whisky hinunter.

Im schwarzen Alfetta auf der Nationalstraße Richtung Brancavilla ertönt aus dem Kassettenrekorder eine gesungene Tarantella:

Zu Ende war der Weltkrieg / Doch statt der Sonne an jenem Morgen / Geht der Trieb einer kriminellen Wurzel auf / Der Stammbaum eines

schlimmen Unkrauts / Aus Angst oder aus Respekt war es geschätzt /
Gefürchtet von allen war diese Familie / Nehmt den Hut ab, oh Leute
dieses Dorfes / Denn Jungmänner mit kalabrischem Blut in den Adern
treten an zum Tanz / Wenn jemand sein Gewissen beschmutzt hat /
Trete er nach vorn, denn wenn er es nicht tut, schieß ich ihm ein Loch
in den Bauch.

Sobald ich kann, mache ich mich vom Acker

Die schwarze Trauerschleife, die nach dem Tod von Papa an unserem Haustor angebracht wurde, bleibt auch über Weihnachten und Neujahr dort hängen. Mein Bruder und ich versagen uns strikt jede Art von Festlichkeit. Auch in den Häusern der Freunde von Panocato wird unsere Trauer eingehalten. Dieses Zeichen unerwarteter Solidarität hebt meine Laune und besiegelt den Respekt, den auch Don Leopoldo gegenüber den neuen Freunden von Brancavilla empfindet.

In den darauffolgenden Wochen sehe ich Angelina jeden Sonntag beim Mittagessen, zu dem ihr Vater mich regelmäßig einlädt und wohin ich mich stets in Begleitung von Enzo und Alfonso begebe.

Heute wirft mir Angelina immer wieder neugierige Blicke zu; sie ist vergnügt und entgegenkommend. Sie verfügt über beste Manieren. Ihre Gestik ist raffiniert und höflich. Sie ist forsch genug, um die Aufmerksamkeit der Gäste immer wieder anzufachen, wie ein loderndes Feuerchen. Diese heitere Ambivalenz zwischen frech und folgsam macht sie unwiderstehlich.

Bei Tisch beschränken wir uns darauf, einige Sätze zu wechseln, bei denen zwanzig Personen mithören und uns beobachten.

Am Ende des Essens, nachdem frische Früchte serviert wurden, verabschiedet Angelina sich von den anderen und kommt zu mir. Sie nimmt meinen Kopf in ihre Hände und presst fest ihre Wange gegen die meine. Dann verschwindet sie aus dem Speisesaal.

Während die Gäste sich in den anderen Räumen die Zeit vertreiben, beratschlage ich den ganzen Abend mit Don Leopoldo, was nach der Ermordung meines Vaters nun zu tun ist. Wir überlegen, kreisen ununterbrochen um den langen Esstisch, ohne uns niederzusetzen.

»Es ist absolut notwendig, die Namen ausfindig zu machen«, sagt Don Leopoldo leise, und: »Die Namen von denen, die Euren Vater Ercole kaltgemacht haben. Ihr könnt nicht untätig bleiben. Sie werden alles daransetzen, Euch aus dem Weg zu räumen. Nur so können sie an die Öffentlichkeit gehen und ihre Verdienste genießen. Um das zu verhindern, solltet Ihr das Interesse der Bosse wecken und einen Prozess anstrengen. Und da Ihr mir gefallt, werde ich mich höchstpersönlich um die Sache kümmern, sobald ich Don Sergio befragt habe.«

Darauf ruft er mit lauter Stimme nach Angelina, die rasch und besorgt herbeieilt. Liebevoll sagt er zu ihr:

»Küss deinen Verlobten, komm schon! Jetzt.«

Während Angelina, misstrauisch wegen dieser ungewöhnlichen Bitte, sich über mein Gesicht beugt, sieht mir ihr Vater grimmig in die Augen. Ein Kuss und noch einer ... bis Don Leopoldo sie mit einer scherzhaften Handbewegung wegscheucht.

»Jetzt ist aber genug, meine Tochter, geh ins andere Zimmer, danke.«

Einige Sekunden Stille. Dann spuckt er mit Schlangenstimme den Satz aus: »Macht es Euch ja nicht zu bequem, Giuliano. Ihr seid jetzt an der Reihe, Ihr müsst den aus dem Weg schaffen, der Euren Vater umgebracht hat. Nur auf diese Weise werdet Ihr Schutz innerhalb der 'Ndrangheta genießen. Dies ist ein Rache-feldzug, und den müsst Ihr ersticken, mit einer aufsehenerregen-den Aktion stoppen. Mit einem beispielhaften Mord! Denkt an Euren Bruder, denkt an Angelina: Sollen wir sie im Haus einsper-ren, damit ihr nichts passiert? Ich verspreche Euch, dass ich mein Möglichstes tun werde, um Euch zu helfen, den zu finden, der Eure Ehre in den Schmutz gezogen hat. Und Euch obliegt es, wie es Vorschrift ist, die Racheaktion zu Ende zu bringen.«

Nach diesen leidenschaftlichen Worten holt Don Leopoldo tief Luft. Er richtet sich vor mir auf, massig wie ein Felsblock, und fügt hinzu:

»Erst dann werdet Ihr meine Tochter heiraten dürfen!«

Einen Monat später nehme ich an der größten kriminellen Ver-sammlung teil, bei der ich je gewesen bin; sie findet im Innern eines alten Wachturms mit zwei Meter dicken Mauern statt, der vor einigen Jahren zum Stall umfunktioniert wurde und jetzt das *Lokal* von Panocato ist.

Im Schutz der Dunkelheit treffen die letzten Clanmitglieder ein. Einer nach dem anderen vollziehen wir mit einem Mindestmaß an Feierlichkeit das Ritual der Waffenübergabe an den *ehrenwerten Soldaten,* den Jungboss des untersten Rangs.[23]

Die Tagesordnung des *Tribunals* der 'Ndrangheta auf Provinz-ebene ist noch geheim. Die Mimik und Gestik vieler Anwesender verrät eine gewisse Unruhe. Die Unruhe der Angst. Die Angst, die im Bauch hämmert.

---

23 *Ehrenwerter Soldat*, der bei der Bildung der Gesellschaft, der er angehört, zugegen ist und der alle anderen *Soldaten* befehligt.

Da fast alle Mafiosi bei ihren Geschäften die ein oder andere Regel missachtet haben, fällt es ihnen schwer, ihr Unbehagen zu verschleiern: Was, wenn die *ehrenwerten* Obrigkeiten aus Cosenza beschlossen haben, sie zu bestrafen? Keiner macht sich Illusionen. Heute Nacht wird über so manchem das Urteil gefällt.

Die anwesenden Männer sind außerordentlich couragiert, doch tun sie alles, um ja nicht meine Blicke zu kreuzen.

Den Typen bei der Treppe, den hab ich schon mal irgendwo gesehen. Es ist Turi, *der Holzfäller*, ein Boss aus dem Pollino-Gebirge, der soeben erst aus Matera entlassen wurde. Er steht mit seinem Leibwächter zusammen, einem Koloss von mindestens hundertzwanzig Kilo, und es sieht so aus, als würde er jeden Augenblick losheulen. Dann aber schlägt er die Hände vors Gesicht und fährt ein, zweimal darüber. Als er die Arme wieder herablässt, hat er eine eisige Miene. Sein Blick ist wie aus Stahl. Turi verwendet die gleiche Konzentrationstechnik wie ich und alle anderen hier.

Da taucht auch schon Don Leopoldo im Schlepptau seiner fünf Leibwächter auf, zusammen mit Don Pino, genannt *der Professor*; er vertritt heute Don Sergio, der noch im Gefängnis sitzt.

Don Pino ist vom Hut bis zu den Schuhen in dunkelmarineblauen Samt gekleidet. Der maßgeschneiderte Anzug betont die agile Figur dieses Mannes, der trotz seines fortgeschrittenen Alters immer noch ausgesprochen vital ist. Auf der Brust funkelt zwischen Weste und Kragen seines schneeweißen Hemds ein großes Medaillon aus Gold mit dem Antlitz Jesu Christi.

Bei seinem Erscheinen entfernen sich die Begleiter zusammen mit den Leibwächtern und verlassen den Turm.

Sogleich fordert Don Leopoldo, ganz Hausherr, alle Anwesenden auf, einander zu begrüßen. Mit undurchdringlicher Miene wenden sich alle nach rechts und links und tauschen Küsse mit den Freunden aus. Ich warte in der Ecke neben der Eingangstür, denn ich kenne keinen dieser Bosse näher.

Wir sind unerschrocken. Der eisige Blick macht uns unantastbar. Zumindest bis die Sitzung beginnt. Wir steigen die Rampe hinauf und gelangen in einen anderen Raum, wo wir uns um einen großen Tisch in U-Form aufstellen, der extra zu diesem Anlass gefertigt wurde.

Auf ein Zeichen von Don Leopoldo nehmen wir Platz. Der erste Platz gebührt Don Pino *dem Professor*, danach kommt Don Leopoldo. Der letzte Platz ist für mich bestimmt. Der Rest der Gesellschaft sitzt im Halbkreis zwischen uns, wie das bei solchen Versammlungen üblich ist. Wir sind zu fünfzehnt. Ein echtes Mafia-Gipfeltreffen.

Außer mir, dem *Kassenwart* von Brancavilla, sind alle anderen lokale Bosse und befugt, *Soldaten* zu taufen. Es sind Mafiosi, die ein Höchstmaß an Verdiensten auf sich vereinen.

Ich fühle mich über alle Maßen geehrt, inmitten dieser Familienoberhäupter sitzen zu dürfen. Es sind die echten Mafiosi, die ich schon immer einmal kennenlernen wollte. Sie sind es, die über Leben und Tod von uns allen entscheiden.

Don Leopoldo gibt weiterhin den Hausherrn und ergreift das Wort: »Freunde, euch zur Gesundheit und zum Gruß! Wer kredenzt mir ein Glas?«[24]

Ich springe auf und sogleich wird mir klar, dass ich vorher nicht aufgepasst habe, wo man den Wein hingestellt hat, mit dem ich nun die Gläser füllen soll. Verdammt! Aber da ich schon aufgestanden bin, muss ich mich auch bewegen. Gleich darauf ruft Don Leopoldo aus:

»Freund Giuliano Belfiore, begrüßt auch Ihr die Gesellschaft. Wenn Ihr die Ehre haben möget!«

Perfekt! So habe ich Gelegenheit, nach dem Wein Ausschau zu

24 Es ist üblich, Wein zu trinken, bevor am Tisch der 'Ndrangheta diskutiert wird. Wer den Wein ablehnt, ist nicht bereit zu diskutieren.

halten. Ich begebe mich also in die Mitte des Halbkreises und den Versammelten zugewandt sage ich, wobei mir die Worte fast von selbst über die Lippen kommen:

»Danke, dass Ihr mir das Wort erteilt habt, verehrter Don Leopoldo. Und verzeiht meine Aufdringlichkeit, Ihr Exzellenzen! Aber ein Mann wie ich betrachtet es als seine Pflicht, sich vor so viel geballter Macht zu verneigen. Wenn Ihr gestattet ...« Während ich mich nach rechts und nach links verbeuge, suche ich mit den Augen den Raum hinter den Gästen ab. Ich sehe, dass sie einander irritiert und verblüfft anschauen und dabei ungeduldig sind, als erwarteten sie eine Unmutsbekundung aufgrund meines Verhaltens. Aber niemand will den Mund aufmachen.

An den Wänden ringsum stehen halb zerfallene Regale, und in jeder Ecke entdecke ich Kartons, aber welche enthalten bloß den Wein? Nach der dreizehnten Verbeugung begebe ich mich ungerührt zu drei weißen Kartons, die hinter Don Leopoldo stehen, und fasse in den ersten hinein – *Uff*! Zu meiner großen Erleichterung sind es die richtigen. Ich hole drei Einliterflaschen mit Metallverschluss heraus und stelle sie auf die Tafel vor Don Leopoldo. Ich trete wieder in die Mitte des Kreises, bekämpfe meine Nervosität. Mit zugeschnürter Kehle füge ich hinzu:

»Es ist mir eine Ehre, der Arm zu sein, der, wenn auch nur mit einem einzigen Tropfen, das Blut bereichern wird, das in euren Adern fließt. Das tut mir gut und sorgt dafür, dass ich gesund bleibe. Ich bin euer Sklave, mit dem Wohlwollen der Person, die ich im Geiste trage.«[25]

Ich öffne die Flaschen und gieße Wein in die Gläser. Dann setze ich mich wieder.

Glück gehabt! Niemand hat meine Unsicherheit bemerkt. Bei dieser Art von Zusammenkünften, bei denen Schwerkriminelle

166

---

25 Gemeint ist »mein Boss«.

um einen Tisch versammelt sind, ist jeder begründete Verdacht, jede Rüge wegen eines unpassenden Verhaltens ein Vergehen, das sofort dem »Richter« gemeldet werden muss. Ohne Aufschub. Als Strafe steht der Ausschluss von der Sitzung.

Jetzt hebt Don Leopoldo sein Glas und sagt: »Dieses Blut gereicht unserem Mund zur Ehre. Einmal getrunken, wird jedes Wort, das über meine Lippen kommt, die reine Wahrheit sein. Zu meiner Linken begrüße ich Seine Exzellenz Don Pino, Richter dieses *Tribunals*! Lasst uns alle zusammen trinken.«

Ausgezeichnet, dieser Wein!

Ich bin mir voll und ganz bewusst, dass ich im Begriff war, bei meiner ersten Versammlungsteilnahme meine Ehre zu verspielen, denn mit dieser übertriebenen Ehrerbietung habe ich einiges riskiert; doch ich konnte nichts weiter tun, als meinem Instinkt zu folgen. Wenn ich den Wein nicht sofort gefunden hätte, wäre ich sicherlich von einem Freund aus dieser Teufelsrunde gerügt worden. Und wer weiß, ob sie sich dann dazu herabgelassen hätten, meine Entschuldigung anzunehmen. Nein! Sie hätten mich bestimmt bestraft. Ein nicht tödlicher, aber unehrenhafter und höchst schmerzhafter Messerstich in den Rücken ist die Mindeststrafe, die umgehend erteilt wird.

Jetzt ist es an mir, mich erneut zu konzentrieren. Es genügt schon, mich in jenen besonderen Zustand zu versetzen, in dem ich einzig und allein daran denke, wie ich den anderen Böses antun kann. Und mein Körper wird von den Vibrationen des reinen Verbrechens geschüttelt, in dessen Innern keine Angst mehr existiert.

Don Pino *der Professor* ergreift das Wort. Mit energischer Stimme sagt er: »Freunde, im Namen der hier versammelten Autorität, auch der der Abwesenden, erlaube ich mir, dem ganzen Kreis die Tagesordnung und damit den Grund unserer Zusammenkunft zu enthüllen. Angesichts der Bedenklichkeit einer gewissen Tatsache, die man als Ehrendelikt ausgeben will, die aber kein Ehrendelikt zu sein scheint, hat die abwesende Autorität beschlossen, die sofortige Lösung des bestehenden Problems zu fordern. Ich möchte mich deutlicher ausdrücken. Der respektvolle Jungmann, der euch hier den Wein eingeschenkt hat, hat sich Ehre und Blut verdient wie kaum ein anderer. Er hat unter Beachtung der Regeln überaus ansehnliche Ergebnisse erzielt, bis er sich dann vor einer unüberwindbaren Mauer wiederfand. Sie haben seinen Vater umgebracht, und er kennt nicht einmal die ausführende Hand dieses Mordes.«

Keiner wagt zu atmen. Ringsum Grabesstille. Ich nutze die Unterbrechung, nehme drei neue Flaschen Wein und fülle erneut die Gläser der Runde.

Gleich darauf legt Don Pino wieder los, wie ein Hammer, der auf den Amboss schlägt:

»Alle Voraussetzungen für eine Fehde sind erfüllt. Bis auf eine. Die Gegenseite ist nicht bekannt, und da es undenkbar, ja lächerlich wäre, den jungen Giuliano Belfiore zu einem Rachefeldzug gegen Unbekannte zu ermächtigen, ist das *Tribunal* gezwungen, von diesem *ehrenwerten* Zirkel die Namen der Mörder seines Vaters zu erfragen. Mit anderen Worten, unser Freund und *Soldat* an vorderster Front, Giuliano Belfiore, muss in den Stand versetzt werden, so viel Blut wie notwendig vergießen zu dürfen, um den unbedingten Respekt seiner Person wiederzuerlangen. Das ist alles!«

Erneut legt sich Schweigen auf die Runde. Dann bittet der *Mammasantissima*, der Boss, der zu meiner Linken sitzt, durch Handheben um das Wort:

»Entschuldigt mal, all das für einen Mann, der nicht einmal den Rang besitzt, um an diesem Tisch Platz zu nehmen?«

Das Schweigen verdichtet sich, sogar das Nagen der Holzwürmer in den Balken ist nicht mehr zu hören. Don Pino dreht den Kopf im Zeitlupentempo und nimmt den hetzerischen Paten ins Visier. Er sieht ihm in die Augen, schüttelt wie ein Ungläubiger angesichts des Weihwasserbeckens den Kopf und sagt:

»Don Pasquale Cirasuolo, was ist über Euch gekommen? Wisst Ihr denn nicht, dass dieser junge Mann, den Ihr gerade erniedrigt habt, den Zutritt zu diesem *Lokal* sozusagen von Rechts wegen erworben hat? Aber nicht, weil er Euch, meine Person oder einen anderen *Auserwählten* bedient hat, sondern weil er noch vor kurzer Zeit das Leben von Don Fernando und allen seinen Zellengenossen im Gefängnis von Colle Triglio gerettet hat, auch das von Don Sergio *dem Vornehmen* – euer aller oberster Boss! Wie kommt es nur, dass Ihr davon keine Kenntnis habt? Bei allem Respekt, ich bitte Euch sofort dieses *Lokal* zu verlassen.«

Blitzartig verlangt Don Leopoldo, vor Zorn bebend, das Wort; zischend wie eine Schlange sagt er:

»Bei allem Respekt vor dieser schönen kalabrischen Erde, in diesem Fall will ich mich nicht mit dem einfachen Ausschluss aus unserem Zirkel zufriedengeben. Ich verlange vom *Tribunal*, ein Strafurteil zu erlassen, auf dass diese Beleidigung weggewaschen wird, genau wie die schriftlich niedergelegten Regeln unserer Väter es vorschreiben.«

Don Pasquale Cirasuolo reagiert nicht. Nur seine Wimpern zucken in unregelmäßigen Abständen. Don Pino lässt sich Zeit mit der Erwiderung. Als es dann so weit ist, wackelt der Tisch mitsamt dem ganzen Zimmer:

»Das *Tribunal* will Genugtuung geben und gibt dem Antrag von Don Leopoldo statt. Im Namen der *heiligen* hier versammelten 'Ndrangheta werden auf diesen Sitzungen auch die Nachlässigkeiten geahndet! Dieser Richter bestraft den *tragediatore*[26]. Er soll durch das *incaprettamento*, durch Selbststrangulation sterben. Das Urteil ist sofort zu vollstrecken. Pasquale Cirasuolo, ich, Don Leopoldo und Kamerad Peppuccio aus Amantea werden dich wie

169

---

26 Im Mafiajargon eine Person, die Gerüchte in die Welt setzt oder zu viel redet.

einen Schafbock zusammenbinden. Leg dich hin, so verlieren wir keine Zeit. Und Ihr, Giuliano, bittet den *ehrenwerten Soldaten,* der das Waffenarsenal bewacht, um eine schöne Schnur. Stark, dünn und mindestens vier Meter lang.« Ich starre in die hinterlistigen Augen des grauhaarigen Don Pasquale, springe auf und bin auch schon am Fuß der Treppe. Mit einer Rolle Nylonschnur, wie man sie zum Angeln von Kraken verwendet, komme ich wieder zurück und übergebe sie Don Pino. Don Pasquale ist sich bewusst, dass nichts und niemand den unheilvollen Lauf der Dinge ändern kann, doch in den Augen der *Ehrenwerten* zeigt er sich von beunruhigender Tollkühnheit. Obgleich ihn der Tod erwartet, begibt er sich ohne Aufbegehren in die Mitte des Halbkreises. Kaum dass er mit dem Bauch auf dem Boden liegt, beugt sich Kamerad Peppuccio über ihn und packt ihn an den Füßen, während Don Leopoldo ihm den Arm um den Hals presst und ihn völlig unbeweglich macht. Don Pino fesselt flugs Hände und Fußgelenke des Unglückseligen und bindet sie ihm auf dem Rücken zusammen. Mit der restlichen Schnur knüpft er Beine und Hände an eine etwa dreißig Zentimeter große Schlinge um den Hals, die ihn zwingt, den Kopf oben zu halten und nach hinten zu strecken. Bei dem Versuch, seinem unausweichlichen Schicksal zu entgehen, biegt der Gefesselte den Rücken und zwingt die Füße so weit als möglich in Richtung Kopf. Für Pasquale Cirasuolo beginnt die entsetzliche Folter des langsamen Erdrosselns, und die Möglichkeit, von Zeit zu Zeit Luft zu schnappen, verlängert diese auf perfide Weise. Bis dann die Rückenmuskulatur krampfgeschüttelt das Gewicht des Kopfes nicht mehr zu halten imstande ist. Der unablässige Druck des Oberkörpers und der unteren Gliedmaßen zieht die Schlinge um den Hals immer mehr zu. Es ist ein grauenvolles Ende, begleitet vom Röcheln eines endlosen Todeskampfes.

Don Pino ist noch immer entschlossen, den Mördern meines Vaters einen Namen zu geben. Aber keiner der Bosse wagt es, um das Wort zu bitten. Dieses Kriminellenpack, das Aushängeschild der Unterwelt, wirkt angesichts der fehlenden Indizien zutiefst bestürzt. Fast alle zerbrechen sich den Kopf, nur wenige bleiben ungerührt. Der Boss aus der Gegend von Sibari, Don Luciano Ruggieri, verlangt schließlich das Wort. Er scheint sich urplötzlich an etwas zu erinnern. Seine mächtige Stimme lässt alle aufhorchen, auch den im Todeskampf befindlichen Don Pasquale:

»Freunde! Es war genau dieses auf dem Bauch liegende Schwein da, Pasquale Cirasuolo, das den Mord in Auftrag gegeben hat.«

Unter immensen Qualen dreht Don Pasquale den Kopf, um seinen Ankläger zu sehen, der mit dem Finger auf ihn zeigt.

Die Reaktion des Angeklagten ist mehr als bitter. Öffne Himmel deine Schleusen! Er beginnt zu fluchen, und sein Gesicht schwillt an wie ein Luftballon. Wo die Angelschnur ihm am Hals und an den Hand- und Fußgelenken ins Fleisch schneidet, sehe ich Blut austreten. Er ist rasend vor Zorn. Mit der Verbissenheit eines Raubtiers macht er sich einige Sekunden ganz steif, um Atem zu holen und sagt dann mit erstickender Stimme:

»Du Hurensohn. Wieso lässt du mich nicht endlich krepieren?«

Und Don Luciano: »Weil du es noch nicht verdient hast. Sag an, wieso hast du mich exakt zwei Wochen vor dem Mord an Ercole Belfiore gefragt, ob ich rein zufällig jemanden kenne, dem es zupass käme, wenn er sich eine Auszeichnung verdiente? Warum? Wen hätte ich töten lassen sollen?«

Don Luciano richtet sein Wort jetzt an alle:

»Soweit ich weiß, war für diese Wochen das Verschwinden von nur zwei Personen unten in der Gegend von Crotone genehmigt worden.«

Dann dreht er sich wieder zu dem gepeinigten Don Pasquale:

»Du hast den Tod von Ercole Belfiore befohlen, nachdem du

die Genehmigung von Don Peppe eingeholt hast, der wiederum, wie du sehr wohl weißt, mit seinem Leben dafür bezahlt hat, dass er dieser Aktion zugestimmt hat, ohne sich zuvor mit uns anderen abzusprechen.

Dein Missgeschick ist es nun, dass du mit dieser Aktion die Ehre eines Mafioso verletzt hast, der nur wenige Tage zuvor imstande war, das Leben von keinem geringerem als dem *allerheiligsten* Don Sergio zu retten!«

Pasquale Cirasuolo ist mehr tot als lebendig; doch es gelingt ihm, sich vom Bauch auf die Seite zu drehen, denn in dieser Position ist es einfacher, das Rückgrat durchzubiegen; die Fessel um die Kehle wird gelockert, und er kann einmal durchatmen. Am Ende gelingt es ihm tatsächlich, einen Satz herauszubringen:

»Du hast alles erfunden! Ihr bringt mich ohne Grund um. Lasst mich jetzt sterben, Amen!«

An diesem Punkt hebt Don Leopoldo die Hand, es ist deutlich sichtbar, dass er es satt hat. Er reibt sich die Hände und senkt den Blick. So nähert er sich Pasquale, packt mit seiner Riesenhand dessen Schädel, zieht ihn nach hinten, um ihm besser ins Gesicht schauen zu können, und spuckt ihm in die Augen:

»Du Bastard! Es war doch dein dämlicher Leibwächter, der mich informiert hat«, brüllt er. »Auch wenn er uns damit einen Gefallen getan hat – in meinen Augen ist er ein Infamer, und ich hielt es für legitim, von der *falschen Politik* Gebrauch zu machen, um die richtigen Angaben aus ihm herauszuholen. Stell dir vor, ich habe ihm versprochen, diese Dinge niemandem weiterzuerzählen, denn mein Ziel war es, deine Punktzahl zu überprüfen, um sicherzustellen, dass die Rangordnung der Verdienste nicht verletzt wurde. Denk nur mal, dass dein Giannuzzo im Gegenzug für den Gefallen, den ich ihm in Aussicht gestellt habe, meinen Männern verraten hat, dass du aus Eifersucht den Tod von Ercole Belfiore befohlen hast. Du hast es nicht ertragen, dass sein Sohn in der Hie-

172

rarchie der Organisation aufgestiegen ist. Du warst der Meinung, dass die Zuwendung, die Don Sergio Giuliano Belfiore zukommen ließ, eigentlich deinem Sohn zustand. Und der ist noch so eine Bestie wie du und deine ganze Sippe. Gewiss, für dich war es nicht schwer, Don Peppe zu überzeugen, dir Zutritt zu seinem Territorium zu gewähren, denn nach all den Gefallen, die du ihm getan hast, und nach den vielen Malen, die du seinen Arsch gerettet hast, stand er bei dir in der Kreide. Kommen wir zum entscheidenden Punkt: Leider kennt nicht einmal dein Leibwächter die Namen der Mörder. Ich habe nun eine Bitte an dich: Sag mir die Namen jetzt, und ich verspreche dir, dass deiner Familie kein Haar gekrümmt wird. Und da ich schon keine Geduld mehr habe, zeig ich dir, was geschieht, wenn du nicht sofort die Namen ausspuckst.«

Don Leopoldo geht zu Don Pino und flüstert ihm etwas ins Ohr; der macht mir daraufhin ein Zeichen mich zu nähern und sagt dann leise:

»Ich bitte dich, schick mir die Begleiter von Pasquale Cirasuolo herein.«

Giannuzzo und der andere draußen sind höchst verwundert und begreifen sofort, dass es sich um etwas Schlimmes handeln muss. Es geschieht nicht oft, dass Personen, die der Spitze der Macht völlig fern stehen, überraschend vor das *Tribunal* gerufen werden.

Die beiden leisten keinerlei Widerstand. Die Aufforderung ist ein Befehl, da gibt es nichts zu diskutieren. Ich kehre mit ihnen in den Turm zurück. In dem großen Raum im Erdgeschoss, wo der *Soldat* mit der Kalaschnikow das Waffenarsenal bewacht, sehe ich einen Schatten und verlangsame unfreiwillig meine Schritte. Die anderen zwei sind beinahe bei der Treppe angelangt, als ich plötzlich Schritte hinter mir höre, und schon werde ich von vier finsteren Gestalten überholt. Der Letzte von ihnen gibt mir einen kräftigen Stoß, um mich auf Abstand zu halten, während die zwei

Unglücksraben mit Messern angegriffen werden: Sie schneiden ihnen die Kehle durch, Blut spritzt in Fontänen heraus, dann stechen sie ihnen wiederholt in Brust, Gesicht und Rücken und fluchen dabei:

»Krepier du Stück Aas!«, »Unter die Erde mit dir, du Stück Scheiße!« Messerstiche ohne Ende, bis ihre Leiber blutüberströmt zu Boden gehen. Versteinert liege ich da, keine fünf Meter entfernt, und wohne dem Massaker bei, betäubt von der gnadenlosen Brutalität, mit der die jungen Burschen abgestochen wurden. Vier andere Männer kommen hinzu und beginnen damit, die Leichen wegzuschaffen.

Ich reiße mich zusammen, gehe wieder nach oben und nehme meinen Platz ein. Ich entdecke, dass sechs, sieben Gläser leer sind. Ich brauche zwei Flaschen, um sie zu füllen, und alle sehen mir dieses Mal dabei zu. Don Pino ruft mich zu sich und in höflichem Ton sagt er leise zu mir:

»Pasquale ist hinüber. Aber als er hörte, wie seine Burschen da unten abgemetzelt wurden, hat er gestanden. Im Gegenzug haben wir ihm versprochen, die Mitglieder seiner Familie zu verschonen, bis auf die Mörder deines Vaters. Ihre Namen sind Arturo genannt *Kotelett* und Renato *der Pfiffige*, also der Sohn und der Neffe von Pasquale Cirasuolo.«

Mit den beiden Namen ins Gedächtnis eingestanzt, sehe ich Don Pasquale dort auf dem Boden liegen. Einige der *Ehrenwerten* sehen auf ihn herab wie auf einen Sack voll Müll, ein Behältnis mit stinkender Flüssigkeit, das jetzt irgendwie entsorgt werden muss, ohne dabei Spuren zu hinterlassen. Beim bloßen Gedanken daran – wenngleich es dem Hausherrn Don Leopoldo obliegt, sich ums Aufräumen zu kümmern – beschließe ich, mich baldmöglichst zu verziehen.

Vier Wochen später stehe ich morgens um fünf hundemüde vorm Eingang meines Hauses, ich schließe auf, und Mimmo schaut mich vom Liegestuhl in der Diele an, aufgeschreckt durch das Geräusch des Schlüssels. Längst bin ich daran gewöhnt, dass er sich um mich Sorgen macht, wenn er nicht weiß, wo ich bin, oder wenn ich nicht zum Abendessen nach Hause komme. Sobald er mich sieht, ist er glücklich, und ein Lächeln befällt sein vom Schlaf gezeichnetes Gesicht. Er packt seine Decke und verzieht sich in Slip und Unterhemd nach oben in sein Bett.

Ich steige hinter ihm die Treppen hinauf und verschwinde im Bad. Dort öffne ich den Arzneischrank, schlucke eine Roipnol und gehe zu Bett. Mein Bruder kommt aus dem Zimmer nebenan und setzt sich auf meine Bettkante. Er ist noch immer unruhig, schweigend wacht er darüber, dass ich einschlafe.

Während ich warte, dass das Schlafmittel seine Wirkung tut, entschließe ich mich, ihm von dem Vorgefallenen zu erzählen:

»Heute Nacht ist es mir gelungen, unseren Vater zu rächen. Alleine habe ich die zwei Mörder Arturo und Renato Cirasuolo stellen können. Die beiden hatten die Angewohnheit, heimlich an einer abgelegenen Stelle am See Cecita zu angeln. Nie hätten sie sich vorstellen können, dass ich ihnen ausgerechnet dorthin folgen würde. Vor drei Tagen habe ich dort, wo sie gewöhnlich ihr Boot ins Wasser lassen, eine ferngesteuerte Bombe unter der Erde versteckt. Gestern kurz vor Sonnenuntergang hat der Rückstoß der Explosion sie richtig schön betäubt. Das Boot war unversehrt, ohne ein Leck. So habe ich ein paar große Steine eingeladen und sie an die Fußgelenke der beiden gebunden; dann habe ich das Boot auf den See hinausgefahren und sie noch lebend ins Wasser geworfen. Das Boot … was sagte ich gerade … ich bin müde.«

Das goldene Medaillon

»Ja, in der Taille bitte einen Zentimeter enger, die Länge und die Form sind perfekt. Das Jackett schneiderst du bitte mit einem hohen Kragen, wie bei den alten Bauerngewändern.«

Ich bin bei Alvaro Pernacchia, meinem Hausschneider. Begriffsstutzig blickt er mich über den Rand seine Brille an:

»Aber, was willst du damit sagen? Drücke dich bitte etwas genauer aus. Ich kenne keinen Bauernstil.«

Während ich die Ärmellänge kontrolliere, drehe ich mich zum Spiegel und fahre mit leiser Stimme fort:

»Ich meine, genau wie bei den alten Mafiaanzügen. Erinnerst du dich? Die genäht wurden, um darin auf die Jagd zu gehen, mit dicken Lodenmänteln darüber.«

Meister Alvaro reißt voller Verwunderung die Augen auf. Auch wenn er mich seit meiner Jugendzeit kennt, verblüfft ihn meine Vorliebe für diese besonderen Schnitte, er lacht ein wenig und sagt dann:

»Weißt du, es sind jetzt zwanzig Jahre her, dass Don Pietro Facciulla, der sagenumwobene Boss, der das Kommando über das *Lokal* von Brancavilla hatte, bei mir ein solches Kleidungsstück, wie es dir gefällt, in Auftrag gegeben hat, eines so richtig *all'antica*. Das Schicksal aber wollte, dass Don Pietro, noch bevor er das Stück abholen konnte, einem Herzinfarkt erlag, und sein Mantel blieb hier in der Werkstatt. Ich habe es nie gewagt, das Stück seiner Frau, der verehrten Donna Amalia, zu überbringen, um von ihr das Geld für das Material und die Handarbeit zu verlangen. Hab einen Augenblick Geduld, dann zeig ich ihn dir.« Er kommt mit einer großen Schachtel aus dem Kämmerchen zurück, öffnet sie und steckt vorsichtig seine Hände hinein. Dann, als würde er ein neugeborenes Kind hochheben, reicht er mir das Stück und seine Augen glänzen:

»Wir sprechen hier von einem echten Schmuckstück! Der Mantel ist aus dem letzten Wollstoff genäht, den die Spinnerei von Meister Scialopopolo hergestellt hat. Sieh nur!«

Es ist ein echter Brigantenmantel. Er ist wunderschön. Ich nähere mich mit dem guten Stück der Eingangstür, um den Stoff im Tageslicht besser in Augenschein nehmen zu können.

»Unglaublich! Der ist für einen echten Boss gemacht. Der Schnitt ist zwar exquisit, aber dennoch veraltet. Don Pietro war auch viel größer und kräftiger als ich. Könntest du ihn zu einem Zweireiher umnähen? Mit einem wichtigen Kragen und Ärmeln mit Umschlag?«

178 Meister Alvaro ist außer sich vor Glück. Er faltet die Hände und erwidert:

»Ich schätze mich glücklich! Das kaiserliche Braun des Mantels passt bestens zum Schwarz des Anzugs, den ich dir gerade nähe. Bei deiner Hochzeit wirst du eine großartige Figur machen, dafür werde ich sorgen!«

Mit der Rache für den Tod von Papa steigt die Zahl meiner Meriten um zwei weitere.

Nicht lange lässt der *mastro di buon ordine*, der Meister der guten Ordnung aus Cosenza, auf sich warten. Seine Aufgabe ist es, von Zeit zu Zeit die Hierarchie in den örtlichen *Gesellschaften* neu zu regeln, um so interne Auseinandersetzungen im Keim zu ersticken. Er führt über die Verdienste der einzelnen Mitglieder Buch.

Die Summe meiner Verdienste, die für eine mögliche Beförderung entscheidend ist, übersteigt die von Alberto Panaro. Dank des Verbrechens am Cecita-See werde ich zum Boss des *Lokals* von Brancavilla ernannt. Alberto Panaro, bis zum Vortag noch mein Chef, macht sich auf den Weg nach Lamezia, um dort seinen Platz wieder einzunehmen. Salvatore Gravina, 52 Jahre alt, genannt der *Schnellschießer*, wird zu meiner rechten Hand erhoben. Soeben hat er das Gefängnis von Palmi verlassen, wo er zwei Jahre Haft wegen Versicherungsbetrugs verbüßt hat. Salvatore ist ein begnadeter Kassenwart; er verfügt über einen ausgeprägten Geschäftssinn, auch bei Ausländern. Besonders mit den Deutschen aus Hamburg. Er spricht vier Sprachen und gemeinsam üben wir Unterhaltungen auf *Teutonisch*[27].

Der Rest der Gründungsmitglieder dieses *ehrenwerten* Kreises besteht aus dem *Camorrista di sangue* Enzo, dem *Camorrista di sgarro* Alfonso und dem *Soldaten* Mauro.

Die Bande unter dem Kommando meiner *Gesellschaft,* der noch weitere *Kassenwarte, Camorristi* und *Soldaten* angehören, zählt bald siebzig Mann.

Unser Clan erweist sich als so gut strukturiert, dass jedes Problem zügig gelöst oder bereits im Keim erstickt werden kann. Wir haben bestimmte Vorsorgemaßnahmen getroffen, die wir anwen-

---

27 »lingua teutonica«: Bezeichnung der Italiener für die deutsche Sprache.

den, um eine reibungslose Abwicklung unserer Geschäfte, unserer Deals, der Raubüberfälle und der Erpressungen zu garantieren. Wichtig dabei ist, dass niemand unbeabsichtigt zu Tode kommt. Gewisse »Arbeitsunfälle« seitens der Killer ziehen nur die Aufmerksamkeit der Ordnungshüter auf unsere illegalen Aktivitäten. Die Polizei und die Carabinieri würden uns, wenn alles ohne Tote abginge, ohnehin machen lassen, was wir wollen, ohne sich groß in unsere Angelegenheiten einzumischen. Obwohl wir bemüht sind, unnütze und ärgerliche Eliminierungen von Personen zu vermeiden, können wir in gewissen Fällen keine Nachsicht walten lassen oder einfach über Beleidigungen hinwegsehen, nur weil wir die Repressalien der Polizei fürchten.

Sollte kein Blut mehr fließen, würde unser Ansehen darunter leiden, und mit ihm unsere Geschäfte. Mit dem Blut nähren wir Bosse nicht nur die Angst in unseren Banden und unter unseren *Soldaten*, sondern auch bei den gewöhnlichen Leuten. Ohne Blut gäbe es keine Ehre und keinen Respekt. Die Ehre ist das Blut, der Respekt ist die Angst. Die Mafia ist die Mutter der Gewalt. Und wir Bosse sind deren Söhne. Die Spezialisten.

An jenem Morgen im September 1982 trifft eine Botschaft aus Cosenza ein. Ein *Soldat*, ein Zigeuner, meldet, dass Don Sergio demnächst auf freiem Fuß sein wird.

Es war ein hartes Stück Arbeit, den Gutachter, der ihn verklagt hatte, davon zu überzeugen, seine Anzeige zurückzuziehen. Am Ende hat er sich gegen dreißig Millionen Lire breitschlagen lassen. Die *Soldaten* in Cosenza jubeln. Sie sind schon dabei, ein Fest und eine Tarantella zu organisieren, um die Rückkehr ihres höchst respektablen *Mammasantissima* in die Freiheit zu feiern.

Gut. Es ist an der Zeit, dass ich anfange, über meine Zukunft nachzudenken. Und als Erstes mache ich mich auf den Weg, meinen Paten zu begrüßen.

Wir parken den Alfetta im Zentrum der Stadt der *bruzi*[28], unterm Haus von Don Sergio. Enzo und Alfonso gehen voraus, um den Wachposten meinen Besuch anzukündigen. Ein großes Tor geht auf, und sofort werden wir hineingeleitet. Don Sergio sitzt, umgeben von seinen Männern, ein Glas Wein in der Hand, auf seinem alten Brokatsofa und gibt ein prächtiges Bild ab. In dieser Haltung könnte er auch als junger extravaganter Herr durchgehen, wären da nicht der überholte Schnauzbart und der im Knast gut genährte Bauch:

»Alle Mann stopp!«, sagt er, als er mich kommen sieht. Er erhebt sich und schenkt flugs ein Glas ein, das er mir reicht, als ich bei ihm bin. Auf dem Beistelltisch fällt mir eine Ausgabe der *Gazzetta del Sud* ins Auge, ein Foto von ihm schmückt die Titelseite. Er macht seinen Begleitern ein Zeichen und schickt sie nach draußen. Als wir allein sind, umarmt er mich und fragt mich dann trocken: »Sag mal, junger *Mammasantissima*, wann hast du denn vor, Hochzeit zu feiern?«

Sein Tonfall lässt erkennen, dass es nichts Wichtigeres für ihn gibt. Ich muss zugeben, dass ich es nie gewagt hätte, eine Frau zum Altar zu führen, ohne dass Don Sergio persönlich bei der Hochzeitsfeier anwesend wäre. Und er hätte einen solchen Mangel an Respekt ihm gegenüber auch nie geduldet. Überdies hätte Don Leopoldo mir nicht gestattet, seine Tochter zu heiraten, ohne die Teilnahme aller Freunde an den Feierlichkeiten. Und schon gar nicht ohne Don Sergio.

Ich hebe mein Weinglas in die Höhe und schaue im Gegenlicht durch es hindurch, dann führe ich es an meine Lippen und trinke es in einem Zug leer. »Schön!«, rufe ich aus, und erwidere mit noch herzlicherer Stimme:

»Ich habe nur auf Euch gewartet, um das Datum meiner Hoch-

181

---

28 Volksstamm der »brutii«, der Stadtgründer von Consentia (= Cosenza).

zeit festzusetzen. Jetzt, da Ihr zurück seid, werde ich mich glücklich schätzen, Angelina baldmöglichst zum Traualtar zu führen!«

Er sieht mich voller Bewunderung an, Stolz und Respekt funkeln in seinen Augen. Er legt mir eine Hand auf den Hals und fordert mich auf, mit ihm auf die Terrasse zu gehen, mit Blick über das historische Stadtzentrum von Cosenza und die Hügel ringsum. Die Wintersonne hat dem feuchten Erdboden einen Dunstschleier entlockt, der nun in der Luft hängt und, da kein Wind weht, dicht und kompakt bleibt. Die Sonnenstrahlen brechen sich im Nebel und überfluten die Terrasse, die mit vielfarbigen Keramiken ausgelegt ist. Es ist ein Licht wie bei Michelangelos Weltengericht; und Don Sergio, leuchtend wie ein Himmelskörper, betrachtet die Landschaft unterhalb, wie der König sein Reich. Mit geheimnisvoller Miene fragt er mich:

»Kennst du den Unterschied, der zwischen uns zwei Bossen besteht?«

Ich bin bass erstaunt und weiß nicht, was ich erwidern soll. Dann kommt mir eine Idee:

»Mit Respekt, Don Sergio, ich könnte sagen, Ihr seid ein sogenannter Boss der Bosse, und ich hingegen nur ein einfacher Boss.«

Geblendet von dem grellen Widerschein dort draußen packt mich der Pate bei den Schultern und presst meine Deltamuskeln, damit ich mich auch ja nicht mehr rühre. Seine Augen sind weit aufgerissen, und sein Blick ist strahlend und hell, als er sagt: »Mein Sohn, du hast recht. Ich bin ein Boss der Bosse. Ein Medaillonträger. Während du der Boss deines Territoriums bist, bin ich der Boss der territorialen Verbindung sieben unterschiedlicher Banden, das heißt, der Boss der Bosse von den *ehrenwerten Gesellschaften*, die in den sieben Territorien aktiv sind, die – wie es deine getan hat – beschlossen haben, dem *Lokal* von Cosenza zu unterstehen. Im Falle von Ausflüchten, neuen Allianzen oder einer notwendigen Abrechnung zwischen zwei oder mehreren dieser Clans habe ich bei den Entscheidungen das letzte Wort. Es ist nicht meine Aufgabe, mich in Probleme einzumischen, die eine einzelne *Gesellschaft* betreffen, aber ich habe das Kommando, wenn es darum geht, ein Problem zwischen den Territorien zu lösen. Unterstützt werde ich dabei von einem *Crimine;*[29] das ist der Exekutivmanager und die Nummer zwei unserer *società maggiore,* der *oberen Gesellschaft.* Praktisch entscheiden nur wir zwei über das Schicksal von zwölfhundert Mitgliedern der 'Ndrangheta – ein Toter mehr, ein Toter weniger ...«

Er sieht mich immerzu an, und mir kommt etwas in den Sinn, worüber ich lachen muss:

»Also, das goldene Medaillon, das Don Pino vor dem *Tribunal* trug, hatte er sich von Euch geliehen?«

»Aber sicher doch!«, und Don Sergio bricht in Gelächter aus.

»Das war das deutlichste Zeichen, um ihn für das Kommando zu legitimieren.«

Ich fühle mich ein bisschen in alte Zeiten zurückversetzt, als Meister Ciccio mir Unterricht in Sachen Kriminalität gab. Als könne er meine Gedanken lesen, sagt Don Sergio:

»Meister Ciccio hat dir nur die traditionelle Hierarchie erläutert. Während der Ausbildung eines *Soldaten* ist die *obere Gesellschaft* eine Welt, die gar nicht existiert. Und das ist auch gut so. Es ist strengstens verboten, etwas über unsere Angelegenheiten gegenüber jungen Mitgliedern verlauten zu lassen. Sie dürfen sich nicht einmal vorstellen, dass es gewisse Spitzenpositionen gibt.«

Von der Terrasse kehren wir ins Wohnzimmer zurück. Ich fülle **183** zwei neue Gläser mit süßem Rosato. Don Sergio kommt, nimmt beide und reicht mir eines. Dann sagt er verhalten:

---

29 Stellvertreter des Oberbosses. Der *Crimine* ist für die »Kriegführung« zuständig, d. h. für die Eliminierung von Rivalen und die Bestrafung von Verrätern.

»Mein Sohn, du hast eine vorbildliche Karriere gemacht. Du gefällst mir mehr und mehr. Noch ein paar Lektionen, ein paar gute Aktionen, und ich werde dir den Weg weisen, der dich auf den anderen Planeten führt.«

Ich fühle mich wie am Steuer eines Ferrari, der mit 300 Stundenkilometern durch die Gegend rast, und ich kann die Bremsen nicht finden. Wie? Ich soll ein Boss unter dem Kommando eines anderen Bosses sein? Nach all dem, was ich bereits getan habe? Don Sergio hat gut daran getan, mich einem »Gehirn-Screening« zu unterziehen, bevor er mich antreibt, weiterzugehen. Er ist überzeugt, dass ich fähig bin, eine noch größere Machtposition als meine jetzige auszufüllen. Gewiss, den Boss in Brancavilla zu machen und Geld in die Gemeinschaftskasse von Cosenza zu bringen, wird wohl nicht besonders anstrengend sein, aber auf Dauer wird es langweilig. Und nicht nur das. Mit dem Rang eines lokalen Bosses auf Lebenszeit wird es auch immer gefährlicher, im Sattel zu bleiben, ohne dabei das Risiko einzugehen, sich von einem Zwanzigjährigen auf der Suche nach Verdiensten ins Gesicht schießen zu lassen. Längst mache ich keinen Schritt mehr ohne die Leibwächter. Aber wenn sich ein Boss der Bosse in Bewegung setzt, dann kontrollieren Dutzende von *Soldaten* auch die Straßen und Plätze in der Umgebung.

Ich habe keine andere Wahl. Ich muss Teil der reformierten *oberen Gesellschaft* werden und den Aufstieg zur wirklichen Macht angehen.

Wie gut schmeckt doch des Pfarrers Wein

Alles ist für die Hochzeit vorbereitet. Wir werden am 24. Januar in Panocato heiraten, und zwar in der Kirche San Francesco di Paola, Patron Süditaliens und aller Heiligen. Nach der Trauzeremonie werden wir in Brancavilla im Palazzo *Scarlatti* feiern. Es handelt sich dabei um eine elegante Anlage aus dem achtzehnten Jahrhundert mit einem großartigen französischen Festungsgebäude mit Innengarten und einem Strand, der mit dicken Mauern hermetisch abgeriegelt ist.

Die Gästeliste ist schwerer Tobak, eine *Bombe*, sozusagen! Siebenundneunzig *Ehrenmänner* mit ihren Ehefrauen und Kindern. Dann folgen Dario, mein Jugendfreund, Alessio, mein Cousin, und Onkel Alfonso, der Bankdirektor. Insgesamt vierhundert Gäste.

Mitten im Winter ist das Thermometer innerhalb weniger Tage auf 28° C gestiegen, die plötzliche Hitze des Schirokko aus der Sahara bringt die Gehirne zum Kochen und lastet schwer auf Erdreich und Gemäuern.

Nach einer Woche schwüler Wärme regnet es heute in Strömen und die Temperatur ist wieder winterlich.

Ich befinde mich im Hause De Rossi und sehe durch eine Loggia hindurch auf die beleuchtete, menschenleere Straße; Angelina, dort am Ende des Saals, probiert das Brautkleid an. Sie hat es sich perfekt auf ihren superschlanken Leib schneidern lassen – auf keinen Fall wollte sie eines von der Stange, das dann hätte geändert werden müssen. Giannina De Rossi, die Schneiderin, wuselt um sie herum und steckt ihr hie und da eine Spitze an. Giannina ist um die fünfzig und eine alte Jungfer, sie kommt aus einer ehemals reichen, jetzt völlig verarmten Familie, bewohnt aber noch diese wunderschöne Dachwohnung im Zentrum von Brancavilla; trotz des wirtschaftlichen Ruins der Großeltern ist diese Wohnung mitsamt dem antiken Mobiliar und der kostbaren Ausstattung noch immer in Gianninas Besitz. Auch sie scheint verzückt von Angelinas Figur. Aufs Klavier gestützt versinkt sie in Betrachtung der Braut, während diese sich mit unschuldigem Blick im Spiegel bewundert. Man könnte fast glauben, sie verspüre Verlangen nach diesem hochgeschossenen, leichten Körper und dem unberührten Fleisch. Dieser Körper ist höchst gepflegt, noch ganz jung, und die Pfirsichhaut duftet sinnlich. Giannina ist im siebten Himmel, sie nimmt die Schleppe vom Tisch auf, nähert sich Angelina und sagt:

»Du bist wunderschön!«

Mit Nadel und Faden in der Hand lässt sie ihrer Sinnenlust zumindest mit dem Timbre ihrer Stimme freien Lauf.

»Mein Kompliment! Es gibt nur wenige Frauen, die dem Brautkleid solchen Glanz verleihen! Für gewöhnlich ist es umgekehrt, da schenkt das Kleid den Frauen einen Teil ihrer Schönheit, die eigentlich nicht vorhanden ist. Deine Schönheit dagegen ist echt. Was für eine Gottesgabe! Schau her, welche Pracht! Diese Beine, und dann die Taille! Ein Busen bestens proportioniert! Voilà!«

Während Angelina sich in Pose setzt, hat Giannina ihr auch schon die Schleppe auf Hüfthöhe befestigt und lässt den Stoff nun auf den Boden rollen. Dann macht sie einige Schritte zurück, schiebt die Brille vor die Augen und ruft:

»Ich muss aufpassen, nicht ohnmächtig zu werden, wenn ich dich dann im fertigen Brautkleid sehe.«

Angelina kichert, die Hand vor dem Mund, und wirft einen Blick in meine Richtung. Ich habe sie noch nie nackt gesehen, aber die Besonderheiten ihrer Gliedmaßen, die schlanken, wohlgeformten Beine, das schmale Becken, die elegante und wohl abgerundete Schulterpartie, versprechen einen Traumkörper.

Ein Sonntag im Januar, in der Kirche vorm Altar, mit dem Priester und den Ministranten. Dario, der Trauzeuge, reicht Angelina den Ehering, dann dreht er sich zu mir und greift nach meiner Hand. Ich habe den Ehering schon am Finger. Die Zeremonie dauert für meinen Geschmack schon viel zu lange. Dario drückt mir die Hände und tritt zurück. Angelina ist seelenruhig, von Zeit zu Zeit blinzelt sie mir zu und lacht insgeheim. Dann wird mir der Kelch mit Wein gereicht, ich gebe ihn an Angelina weiter, sie kostet davon.

Auch ich nehme einen Schluck, wie köstlich! Das wird wohl der Effekt des vergoldeten Kelches sein, aber einen solchen Wein habe ich noch nie getrunken. Zum Spiel nimmt Angelina mir den Kelch weg, trinkt noch einmal davon und reicht ihn mir wieder. Jetzt gehört er mir, ich trinke ihn leer. Hm, köstlich. **187**

Wir schauen einander in die Augen, ganz tief, und empfinden die Anziehungskraft in jeder Hinsicht. Wir sind Gefangene unseres Begehrens. Bis die Muskeln des Nackens unkontrollierbar werden und die Kiefermuskeln nach oben ziehen und weiter bis zu den Ohren. Und jetzt bewegt sich auch mein Kinn. Ich versuche, mein Gleichgewicht wiederzufinden, und verberge diese nervösen

Regungen mit bewusst weit ausholenden Bewegungen des Halses und der Schultern, um so meine Krämpfe zu überspielen.

Ich verstehe irgendwie, dass der Priester uns soeben zu Mann und Frau erklärt hat. Die Lippen von Angelina pressen sich auf meine, *hmmmmmm*! Wie gut sie doch nach Wein schmecken. Applaus. Foto- und Videoapparate, wo man hinschaut. Wir schauen uns weiterhin in die Augen, während wir das Kirchenschiff entlang Richtung Ausgang schreiten. Beim Gehen schmiegen wir uns eng aneinander, meine Hand liegt auf ihrer Hüfte.

Hunderte von Großzylinder-Limousinen, überwiegend Alfa Romeo und BMW, bilden auf dem kleinen Kirchplatz eine dichte Kolonne und verstellen auch die Straße bis hinunter zur Nationalstraße. Als wir aus der Kirche treten, lassen die Chauffeure davon ab, die Karossen zu polieren, und drücken stattdessen auf die Hupe. Dieser ohrenbetäubende Lärm wie im Fußballstadion, zusammen mit dem Geschrei von Kindern und Müttern und dem Konfettiregen über unseren Köpfen bringt uns dazu, so schnell wie möglich Richtung Brancavilla Reißaus zu nehmen.

Doch vorher bleibe ich noch einen Moment stehen und werfe einen Blick auf die kleine, von barocken Bauten gesäumte Piazza, mit dem malerischen Brunnen in der Mitte und dem Stadtportal gegenüber. Ich halte Ausschau nach irgendeinem bekannten Gesicht in der Menge, kann aber keines erkennen. Es ist, als trügen alle den gleichen Anzug, und natürlich haben alle eine dunkle Sonnenbrille auf der Nase. Meine Leibwächter sind hinter mir, und ich rufe ihnen zu:

»Jungs, bringt uns hier raus!«

Sofort schnellen die vier Männer los, einer voraus, die anderen seitlich von und fünf Meter hinter uns, einer für die Rückendeckung. Im Nu sind wir bei unserem Wagen. Ein Alfetta startet vor uns, ein anderer folgt uns. Als wir um die Ecke gebogen sind, hält der Fahrer an, steigt aus und entfernt den Hochzeitsschmuck von unserem Wagen, dann fährt er weiter. Wir halten vor dem Hintereingang des Palazzo *Scarlatti* und gehen ins Obergeschoss. Im Zimmer Nr. 23, dem schönsten des Hotels, sind wir endlich alleine. Wir haben vierzig Minuten Zeit, bevor der Hochzeitsschmaus beginnt.

Angelina wirft sich mit dem Brautgewand aufs Bett, sie ist verschämt, es scheint, als kämpfe sie auf dem Bauch liegend gegen die Lust zu sprechen an. Sie presst die Fingerknöchel gegen die Lippen und stottert:

»*Amore* ... Was wolltest du mir sagen ... als du meintest, dass ... im Bett ... müsse erst die Frau zufriedengestellt werden, und dann der Mann?«

Der letzte Satz ist so schnell von ihren Lippen gekommen, dass ich Mühe habe ihn zu verstehen. Sie hat in Phonemen gesprochen, in allerlieblichstem Ton. Im Halbschatten der schweren Samtvorhänge setze ich mich neben Angelina. Jetzt stellt sie sich schlafend. Behutsam löse ich die Haken ihres Oberteils, und während ich sie ausziehe, wird sie in meinen Augen immer spektakulärer. Kein Hauch von Fett, die Muskulatur ist gut geformt und kräftig. Die Venusgrübchen des Beckens sind unwiderstehlich. Ich schäle die runden Formen ihres Gesäßes aus dem Gewand und lasse es über ihre ruhenden Vampbeine nach unten gleiten. Obwohl es ihr auf gewisse Weise gelingt, ihre Gefühlsregungen in Zaum zu halten, atmet sie leicht keuchend. Ich streichle über den köstlichen Flaum an ihrem Hals. Mit angehaltenem Atem berühre ich ihre Schultern, dann die Seiten unterhalb der Achsel und weiter nach unten, meine Finger umkreisen ihren Busen, gleiten weiter über die Hüften, die Rückenmuskulatur, die Pobacken, die Innenseite der Beine, die Schenkel, die Waden, alles ganz weich und zart. Dann streifen meine Lippen die Haut vom Kopf bis zu den Zehenspitzen. Die Lust schüttelt ihr Becken ohne Ende. Und noch einmal. Schließlich versinkt sie wieder in ihrem Kleid, lässt die Gliedmaßen schwer fallen und saugt mit dem Näschen noch einmal die warme Lust ein. Ich helfe ihr wieder in ihr Brautkleid, während ihr Atem sich langsam normalisiert. Dann säuselt sie:

»Wie schön, mein Liebster! Jetzt ... jetzt liebe ich dich noch mehr als zuvor!« Lustgesättigt schluckt sie langsam den Speichel und schläft ein.

Es ist ein schwieriges Unterfangen, sie nur zehn Minuten später wieder zu wecken. Als sie die Augen öffnet, erkenne ich, dass sie verändert sind. Ein samtiger Schimmer liegt über ihnen, glühend und bedingungslos romantisch.

Die Entladung der Hormone hat ihr Lächeln irgendwie erfahrener werden lassen; auch ihre Stimme ist nun wärmer, dichter und sinnlicher als zuvor.

Wir eilen die Treppen hinunter und betreten den geschmückten Saal. Die Gäste sind fast vollzählig versammelt.

Da sind sie ja, meine Verwandten, Onkel Alfonso und Alessio zusammen mit Mimmo, der sich mit den kleinen Urnen im Arm präsentiert, die die Überreste von Papa und Mama enthalten. Es gab keine andere Möglichkeit. Wir hatten uns für eine Kremation entschieden, damit keiner auf die Idee käme, ihre Grabstätten auf dem Friedhof zu stören. Und da sie jetzt transportierbar sind, dürfen sie mit uns feiern. Mimmo setzt sie auf dem kostbar verzierten schmiedeeisernen Vasenständer ab, der vor mir steht, genau dort, wo ihr Platz gewesen wäre, wären sie noch am Leben. Die Gäste defilieren unterdessen an uns vorbei, um uns ihre Glückwünsche zu überbringen. Niemand vergisst dabei, den Urnen mit der Aufschrift SABINA BELFIORE IN ARMUT ZUGRUNDE GEGANGEN und ERCOLE BELFIORE VON GRAUSAMER HAND NIEDERGESTRECKT seine Ehrerbietung zu erweisen. Die, die sie kannten, verweilen kurz und bewegen stumm die Lippen, wie um mit ihnen zu sprechen. Auf ihren Gesichtern liest man die Ergebenheit vor den gutgesinnten Geistern, so wie sie die Heiligenstatue während der Prozession anschauen. Sie legen eine kleine Blüte oder zwei Zigaretten[30] vor die Urnen, verneigen und bekreuzigen sich und gehen weiter. In dem großen weißen Saal, der mit zwei Marmorkaminen beheizt wird, stehen schön verteilt runde Tische mit jeweils zehn Stühlen. Das Porzellan stammt aus Deutschland, die Kandelaber und das Besteck sind aus echtem Silber.

Neben Angelina zu meiner Rechten hat Dario seinen Platz eingenommen, uns gegenüber Mimmo, Onkel Alfonso und Alessio.

Die Kinder rennen zwischen den Tischen hin und her und sorgen während des Banketts für eine lebhafte Geräuschkulisse. Das Heer der Kellner setzt sich in Bewegung. Sie sind so flink, dass wir nur noch staunen können: In weniger als zehn Minuten gelingt es ihnen, mehr als vierhundert Gäste zu bedienen. Es sind fünfzig Kellner; sie haben bereits die warmen und kalten *antipasti di mare* verteilt, darunter *crispelline*, in Pfannkuchenteig gebackene Algen, und frittierte *rosamarina*, ganz junge Sardinen. Als die Teller leergeputzt sind, servieren sie Ravioli gefüllt mit Seewolf und *taglierini* mit Hummer. Diese Nudelgerichte sind Weltklasse. Die Gäste kriegen immer mehr Appetit und drängen die Kellner: »Könnte man noch ein paar Ravioli mehr kriegen?« oder »Sind die *taglierini* etwa schon zu Ende?« Danach gibt es eine kurze Pause, um die Tische neu einzudecken und den Wein für den Hauptgang einzuschenken. Der Großteil der Gäste zieht Rotwein vor, auch bei den Fischgerichten. Die Teller und Weinflaschen, die vor den Urnen von Papa und Mama aufgestellt werden und natürlich unberührt bleiben, werden symbolisch bei jedem Gang ausgetauscht. Plötzlich, ah welch Duft! Das sind die Ragouts aus Drachenkopf,

30 Die Zigaretten sollen der Seele des Verstorbenen das Warten im Fegefeuer erleichtern.

Peterfisch, Seezunge, Riesenbarbe, die ihre feuchte Duftspur in der Luft hinterlassen. Ein Stück von jedem Fisch auf den Teller, ein Hauch leichter Tomatensauce, ein kleiner knackiger Salat. Donnerwetter, was für ein Fischfang!

Dann folgt ein Sorbet mit Bergamotte.

Die zuckersüße *cassata* aus Schafmilchricotta mit kandierten Zedernfrüchten bildet den krönenden Abschluss. Als serviert ist, verstummt der Saal. Hm, wie lecker! Nicht einmal die Kinder geben noch einen Pieps von sich, alle sind mit dem Kopf über dem Teller und verschlingen eine doppelte Portion. Das ist der richtige Moment, um die bunten Liköre zu servieren. Aber keiner wagt daran zu nippen, denn die Kellner haben die Gäste informiert, dass ich gleich eine Rede halten werde. Sie sind schon halb angetrunken und reißen sich jetzt zusammen, um sich meine Worte nicht entgehen zu lassen. Wie gebannt schauen sie in meine Richtung.

»Guten Abend, und herzlichen Dank allen Gästen. Ich hoffe sehr, dass alles zu eurer Zufriedenheit ist. Und dass ihr die schlichte Feier zweier Brautleute so richtig genießt.«

Mein letzter Satz bringt alle zum Lachen. Es folgt ein Applaus, der mich bei Weitem übertönt. Als ich wieder Kräfte gesammelt habe, hebe ich das Glas und fahre fort:

»Unter euch sind hunderte von *Ehrenmännern*. Männer also, die den Boden unter ihren Füßen erzittern lassen. Es ist mir eine große Ehre, euch hier bei unserer Hochzeit zu Gast zu haben. Ich hoffe, ihr werdet noch von mir und meiner Braut reden hören. Danke.«

Wieder Beifallklatschen, länger als zuvor. Und da ich mich so richtig warm geredet habe, gebe ich noch eins drauf:

»Bei allem Respekt, es wäre richtig, wenn unser letzter Gedanke den *Abwesenden* gälte. Wir werden alles Notwendige tun, um ihr Leid zu lindern. Verzeiht meine Bescheidenheit, ihr Männer, aber das Fest wäre noch schöner, wenn auch sie hier bei uns sein könnten. Nochmals danke.« Angelina gibt mir einen Kuss, und ich trinke endlich das Glas *Limoncello*, das ich die ganze Zeit in der Hand halte. Dann rufen alle, wie es sich gehört:

»Es leben die Brautleute. Hoch leben die Belfiore.«

Später verlasse ich mit Angelina den Saal und wir gehen zurück in unser Zimmer. Ich fühle mich wie ein siegreicher General. Jetzt bin ich unschlagbar, denke ich. Wir stürzen uns ins Bett. Oh, mein Gott, wie himmlisch!

Im Saal unter uns galoppieren die Tarantellatänzer bis spät in die Nacht. Die fröhlichen Rufe von Männern, Frauen und Kindern sorgen für heitere Stimmung in der ganzen Festung.

Die Hochzeitsfeier neigt sich ihrem Ende zu, fünfundzwanzig Familien bleiben jedoch für die kommenden drei Tage Gäste des Hotels. Das gibt den Männern die Gelegenheit, Versammlungen abzuhalten, um ihre Bündnisse zu stärken und Befehle für die kommenden Monate zu erteilen. Die Geschicke der Unterwelt hängen zum Großteil von Gipfeltreffen dieser Art ab. Die Familien können derweil das schöne Hotel genießen, während die Männer über Geschäfte diskutieren. Der Urlaub im Anschluss an die Hochzeit ist das Alibi. Mit der Entschuldigung des Hochzeitsfestes treten ganze Familien die Reise an. Nun gut, da ist auch der Chauffeur, aber eine Familie, die sich in Bewegung setzt, gilt nicht als Bande. Es ist einfacher, sich mit der gesamten Familie auf dem Fest zu treffen, anstatt die komplizierten Vorkehrungen zu treffen, die notwendig sind, um die Sicherheit von Männern dieses Kalibers zu garantieren. Hier, im Palazzo *Scarlatti*, haben sie nur einen Leibwächter, und das ist ihr Chauffeur. Die anderen Männer, die für die Überwachung der Innen- und Außenanlage zuständig sind, wurden unter meinen *Soldaten* ausgewählt.

Angelina zieht in mein Haus um. Wir bewohnen das erste Obergeschoss. Auch mein Bruder ist überglücklich über diesen Umzug. Der Lastwagen mit den Hochzeitsgeschenken trifft ein. In den großen Kartons sind: eine Waschmaschine, eine Spülmaschine, Fernseher, Stereoanlagen, Töpfe, Teppiche, Enzyklopädien, ein Globus, Babywiegen, Sportgeräte, Weißwäsche ohne Ende. Sie bedecken den Großteil der Diele, des Wohnzimmers und eine Ecke des Gartens.

Seit dem frühen Morgen schon hält Angelina eine kleine Handtasche fest im Griff, die sie keinen Augenblick loslassen möchte. Ich frage sie, was das zu bedeuten hat, und sie meint übermütig:

»Das sind die *flüssigen* Gaben. Damit können wir all das kaufen, was uns noch fehlt. Es sind über hundert Millionen Lire!«

Die »Semper«, die »Kurtakidi« und 007

Bei den Zusammenkünften im Palazzo *Scarlatti* habe ich die Bekanntschaft von einem halben Dutzend Geschäftsmännern gemacht. Drei Abende hintereinander durfte ich auch mit einem Abgeordneten aus Rom speisen. Und genau der, Aldo Senna, macht die größten Versprechen von allen.

Drei Monate nach meiner Hochzeit bin ich in Rom. Im Hotel *Barberini* an der gleichnamigen Piazza bereite ich mich auf mein Treffen mit Senna in der Wohnung eines Vermittlers vor.

Eine halbe Stunde später betrete ich ein Appartement im ersten Stock eines heruntergekommenen Mietblocks in der Via dei Serpenti und drücke die Hand von Alfredo Faracci, dem Hausherrn. Ich werfe einen Blick auf die Fotos auf der Anrichte, die ihn alle in Uniform zeigen. Ich kann es mir nicht verkneifen:

»Sieh mal einer an, ein Polizist im Ruhestand.«

Beim ersten Schluck Cognac klingelt es an der Tür. Es ist Aldo Senna. Er macht einen vertrauenerweckenden Eindruck. Ganz unverhohlen erzählt er von seinem Plan für einen großen Versicherungsbetrug:

»Da gibt es zwei alte Handelsschiffe, die in den Händen von norwegischen Reedern sind – Freunde von mir; diese Schiffe sind wie geschaffen für einen Versicherungsbetrug. Man belädt die Schiffe mit Fracht – und lässt sie dann auf Grund gehen; doch zuvor werden die Waren auf ein anderes Schiff umgeladen. Wir kassieren sowohl das Geld vom Verkauf der Waren als auch die Versicherungsprämie, die den Wert der »im Meer verloren gegangenen Fracht« abdecken wird. Natürlich ist auch der Versicherungsagent ein alter Bekannter von mir, er wird sich persönlich um die Schadensersatzpraktiken kümmern, ohne den Vorfall allzu genau unter die Lupe zu nehmen. Die Versicherungspolice wird auch den Verlust des gesunkenen Schiffs decken, das überdies erst vor Kurzem grundüberholt und renoviert wurde. Das macht insgesamt 3,8 Milliarden Lire.«

Für das Versenken der beiden Schiffe gehen von dem Geld sechshundert Millionen an mich; die Hälfte bei Vertragsabschluss, der Rest nach erfolgreicher Durchführung des Auftrags. Kein schlechtes Geld für das Versenken zweier leerer Kähne.

Eine Woche später ist der Aktionsplan für den Betrug fertig ausgearbeitet. Das erste Schiff, die »Semper«, legt mit seiner Ladung vom Hafen in Beirut ab und zehn Tage später wird es vor Brancavilla gesichtet, allerdings bereits ohne Ladung; sämtliche luftdichten Verschlüsse sind schon aus den Angeln gehoben. In der gleichen Woche lichtet das zweite Schiff, das versenkt werden soll, in Zypern seine Anker.

Zehn Meilen vor Brancavilla ist der Meeresgrund unendlich tief. Dort ist die richtige Stelle, um die erste Schiffshavarie in Szene zu setzen. Eines Morgens Ende Oktober geht mein Kassenwart Salvatore Gravina los und informiert die Fischer, die in diesem Gewässer arbeiten, sich umgehend und ohne viel Aufhebens zu verziehen, sollten sie ein Schiff in Havarie sichten. Auch Amilcare Bellucci, der Offizier der Hafenbehörde von Brancavilla, wird die Angelegenheit bereitwillig ignorieren. Salvatore hat ihm ein Kuvert mit zehntausend Dollar und eine Kiste Champagner gebracht. Später erzählt mir Salvatore, wie der Kapitän gerade damit beschäftigt war, seine Zigarre zu nässen, als er ihm von der Absicht erzählte, am nächsten Tag die erste Flasche auf mein Wohl zu entkorken!

Ich stehe auf unsicherem Fuß in der Unterdeckkabine eines Hochseemotorboots. Es ist zwei Uhr nachts. Enzo ist am Steuer und Alfonso schaltet den Radar an. Ich habe soeben die Liste der Materialien kontrolliert, die ich für das Versenken der »Semper« brauche. Es fehlt nichts. Wir befinden uns auf den richtigen Koordinaten und dreißig Minuten später sehen wir das große Schiff vor unserem Bug auftauchen. Es sieht beeindruckend aus, so von aller Fracht befreit. Von hier unten gesehen ragt seine Flanke enorm in die Höhe. Enzo fährt einmal um das ganze Schiff herum und lenkt das Boot dann geradewegs zu der Seite im Windschatten, wo auch die Schiffsleiter herunterhängt. Die Arbeit, die uns erwartet, ist höllisch. Mit einer Lampe auf der Stirn und einem Sende- und Empfangsgerät im Ohr mache ich mich daran, auf das Schiff zu klettern. Ich komme mir ganz winzig vor, wie ein Staubkorn, das der Wind auf dieses rostige Riesentrumm geblasen hat. Noch keuchend von der Anstrengung des Kletterns leere ich meinen Rucksack auf dem Schiffsdeck aus. Dann werfe ich ein Seilende nach unten, befestige eine Zugrolle an der Schiffsbrüstung und ziehe zwanzig Kilo C2- Plastiksprengstoff, fünf Kanister Schnellzement nach oben, den Koffer mit Maurerwerkzeug und die Kassette mit der elektronischen Sprengvorrichtung. Sobald Enzo oben ist, packt sich jeder von uns einen Kanister und wir folgen im Schein der Stirnlampen der Grundrisszeichnung des Schiffs, um zum tiefstgelegenen Punkt des Decks oberhalb des Kiels zu gelangen. Dreimal hoch und runter, dann haben wir alles nach unten befördert.

Dort, wo das Gerüst mit der Eisenplatte der Außenwand verschweißt ist, die uns noch vom Wasser trennt, macht sich Enzo gleich mit dem roten Plastiksprengstoff tschechoslowakischer Herstellung zu schaffen. Es ist ein unglaublich starker Sprengstoff; Enzo reiht drei Päckchen eng nebeneinander auf, und ins letzte versenkt er den Detonator, der mit einem doppelten Elektrokabel verbunden ist, das er längs des Gebälks abrollt. Nun geben wir den Zement auf den Sprengstoff und fabrizieren einen Deckel, durch den die Stoßwelle bei der Explosion gegen das Blech vervielfacht wird. Das dicke T-Profil des Gebälks ermöglicht eine weitere Befestigung des Zementblocks. Enzo hebt die mit dem Sprengstoff verbundenen Elektrokabel in die Höhe, verbindet sie mit dem Timer und sagt zufrieden: »Gut so! Nun müssen wir nur noch den Detonator einstellen und dieses Geisterschiff verlassen. Dreißig Minuten werden uns genügen?«

Und ich: »Wie wir gesagt haben, dreißig Minuten.«

Wir sind wie die aus *Krieg der Sterne*, so schnell, wie wir wieder auf Deck klettern. Wir lassen uns an der Schiffsleiter herunter, springen auf unser Boot und fahren sofort weg.

Eineinhalb Meilen vom Schiff entfernt machen wir die Motoren aus. Die Sprengstoffladung wird bereits in den dunklen Gewässern explodiert sein. Knapp zwanzig Minuten später ist das Handelsschiff »Semper« vom Radar verschwunden.

Es dämmert bereits, als wir an der Hafenmole anlegen. Wir bleiben an Bord und machen uns einen Kaffee. Um schlag sechs sehe ich einen grauhaarigen Mann auf uns zukommen. Ja, genau, es ist Alfredo Faracci, der Polizist im Ruhestand, den ich in Rom kennengelernt habe und der als Mittelsmann für die obskuren Geschäfte des Politikers Aldo Senna fungiert. Er schleift eine grüne Stofftasche hinter sich her, so als gehöre sie gar nicht zu ihm. Ich lege den Landesteg an die Mole und Alfredo überquert ihn im Nu. In der Kabine dann stellt er die Tasche auf den Nautikkarten auf

dem Schreibtisch ab und sagt: »Das sind die restlichen einhundert-
fünfzig Millionen Lire für den ersten Auftrag, zählt sie nach!« Ich
mache Enzo ein Zeichen, der öffnet die Tasche und leert den Inhalt auf dem Tisch aus. Dann nimmt er einen leeren Schuhkarton
und sagt: »Mal sehen, ob wir es da hineinkriegen.« Der ehemalige
Polizist nimmt mich beiseite. Ich greife nach der Flasche Whisky,
schnappe mir auch zwei Gläser und fordere ihn auf, mit mir unter
Deck zu kommen. Ich schließe die Kabinentür und wir machen es
uns bequem. Faracci ist nachdenklich und hebt im Sitzen den Kopf
und sucht etwas paranoid die Decke und die hohen Paneele der
Kabine nach Abhörwanzen ab. Er reibt sich die Hände, fährt sich
über den Schnauzer und den kurzen Bart. Dann lässt er die Schultern hängen und fragt lächelnd: »Kennen Sie Gerardo Pellegrino?
Den Boss von Cellette?« Ich schaue tief in mein Glas und antworte
weder Ja noch Nein. »Gut! Jemand hat mit mir Kontakt aufgenommen, einer der Ihnen die Skizzen eines Plans erläutern will, der Sie
sehr interessieren wird.« Er spricht mit dem leicht arroganten und
geschwätzigen Ton, wie er für einen käuflichen Stadtpolizisten ty-
pisch ist. Er trägt Sneakers, Jeans und eine Lederjacke sowie eine
Fliegersonnenbrille. Er könnte gut als Halunke durchgehen, wäre
da nicht etwas Distanziertes in seinem Habitus. Er kippt noch
einen Schluck Whisky runter und spricht weiter: »Dieser Jemand
wird sich schon bald bei Ihnen melden. Er wird allein mit seinem
belgischen Schäferhund an der Leine kommen. Bis dahin rate ich
Ihnen ausdrücklich, sich von Gerardo Pellegrino und seinen Männern fernzuhalten.«

Fünf Tage später versenken wir auch die hundertzehn Meter
lange »Kurtakidi«. Dieses Mal geschieht es zehn Meilen weiter
südlich, am Rande der Untiefe bei Panocato. Ich verbringe eine
Woche zu Hause mit Angelina. Sie kümmert sich um den Haushalt, als habe sie immer schon in diesem Haus gelebt. Bevor sie eingezogen ist, habe ich die Wände streichen lassen und einige kahle

Stellen im Wohnraum möbliert, das Schlafzimmer neu gestaltet, die Pflanzen auf dem Treppenabsatz und im Eingangsbereich geordnet. Trotzdem hat Angelina gleich die Handwerker gerufen und die Wände wieder so streichen lassen, wie sie ursprünglich waren. Sie hatte keine Gelegenheit, meine Eltern kennenzulernen, und sie würde es niemandem gestatten, sagt sie mehrfach, deren Lieblingsfarben zu übermalen. Nicht einmal mir und meinem Bruder stünde das zu. Hartnäckig zollt sie den Verstorbenen jede erdenkliche Form von Respekt. Und sie macht mir Vorhaltungen: »Stell dir vor, *amore*, was würde die gute Seele deiner Mama denken, wenn sie mir dabei zusehen würde, wie ich, die ich gerade erst frisch eingezogen bin, plötzlich alles verändere, was sie, die *Signora* des Hauses, ein Leben lang aufgebaut hat? Und aus Respekt vor deinen Eltern hätte ich nicht einmal die Möbel des Schlafzimmers ausgetauscht. Sag mir doch, wo hast du sie versteckt?«

Während Angelina dafür sorgt, dass die vom Holzwurm zerfressenen Möbel wieder ins Haus geschafft werden, kommt einer der *Soldaten* vom Sicherheitsdienst und meldet mir die Gegenwart eines Unbekannten, der seit gut einer halben Stunde ums Haus kreist, gefolgt von einem großen schwarzen Hund. Der belgische Schäferhund hat es sich auf dem Bett bequem gemacht. Vor mir sitzt ein Typ um die vierzig, ein Spezialagent im Staatsdienst, wie er sich ausdrückt. Er ist klein und kräftig, kahl geschorener Schädel, Lacoste-Poloshirt und wattierte Hosen. Ein nervöser Tick lässt seinen Kopf kaum wahrnehmbar zur Seite zucken. Und dieses Zucken hat ihm den Spitznamen »Mister No« eingebracht.

Wir schlürfen den Espresso, in unseren Sesseln am Fuße des Betts in einem der Zimmer des Hotels *Europa* in Cosenza sitzend, nachdem wir ein frugales Mittagessen zu uns genommen haben. Mister No nimmt den Zahnstocher aus dem Mund und in stark römischem Tonfall sagt er mit rauchiger Stimme: »Du musst nicht unbedingt den Namen des Turiner Industriellen wissen, der dabei ist, dir das Geschäft unter der Nase wegzuschnappen. Von dem Moment an, da ich dir verraten habe, wie die Dinge stehen, wirst du selbst am besten wissen, wie du sie wieder geradebiegen kannst.« Dann eine kurze, einstudierte Pause. »Ich möchte nicht ablenken, aber wenn du meine Hilfe brauchen solltest, um die Aktion vorzubereiten und durchzuführen, die für die Wiederherstellung der Ordnung notwendig ist, so kostet dich diese Arbeit noch ein Honorar.« – »Wie viel?«, will ich wissen. Und er tut so, als würde er Linsen zählen: »Fünf Millionen Lire am Tag, plus Spesen. Rechne sieben Arbeitstage, einen mehr, einen weniger. Und einen von deinen Männern, den Besten beim Zielscheibenschießen.« Sapperlott! Der ist ja schweineteuer, denke ich. Und obendrein hat er schon fünfzig Millionen kassiert, nur weil er mir die Neuigkeit aus Cellette verraten hat. Ohne an die vielen Nullen zu denken, mache ich ihm einen Vorschlag: »Es scheint tatsächlich so, als ob wir uns gemeinsam um diese Angelegenheit kümmern werden. Der Zufall will es, dass ich der beste Scharfschütze in Brancavilla bin. Und es wird mir ein Vergnügen sein, mit einem 007 in Aktion zu treten!« Später lasse ich Mauro kommen und weise ihn an, die Überwachung meines Hauses zu verschärfen. Dieser verdammte Gerardo Pellegrino aus Cellette, einem kleinen Ort in der Nähe von Reggio Calabria, hat sich doch in den Kopf gesetzt, meinen Anteil am Kokaingeschäft an einen Industriellen aus Turin weiterzuverkaufen. Eben jener Pellegrino, der uns das Kokain aus erster Hand besorgt. Er ist einer der ganz wenigen aus der 'Ndrangheta, der die Droge direkt aus Kolumbien importiert – über einen Onkel, der vor rund zehn Jahren dorthin ausgewandert ist und sich vor Ort als äußerst nützlich erweist.

Um mit diesem Zeug richtig viel Geld zu machen, muss man zumindest einen Boss persönlich kennen, der in diesem Geschäft das Sagen hat. Sonst erreicht man überhaupt nichts. Unsere Männer in Florenz, Mailand und Zürich verlangen ständig nach dem Stoff.

Salvatore Gravino, unser fähiger Kassenwart, kümmert sich um die Geschäfte, eben weil er drei Jahre in einer Zelle mit Gerardo Pellegrini verbracht hat. Salvatore vertickt zwischen fünfzig und siebzig Kilo im Monat. Wir könnten noch mehr verkaufen, aber wir haben nicht genug Stoff zur Verfügung. Es wird mit dem gehandelt, was da ist, und basta. Und nur außerhalb Kalabriens.

Seit einigen Jahren unternimmt die 'Ndrangheta, die an der ionischen Südküste und in der Gegend um Reggio Calabria ansässig ist, enorme Anstrengungen, um sich das Monopol auf diese Droge zu sichern. Der Markt ist ebenso gigantisch wie die Konkurrenz: Andere kriminelle Organisationen in Italien und im Ausland haben ihre Finger im Spiel und lassen der 'Ndrangheta praktisch keinen Raum zum Atmen. Aber der kalabrischen Unterwelt gelingt es, sich mithilfe eines ausgeklügelten Systems und einer unglaublich hohen Zahl an beteiligten Mafiosi (über zehntausend eng miteinander verbundene Männer) zu behaupten.

Um bei diesem florierenden Geschäft an der Spitze zu bleiben, sind auch die großen Clans aus dem Norden Kalabriens mit von der Partie; sie tragen dazu bei, den riesigen Geldberg zusammenzutragen, der notwendig ist, um die Exklusivrechte am Drogenhandel in den europäischen und nordamerikanischen Territorien zu kaufen.

Entscheidend dafür, dass die 'Ndrangheta siegreich aus diesem Wettlauf hervorgeht, sind zweifellos die Einnahmen der gefürchteten *Anonima Sequestri*, eines Entführungskartells, das von den berühmt-berüchtigten Orten San Luca und Platí aus agiert – paradoxerweise die ärmsten Gemeinden in ganz Italien.

Auf das Konto dieser Organisation, die erklärtermaßen Teil der 'Ndrangheta ist, gingen seit 1970 bis vor Kurzem Hunderte von Personenentführungen auf der ganzen Welt, darunter auch die von Paul Getty III., Giuseppe D'Amico und Giuliano Ravizza. Anfang 1982 hat sie es geschafft, sich durch Zahlung von eineinhalb Milliarden Dollar an die kolumbianischen Drogenbarone das Kokain-monopol zu sichern.

Mehrere italienische, südamerikanische und US-amerikanische Politiker und Staatsanwälte, allesamt Mitglieder der geheimen Freimaurerlogen, haben diese Finanzoperation gedeckt und dafür üppige Prämien kassiert; auf diese Weise wurde das kapitalistische System zahlreicher Länder erstmals in großem Stil dazu benutzt, Mafiagelder aus dem Drogengeschäft zu waschen.

Doch schon in den 1970er Jahren flossen Mafiagelder aus dem Süden direkt in die nationalen Bankensysteme, was wiederum half, den Bankrott des italienischen Staates zu vermeiden. Die Mafiafonds aus den süditalienischen Bankfilialen, die ins kapitalistische Industriesystem in Norditalien eingeschleust wurden, betrugen jährlich um die einhunderttausend Milliarden Lire, die Summen, die regelmäßig außer Landes geschafft wurden, nicht mitgerechnet.

Auch der Dümmste hätte begreifen können, dass der arme und alleingelassene Süden Italiens ohne die 'Ndrangheta, die Camorra und die Mafia niemals in der Lage gewesen wäre, diesen immensen Kapitalfluss zu speisen, der da gen Norden wanderte.

Früher war die 'Ndrangheta lediglich eine Bauernmafia, aber jetzt, Mitte der 1980er Jahre, ist sie dabei, einen außerordentlichen Qualitätssprung zu machen, indem sie als unverzichtbarer Kapital-geber für die Finanzwelt fungiert und sich damit als die mächtigste und meistgefürchtete Mafia von allen behauptet.

Dass Großhändler und Konsumenten den Stoff aus Kalabrien bevorzugen, liegt an der ausgezeichneten Qualität unseres Ko-kains: Wir strecken es nicht, wie die anderen, sondern geben es so weiter, wie es uns geliefert wird, nämlich mit einem Reinheitsgrad von siebenundneunzig Prozent, zum Festpreis von fünfzig Millio-nen das Kilo, trotz der galoppierenden Inflation unserer Währung.

Die letzte Lieferung ist vor zwei Wochen aus Cellette eingetroffen. Hätte mich Mister No nicht gewarnt, wäre ich nie auf den Gedanken gekommen, in Gefahr zu sein.

Und da Gerardo Pellegrino beschlossen hat, mich aus dem Drogengeschäft zu drängen, wird er auch schon einen Plan aushecken, wie er mich für immer aus dem Weg schaffen kann.

Die Vorstellung, zur Zielscheibe seiner Männer geworden zu sein, stört mich gewaltig. Ich muss dieses Territorium verteidigen wie ein Königreich. Mauro braucht zwanzig Männer und fünf Autos, um die beiden Abzweigungen, die die Nationalstraße mit Brancavilla verbinden, zu kontrollieren. Er gibt ihnen Order, alle Unbekannten anzuhalten und auszufragen, ohne Ausnahme. Im Ort patrouillieren unterdessen ein Dutzend unserer Fahrzeuge, an allen Ecken und Enden der Stadt.

Wenn ich irgendwohin muss, setzen sich zwei Alfettas und ein BMW in Bewegung. Die Vordersitze sind stets von Enzo, Alfonso und vier weiteren Leibwächtern besetzt. Ich lege mich auf dem Rücksitz flach, ohne mich am Wagenfenster zu zeigen. Und jedes Mal in einem anderen Wagen.

Gerardo Pellegrino hat nicht die geringste Ahnung, dass ich über seine Pläne unterrichtet bin. Er schickt weiterhin die vereinbarten Drogenmengen. Als würde er nichts im Schilde führen. Heute Nacht bin ich zu einer höchst geheimen Zusammenkunft am Rupa-Pass, in den Bergen zwischen Cosenza und Brancavilla, einberufen. Um diese Jahreszeit liegt dort oben Schnee, und in einer geräumigen Hütte, in der gewöhnlich die Schäfer während der heißen Sommermonate Unterschlupf finden, treffe ich Don Sergio und Don Leopoldo. Der Raum ist eindrucksvoll von einem Kaminfeuer erleuchtet, in der Kaminwand hängt ein Kupferkessel, in dem weiße Bohnen köcheln. Kaum sitze ich auf der Kaminbank, um mich aufzuwärmen, höre ich von draußen das gefährliche Knurren eines Hundes und springe vor Schreck in die Höhe. »Nur ruhig, Giuliano! Wir warten noch auf einen anderen Freund«, sagt

Don Leopoldo und geht hinaus. Er kehrt in Begleitung von Cesarino Ballarò zurück, einem Mafioso um die dreißig, der aus Cellette kommt. »Aus Cellette? Ich kann's nicht glauben! Aber, mit Verlaub, was machst du denn hier?«, frage ich höchst verärgert und starre ihn finster an. Don Sergio stellt sich sofort zwischen mich und den Neuankömmling und hält uns, seine ausgestreckten Arme auf unseren Schultern, auf Abstand. Er zwinkert mir zu und sagt: »Lieber Giuliano, ich weiß, dass du sauer bist, aber in diesem Fall wäre es besser, wenn du dich beruhigen würdest. Auch wenn Cesarino aus Cellette kommt, ist er dennoch ein echter Freund. Du musst wissen, genau wie du ist auch er mein *Sohn*.«[31]

Diese Worte lassen mein Herz leichter werden. Ich drehe mich zu Cesarino und versuche so freundlich wie möglich zu sein. Ich reiche ihm die Hand und küsse ihn auf die Wangen: »Entschuldige bitte, *Bruder*. Denk daran, du kannst auf mich zählen.«

Don Sergio und Don Leopoldo sind sich einig. Ich bekomme die Erlaubnis, zur Tat zu schreiten und den Boss von Cellette zu eliminieren.

Was das Verhalten von Gerardo Pellegrino betrifft, so handelt es sich eindeutig um einen Verstoß gegen den Kodex. Er hätte zumindest verhandeln müssen, bevor er einen für mich derart unhaltbaren Weg einschlägt. Ohne Drogengeschäft wäre ich nicht imstande, den Lohn für mehr als ein Drittel meiner Männer zu zahlen. Derzeit ermöglichen uns die Erträge der *ehrenwerten Gesellschaft*, abzüglich der Milliarden Lire, die wir in die Gemeinschaftskasse von Cosenza einbezahlen, mehr als gut zu leben. Ohne das Kokain würden wir uns in den Mäandern verlieren, in die bereits ganze Abschnitte der kalabrischen Provinz gefallen sind, sprich: Territorien, in denen nur ganz wenige Bosse in echtem Geld schwimmen; wo Banden ohne eine Lira im Sack ihr Unwesen treiben.

205

31 Ein von ihm *getaufter Soldat*.

Wenn der Verantwortliche für den Kokainhandel zur Strecke gebracht würde, sähe sich sein Nachfolger veranlasst, die Geschäftsabkommen mit anderen Mafiosi sehr viel strenger einzuhalten. Die Mordaktion aber soll nur unter der Bedingung laufen, dass nach dem Sturm sofort der Frieden einkehrt. Dass kein Krieg entsteht. Don Sergio sieht mich an und deutet auf Cesarino: »Dieser Freund wird dir die Türen in Cellette öffnen. Vertraue ihm blind, das sei dir dringend empfohlen.«

Wir essen einen Teller heiße Bohnen mit Steinpilzen und Schweinebauch.

Zwei Wochen später sitzen wir in einem gestohlenen BMW 528, am Steuer ein *Soldat*, neben ihm Cesarino, ich und Mister No auf dem Rücksitz. Wir tragen kugelsichere Westen unter unseren wattierten Jacken und Sturmmützen, die wir bei Bedarf übers Gesicht ziehen können. Aus dem Fiat 127, der vor uns steht, steigt Anna aus; sie ist eine Roma, eine verblasste Schönheit Mitte vierzig, mit Hakennase. Alle ziehen wir uns die Mützen übers Gesicht, mit Ausnahme des *Soldaten* am Steuer. Anna steuert schnurstracks auf ihn zu und bittet ihn um eine Zigarette, und er meint: »Willst du jetzt schon anfangen Spuren zu hinterlassen? Los! Steig wieder in den Wagen. Später gebe ich dir das ganze Päckchen.« Die schmale Straße, auf der wir uns befinden, mündet in die Nationalstraße, zwölf Kilometer vor Cellette. Nach einigen Minuten hören wir ein schweres Motorrad. Wieder ziehen wir die Tarnmützen übers Gesicht. Eine Kawasaki hält neben dem *Soldaten*, und der Fahrer macht den Motor aus. In der Dunkelheit ist nur ein Zentaur ohne Helm und mit dichter Mähne zu erkennen. Er sagt: »Die drei sind jetzt auf ihren Zimmern. Sie haben einiges getrunken. Vorm Haus werdet ihr drei Wagen stehen sehen; in dem rechts, einem Renault, sitzen wie immer die zwei Burschen und halten Wache. Hier sind die Schlüssel fürs Eingangstor, wie vereinbart.«

Der *Soldat* im Wagen zögert mit der Antwort. Er schickt sich an ihm mit der linken Hand ein Röllchen Banknoten zu geben und flüstert:

»Das ist der Lohn für deine Bemühungen.«

In der nächsten Sekunde schnellt seine Rechte nach oben, und aus einer 38er mit Schalldämpfer gibt er drei Schüsse ab. Der Zentaur fällt, in Bauch und Brustkorb getroffen, gegen das hinter ihm stehende Motorrad und schlägt mit dem Rücken auf dem Asphalt auf. Doch gleich darauf erhebt er mit Hilfe seiner kräftigen Arme den Oberkörper, ohne zu schreien, mit aufgesperrtem Mund, doch keine Silbe entweicht ihm. Er ist absolut stumm. Der *Soldat* ist bereits bei ihm, er setzt ihm den Lauf seiner Kanone an den Schädel und schießt erneut.

Dieser Ort ist sehr abgelegen und besonders um diese Uhrzeit verirrt sich keiner hierher. Dennoch verstecken wir das Motorrad und die Leiche hinter der Steinmauer, die die Straße säumt. Dann fahren wir weg, gefolgt von Anna, der Zigeunerin, in ihrem Fiat. Auf der Nationalstraße fahren wir Richtung Cellette. Nach ungefähr drei Kilometern verschwinden wir in einer Seitenstraße und halten an. Um Mitternacht brechen wir wieder auf. Nach ein paar Kilometern biegen wir rechts ab und fahren wenige hundert Meter auf der Zubringerstraße, bis wir den richtigen Abstand haben, um hinter einem Hügel versteckt das Landhaus zu beobachten, das mithilfe eines lauten Stromgenerators beleuchtet wird. Dies ist das mehr oder weniger geheime Bordell in der Gegend. Es wird von jungen Burschen mit Geld und ranghohen Mafiosi aus Cellette frequentiert. Die *Ehrenmänner* zahlen gleich, aber sie wollen die Puppen tanzen lassen und mit den Prostituierten alleine sein. Außer ihnen darf dann niemand mehr im Haus zugegen sein, nicht einmal der Bordellchef, der Zentaur mit der Kawasaki, den unser *Soldat* zuvor ins Jenseits befördert hat.

Ist das Bordell gut besucht, bereitet Anna um diese Uhrzeit ein erlesenes Abendessen zu, mit gutem Fisch und Champagner.

Aus meiner Position in fünfzig Metern Entfernung beobachte ich ihren Fiat 127 unter einer Laterne vor dem Haus, neben dem Renault. Sie ist im Haus und wird wohl bereits am Herd stehen und kochen, während die Gäste noch mit den Prostituierten zugange sind. Vierzig Minuten später das verabredete Zeichen. Anna wirft einen Beutel in den Abfall. Ich mache den anderen ein Zeichen, und als Mister No und Cesarino bei mir sind, müssen wir nur noch das beleuchtete Stück Wegs zurücklegen. Wir haben die Tarnmützen überm Gesicht und kümmern uns nicht um die Wachleute im Renault. Einer der Leibwächter ist unser Komplize. Er hat den anderen bereits mit einem Genickschuss kaltgemacht. Er bleibt im Wagen, neben der Leiche seines Freundes. Jetzt ist er unser Wachposten.

Ganz leise öffnen wir die Tür; ein schmaler, rot erleuchteter Korridor tut sich vor uns auf, von dem fünf geschlossene Türen abgehen. Die Letzte ist die Tür, die uns interessiert. Wie Raubkatzen dringen wir in den Saal auf der Rückseite ein und ertappen die Gesellschaft in flagranti. Don Gerardo Pellegrino, sein *Kassenwart* und sein getreuester *Soldat* sitzen alle in Unterhosen am gedeckten Tisch und schauen beim Tabledance zu. Als sie uns sehen, heben sie die Hände hoch: Sie haben nicht einmal die Zeit, ihr Besteck abzulegen. Wie große Kälber starren sie uns mit weit aufgerissenen Augen an, voller Scham und Entsetzen über den Fluch des Blutes. Die fünf Mädchen, die anfangs Schutz hinter der Theke gesucht haben, werden nun von Anna aus dem Saal getrieben. Die Letzte von ihnen fällt mit ihren hohen Stilettos wie ein verletzter Flamingo zu Boden, bevor sie endlich den Ausgang findet.

Die Salve aus der Maschinenpistole von Mister No trifft alle drei in die Brust. Die nackten Körper gehen zuckend zu Boden, Arme und Beine in einem heillosen Durcheinander. Cesarino setzt dem *Soldaten* und dem *Kassenwart* je einen Gnadenschuss, Don Gerardo ist mir und meiner Knarre vorbehalten.

Gamberoni mit Kastanienhonig

Die Hinrichtung im Bordell war so ausgeklügelt, dass die Verdienste auf vernünftige Weise aufgeteilt wurden, ohne in Cellette ein Chaos auszulösen. Zur gleichen Zeit ging unser Drogengeschäft ohne Unterbrechungen weiter.

Durch den Tod des Bosses werden die Karten neu gemischt, was Aufgaben und Funktionen im Territorium von Cellette angeht. Dem *Camorrista* Cesarino Ballaró wird der Rang des Bosses zuerkannt, und er gründet in großer Eile eine neue *Gesellschaft*. Sein *Kassenwart* ist Salvatore Pellegrino, ein Vetter von Gerardo und Sohn jenes Mafioso, der in den Kokainkartellen in Kolumbien aktiv ist. Der *Camorrista di sangue* ist Filippo Brunanni, der Sohn von Anna, der Zigeunerin, der den Kollegen im Auto draußen vor dem Bordell erledigt hat. Fofó Brunanni, der Bruder von Filippo, wird *Camorrista di sgarro*. *Ehrensoldat* der neuen *Gesellschaft* ist der Chauffeur, der den Zentaur getötet hat.

Auf dem Rückweg machen wir im Ristorante *L'Aragosta* Halt.

Ich bitte die Leibwächter, mich mit Mister No alleine essen zu lassen; wir nehmen ihn mit zum Flughafen nach Lamezia Terme. Nachdem wir ausgezeichnete sizilianische Gambas gespeist und eine Flasche Roséwein getrunken haben, frage ich ihn, wie es ihm zum Teufel noch mal gelungen ist, den Plan von Gerardo Pellegrino aufzudecken, der vorsah, einem Unternehmer aus Turin meinen Anteil am Drogengeschäft zu übertragen. Mister No schaut sich um, als hätte er gar nichts verstanden, und bestellt dann noch eine Portion Riesengarnelen mit Kastanienhonig. Dann sieht er mich ironisch hinter seiner spiegelverglasten Sonnenbrille an und hört nicht mehr auf zu lachen, bis der Kellner ihm den Nachschub bringt. »Aber wie hast du es nur in Erfahrung gebracht?«, bohre ich weiter. Nichts zu machen: 007 schenkt mir kein Gehör und stürzt sich auf sein Essen. Er schält und verschlingt die Garnelen, als wäre er am Verhungern. Als er fertig gegessen hat, hält er die Hände in die Höhe, wie ein Chirurg in Erwartung, dass man ihm das OP-Besteck reicht; der Kellner bringt ihm eine feuchte Serviette, und während er sich die Hände abwischt, ringt er sich endlich dazu durch, mir zu antworten. Er streckt seinen Kopf nach vorn und murmelt: »Es war eben jener kokaingeile Unternehmer aus Turin, der mir den Vorschlag machte, dich umzubringen. Don Gerardo hätte nicht einmal einen Finger gegen dich rühren müssen. Den Rest hätte er nach deinem Verschwinden regeln können, und niemand hätte je Verdacht geschöpft.«

Wie? Und ich dachte, ich sei über alles im Bilde. Ich beuge mich noch weiter zu ihm vor und frage: »Und warum hast du mich dann nicht umgebracht? Der andere hätte dich bestimmt besser bezahlt.«

»Gewiss«, erwidert Mister No: »Aber der Unternehmer, von dem wir hier reden, ist Mitglied des Geheimbundes *Grande Oriente d'Italia*, einer mächtigen Freimaurerloge, die unter dem Namen *Propaganda Due* bekannt ist und von den US-amerikanischen

Freimaurern finanziert und kontrolliert wird. Die Mitglieder der P2 sind die gefährlichsten Personen, die ich überhaupt kenne. Wahrscheinlich hätte dieser Unternehmer mich gleich mit umbringen lassen.«

Ich falle aus allen Wolken. Die Unternehmer also sollen die gefährlichsten Männer überhaupt sein? Und was hat die amerikanische Freimaurerei damit zu tun? Ich muss reagieren und darf mir vor diesem 007 keine Blöße geben: »Ich habe verstanden. Aber was wirst du jetzt tun, da du doch die Pläne dieses Freimaurers durcheinandergebracht hast?« Mister No fängt wieder an zu lachen: »Ich werde ihm sagen, dass du alles aufgedeckt hast, noch bevor ich gegen dich in Aktion treten konnte.«

Einmal in den Teller gespuckt

Ende 1983 ist Angelina im fünften Monat schwanger und Anna, die getreue Zigeunerin aus Cellette, ist zu uns gezogen und kümmert sich um den Haushalt. Angelina ist zufrieden mit meiner Entscheidung und Mimmo, ein echtes Schleckermaul, ist voller Vorfreude. Anna kocht die traditionellen Gerichte wie keine andere und fährt auch Hunderte Kilometer, um die besten Zutaten zu finden. Sie setzt über nach Sizilien, um in Bronte, am Fuße des Ätna, die besten Pistazien zu kaufen; sie fährt bis nach Mammola, am Rand des Aspromonte, wo sie Stockfisch bestellt hat. Sie erklimmt den Cocuzzo, um Schafmilchricotta zu besorgen. Tomaten? Sie verwendet ausschließlich die aus Belmonte. Und wenn nach Eiscreme verlangt wird, sagt sie: »In zwei Stunden bin ich wieder zurück.« Um Eis zu kaufen, fährt sie bis nach San Fili, wo ein *gelatiere* wohnt, der noch verrückter ist als sie. In den Bergen findet sie solch köstliche Pilze, dass selbst die Jäger neidisch werden. Wenn Wildspargelzeit ist, pflückt sie nur die Spargel, die unter den Mäusedornbüschen wachsen. Und der Wein? Anna setzt uns Cirò, Bivongi oder den sizilianischen Cerasuolo vor, den ihr die Roma aus Lamezia besorgen.

Nach einigen Tagen gesteht sie mir, dass sie Angelina das Schießen beibringen will. Natürlich nur, wenn ich es erlaube. Sie schaut mich an, wie meine Mutter es immer getan hat, mit einem winzigen Lächeln und leiser Stimme sagt sie: »Man kann nie wissen! Vielleicht wird es einmal von Nutzen sein.«

»Anna! Tu so, als wäre sie deine Tochter. Aber denk daran, Angelina hat bereits eine Mutter, und genau die, eben weil sie ihre Mutter ist, müsstest du in meinem Namen um Erlaubnis fragen. Wenn die *Signora* einverstanden ist, dann bring Angelina das Schießen bei, aber richtig, wenn du schon dabei bist; nicht einfach nur so, wie man ein bisschen herumballert. Bring ihr bei, wie ein Soldat die Waffe trägt und richtig schießt«, sage ich.

Das Kind ist nun drei Monate alt und wunderschön, es hat Pausbacken und ist ein richtig braves Mockelchen.

Und Angelina schießt wie ein Sheriff; sie und Anna üben mit dem Schalldämpfer hinter den Ruinen des römischen Aquädukts, nicht weit von hier entfernt. Wenn sie danach zu Hause das Kind stillt, riecht sie noch stark nach Schießpulver, und wenn ich ihr dann den kleinen Ercolino reiche, kann ich es mir nicht verkneifen zu sagen: »Oje, mein Söhnchen, das fängt ja gut an!«

214   Am 15. März 1985 um vierzehn Uhr verlasse ich das Ristorante *Il Brigante*, wo meine Männer zusammen mit denen aus Cosenza eine seit Langem schwelende Racheaktion feiern.

Seit mehr als anderthalb Jahre kommen aus dem neuen Gefängnis von Cosenza, das von Colle Triglio in die Via Popilia verlegt wurde, besorgniserregende Nachrichten über die Haftbedingungen der Gefangenen. Alles hatte während des glühend heißen

Sommers 1983 angefangen, als die Gefängnisinsassen eine Protestaktion organisiert hatten, um verlängerten Hofgang zu erhalten, und sich geweigert hatten, in ihre Zellen zurückzukehren. Sergio Cosmai, der neue Gefängnisdirektor, beschloss Härte zu zeigen und befahl den Aufsehern, die Häftlinge in ihre Zellen zu schaffen, auch unter Einsatz des Schlagstocks. Die Aufseher nahmen auch auf die Bosse keine Rücksicht und verletzten sie in ihrem Stolz. Daraufhin wurde man vor Hitze in den Zellen schier ohnmächtig, und von zusätzlichem Hofgang, wie er gewöhnlich in den Sommermonaten gewährt wird, war keine Rede mehr. Und damit nicht genug, denn der Direktor machte gemeinsam mit dem Maresciallo der Gefängnispolizei, Filippo Salsone, ungestört weiter: Sie ließen die Knastbrüder windelweich klopfen.

Die zwei hatten es sich zur Gewohnheit gemacht, maskierte Wärter zu zehnt in die Isolationszellen zu schicken, wo sie die Gefangenen wie Vieh schlugen. Die Aufrührer wurden mehrmals am Tag verprügelt; selbst wenn es zu schweren Verletzungen kam, verhinderten Cosmai und Salsone den Eingriff der Sanitäter.

In diesem Terrorregime fürchteten die Gefängnisinsassen mehr und mehr um ihre Unversehrtheit. Weich geprügelt, mit kaputten Knochen konnten sie nur noch ihre Wunden lecken und hatten keine Möglichkeit mehr, diese bösartige Spirale zu stoppen, die sich längst durch den gesamten Knast zog.

Die Schläger mussten von Zeit zu Zeit auch heftige Gegenattacken seitens der Gefängnisinsassen einstecken, woraufhin sie nur umso häufiger in die Zellen eindrangen.

Bis sie dann anfingen, bei der Essensausgabe ins Essen der Bosse zu spucken, bevor sie ihnen die Teller gaben.

Und das brachte das Fass endgültig zum Überlaufen: Es war das Todesurteil für den Gefängnisdirektor und seinen Maresciallo.

Die Planung der Racheaktion dauerte vier Monate. Vor drei Tagen, also am 12. März, wurde Sergio Cosmai von unseren Kugeln in seinem Fiat 500 getroffen, als er gerade sein Töchterchen von der Schule abholen wollte. Vor Schreck hat sich daraufhin Salsone in Luft aufgelöst; wir wissen, dass er in die Gegend von Locri versetzt wurde, wo wir bereits einen Freund kontaktiert haben, der es kaum erwarten kann, ihm zu begegnen.

Sternenzelt und Vollmond

Die Augen von Don Sergio funkeln vor Freude bei dem Gedanken, dass jetzt einer seiner Jungs in Cellette das Sagen hat. Wir sind bei mir zu Hause und sitzen beim Abendessen.

Genug! Er kann mit seiner Zufriedenheit nicht mehr länger hinterm Berg halten: »Giuliano, besser hätte es gar nicht laufen können.«

Und er kippt noch ein Gläschen *Amaro* hinunter. Donna Peppa, seine Frau, sieht ihn verwundert an, auch Angelina beobachtet ihn, als wolle sie fragen:

»Muss ich weggehen?« Ich deute ein Lächeln an und senke die Augenlider, was bedeutet: »Ja, meine Liebste.«

Angelina nimmt Donna Peppa bei der Hand und drängt sie: »Kommt, ich zeige Euch das Haus.«

Mimmo, der zwar im andern Flügel des Raums ist, hat sie gehört und alles verstanden. Er steht vom Sofa auf, stellt die Flasche *Zibibbo* neben mich auf den Tisch und grummelt:

»Wenn's gestattet ist, ich gehe nach unten.«

Don Sergio presst die linke Faust, als hätte Cosenza ein Tor gegen Matera geschossen. Er sieht mich an, als würde er gerade seine Lieblingsmusik hören. Konzentriert schaukelt er im Rhythmus, in seinen Augen schimmern Freudentränen. Er öffnet den Mund, um zu sprechen, aber dann besinnt er sich. Wieder setzt er an … und es geschieht ihm auf die gleiche Weise. Ich versuche ihn aus dieser verzwickten Situation zu befreien und wechsle das Thema:

»Wolltet Ihr mir nicht etwas über die *Propaganda Due* erzählen?«

Don Sergio lässt nicht davon ab, so zu tun, als befände er sich im Rundflug durch die Kreise der okkulten Macht. Dann landet er mit einem Schlag wieder auf der Erde. Er schaut mich angesäuert von oben herab an und meint grinsend:

»Aber sicher doch, nur Mister No hätte dich diesbezüglich informieren können.« Dann steht er auf und spaziert gemächlich durch den Salon, während er an seinem Wein schlürft, den er mitgenommen hat. Als er wieder neben mir ist, sagt er und sein Atem riecht stark nach der *explosiven* Mischung von *Zibibbo* und Magenbitter:

»Am Samstag, im *ehrenwerten Lokal* von Cosenza, machen wir dich zum *Santo*, zum *Heiligen*!«

Und wieder komme ich mir vor wie in einem Ferrari ohne Bremsen.

Bei der Versammlung der *Erleuchteten*, wie die mächtigsten *Ehrenmänner* genannt werden, bin ich der Letzte, der hinzutritt. Es sieht so aus, als habe gerade ein Blitz eingeschlagen, und der Boden ist aus unerfindlichen Gründen nass. Aus den Luken am einen Ende des Saals dringen die Sonnenstrahlen ein, die sich auf dem glänzenden Kachelboden brechen. Diese blendende Wärme drückt einen nach Staub riechenden Dunst nach oben, der sich nicht verzieht.

Ich sehe auf. Vor mir stehen fünfzehn Männer, und über die Hälfte von ihnen trägt eine Kapuze. Einige von ihnen sind *Medaillonträger*, Bosse der Bosse. Andere haben den Rang eines *Crimine*, sind also Berater der *Medaillonträger*; die übrigen zeigen sich unverhüllt. Es sind die *Santisti*, die *erleuchteten Mammasantissima*.

Noch wenige Minuten und ich werde als *Santista*[32] und neues Mitglied der *oberen Gesellschaft* von Cosenza in ihrer Mitte aufgenommen werden.

Mit einem Mal überfällt mich im Augenblick des Schwurs eine Art Traurigkeit, die ich nicht verbergen kann. Obwohl ich kurz davor stehe, *Santista* zu werden, also ein Stern, ein Gestirn des Planeten 'Ndrangheta, bin ich mir bewusst, dass ich von nun an im Zweifelsfall die *untere Gesellschaft* zugunsten der *oberen* verraten muss. Falls nötig, wäre es sogar rechtens, die Gesellschaft von Brancavilla zu beschmutzen! Ich stehe vor einem Tisch, darauf liegen eine Bazooka[33] mit drei Granaten und ein verknotetes Seidentaschentuch. Alle starren mir in die Augen, während ich erhobenen Hauptes sage:

»Ich schwöre bei dieser Waffe vor den weißen Brüdern der *Santa*, der *Gesellschaft des sgarro*[34] abzuschwören, Teil der *Santa Corona*[35] zu sein und fortan Gut und Böse mit den neuen Brüdern zu teilen. Sollte ich die Ehre der *Santa* verraten, werde ich den Tod hinnehmen.«

Wenngleich ein rustikaler Geschmack von Mafiaritualen in der Luft liegt, ist dies zweifelsohne die Universität des organisierten Verbrechens. Ein Kapuzenmann mit Kette und funkelnder Medaille auf der Brust hat sich mir genähert und befiehlt mir, die rechte

219

---

32 Hochrangiges Mitglied der *Santa*, der *oberen Gesellschaft*.
33 Eine Panzerabwehrhandwaffe.
34 Die ursprüngliche Gesellschaft der 'Ndrangheta.
35 Wie die obere Gesellschaft innerhalb der 'Ndrangheta auch genannt wird.

Schulter frei zu machen. Ich erkenne die Stimme von Don Sergio, der mir mit einem skalpellscharfen Messer zweimal die Haut auf Höhe des Schulterblatts einritzt. Es ist das Kreuzzeichen, das den *Santista* ausmacht.

Eine halbe Stunde später bin ich in meiner Stammkneipe beim Dom. Drei Männer begleiten mich zur Theke, während die anderen vier draußen Stellung beziehen. Die *zeppola*, ein in Schmalz gebackenes und mit Ricottacreme gefülltes Spritzgebäck, ist noch warm. Sie ist so leicht, dass ich noch eine bestelle. Wir leeren eine Flasche Dom Perignon, schieben dreihunderttausend Lire über die Theke und gehen.

Keiner meiner Männer hat eine Ahnung, dass ihr Boss soeben zum *Santista getauft* wurde. Sie denken, dass ich das *Lokal* von Cosenza wegen der üblichen Wochenversammlung besucht habe. Für den Moment muss ich sie über meine neue Investitur zwangsläufig im Dunkeln halten.

Im Laufe der Monate steigt der Bekanntheitsgrad meiner Organisation weit über die Grenzen des Territoriums hinaus, dank des kriminellen Einflusses der *oberen Gesellschaft* von Cosenza und der bedingungslosen militärischen Unterstützung seitens der *ehrenwerten Familie* aus Panocato. Alle Banden, deren Territorium an das von Brancavilla grenzt, suchen mich auf, um mir ihre Zusammenarbeit anzubieten. Abkommen werden geschlossen und wir geben einander das Versprechen, uns von nun an gegenseitig zu verteidigen, ohne Wenn und Aber.

220   Es vergeht ein Jahr, und die Nachfrage nach Abkommen mit meiner Bande, jetzt auch seitens der Mafiosi aus Reggio Calabria und aus Catanzaro, reißt nicht ab. Don Sergio lässt sich die Gelegenheit nicht entgehen. Und so wird dreißig Tage später auf seinen Antrag hin ein Gipfeltreffen einberufen, an dem die *Medaillonträger* aus der Gegend von Cosenza und Catanzaro teilnehmen; sie ebnen den Weg, um eine *obere Gesellschaft* zu gründen, die das

Territorium von Brancavilla umfassen soll. Die zukünftigen Mitglieder dieser Gesellschaft werden einer nach dem anderen zum *Santista* getauft. Und am Ende eines Schnellkurses unter der Leitung meines Paten über die Rechte und Pflichten eines Bosses aller Bosse, gründen wir die *obere Gesellschaft* und meine Person wird zum *Medaillonträger* der neuen *Gesellschaft* gewählt.

Mir wird der Platz an der Spitze der Pyramide zuteil, der *Crimine* unter mir ist Salvatore Gravina. Enzo wird zum *Santista* und Alfonso zum *Evangelista*[36] ernannt. Zum *Camorrista di sangue* rückt Mauro auf. Zwei für die Sicherheit meines Hauses zuständige *Soldaten* werden ebenfalls befördert, der eine zum *Camorrista di sgarro*, der andere zum *Soldaten* der *oberen Gesellschaft*.

Als Erstes verabrede ich gemeinsam mit dem *Crimine* ein Treffen mit den Bossen der Banden, die daran interessiert sind, sich meinem *Lokal*, meiner Ortsgruppe, zu unterwerfen. Die Auswahl ernennt die *Gesellschaft di sgarro* von Panocato, San Martino und Patera, der Territorien, die direkt an das von Brancavilla angrenzen; Labbadia und Monforte auf der nördlichen Küstenlinie; Peschi und Crocetta in den Bergen im Osten.

Von diesem Moment an habe ich das Kommando über fünfhundert Mafiosi auf einem Territorium mit zweihundertfünfzigtausend Menschen.

Die Geschäfte laufen auf Hochtouren. Die Kokainlieferungen sind gestiegen. Im Vormonat hat meine *Gesellschaft* mehr als einhundert Kilogramm verkauft, was rund drei Milliarden Lire netto entspricht. Die Menge Banknoten, die wir in den letzten Monaten angehäuft haben, ist derart groß, dass wir beschließen, sie zu vergraben.

---

36 Berater des *Santista* und für die Buchführung der *oberen Gesellschaft* zuständig. Es ist jedoch Aufgabe des *Santista*, dem *Crimine* und dem *Medaillonträger* die Bilanzen zu unterbreiten.

Eines Morgens bei Sonnenaufgang graben ich und Salvatore Gravina, der *Crimine,* mithilfe kurzer Militärschaufeln ein Loch an einer abschüssigen Stelle im Wald, von wo aus wir gerade noch den höher gelegenen Teil von Brancavilla sehen können. Diese Stelle liegt am Rande einer Ebene, in den Ausläufern der Berge, fernab von den Wegen der Schäfer, und ist von der asphaltierten Straße aus rasch zu erreichen, die etwa dreißig Meter unterhalb vorbeiführt. Der Untergrund ist weich, dank des Laubkomposts. Wir graben weiter, bis das Erdreich undurchlässiger wird.

Der schlauchartige, eineinhalb Meter lange und mit Isolierpfropfen verschlossene Behälter aus Glasfaser, der im Moment noch an der Eiche lehnt, wird ein Vermögen von acht Milliarden Lire unter der Erde schützen. Wir schaufeln das Loch wieder zu, schleudern die verbliebene Erde in alle Windrichtungen und ebnen das Laub ein. Im Weggehen schütten wir einen halben Liter Chlor auf die Erde, um neugierige Tiere fernzuhalten. Dann schwören wir uns, niemals über dieses Versteck ein Wort zu verlieren, nicht einmal zwischen uns. Wir gelangen wieder zu unserem Alfetta, den wir am Rande eines mit Schlagbaum gesperrten Waldwegs abgestellt hatten. Auf dem Rückweg sagt keiner von uns ein Wort, unsere Pupillen blinken goldmetallisch.

Am selben Abend lade ich Salvatore und seine Frau zum Essen ein. Salvatore haust noch immer recht unbequem, nämlich in einem Zimmerchen im Erdgeschoss meines Hauses. Angelina schneidet mit höflichen Worten das Thema an:

»Lieber Salvatore, wäre es nicht angebracht, darüber nachzudenken, mit deiner Frau und deinen Kindern zusammen in eurem Haus zu leben?«

Salvatore tut so, als hätte er nicht verstanden. Er blickt Angelina aus unschuldigen Augen an, bis schließlich seine Frau eingreift:

»Vielen Dank, Angelina, dass du ihn daran erinnerst. Besonders die Kinder leiden unter seiner Abwesenheit zu Hause. In der Schule haben sie ihnen erzählt, sie hätten gar keinen Vater mehr. Stellt euch das vor.«

Ohne zu zögern, hebe ich kaum wahrnehmbar die Hand und gebe Salvatore ein Zeichen. Der nickt zweimal, um zu signalisieren, dass er verstanden hat. An jenem Abend beschließen wir auch Mauros Umzug, sobald er Hochzeit gehalten hat. Für die Sicherheit meiner Familie werden Massimo, Cecè und Bubù genügen.

Ein paar Tage später verlässt uns Salvatore, nachdem er unseren Kühlschrank mit *salsiccia*, Schinken und Käselaiben gefüllt hat.

Rückkehr nach Hamburg

Die Aussicht vom Balkon des Zimmers im Hotel Atlantik in Hamburg ist spektakulär.

Die Außenalster hat trotz der Außentemperatur höchstens sieben Grad, es wimmelt nur so von Segelschiffen mit geblähten Segeln. Die Skyline der Stadt färbt sich rot. Es ist das gleiche Oktoberlicht wie in Kalabrien; ganz anders als die Luft, die ist kristallklar und prickelnd und brennt einem beim Atmen in der Nase. Die Bäume sind kahl, unter ihnen ein Blätterteppich mit goldenen Reflexen, über den sich ein Strom von Leuten, Hunden und Fahrrädern zieht. Die Menschen schlendern nicht, sie haben es alle eilig, als dürften sie unter keinen Umständen den Zug verpassen. Dieser höchst geordnete Verkehr verläuft auf zwei Sträßchen, die von abschüssigen Wegen unterbrochen sind, all das flankiert von einem gepflegten Rasen, der bis unten an den See reicht. Ich bin vor zwei Stunden mit der ganzen Familie in Fuhlsbüttel gelandet. Ercolino ist nun neun Monate alt. Er schläft bei Anna, dem Kindermädchen, im Nebenzimmer, das durch eine Tür mit unserem verbunden ist.

Das Telefon läutet:

»Ja, schicken Sie ihn rauf. Danke.«

Ein junger Kalabrier, kleinwüchsig und elegant gekleidet, überreicht mir ein Geschenkpaket mit bunter Schleife. Darin finde ich eine Neunkaliber und eine 7,65er, letztere reiche ich Angelina, die andere stecke ich ein.

Erneut geht das Telefon. Der Chauffeur erwartet mich um zwanzig Uhr dreißig an der Bar in der Halle. Im Mercedes S-Klasse auf der Elbstraße ertappe ich mich dabei, wie ich die erleuchteten Fassaden der Wohnhäuser bewundere, die inmitten kleiner Parkanlagen stehen. Heute besehen wirken sie noch viel eindrucksvoller, aber auch greifbarer, näher als vor einigen Jahren, als ich in Altona wohnte und auf dem Bau arbeitete. Mit einem Mal biegen wir rechts, dann wieder links ab. Da sind wir auch schon. Der Fahrer, ein Asiate mit einer Figur wie ein Sumo-Ringer, geleitet mich zum Eingang einer kleinen Villa mit Reetdach. Dort bin ich mit dem Lobbyisten Tito Scarsa verabredet, einem Mann um die sechzig. Er ist Geschäftspartner und dicker Freund des römischen Politikers Aldo Senna. Er hat nur noch wenige Haare auf dem Schädel, einige lange und dünne Strähnen rechts und links, wie ein verrückter Wissenschaftler. Seine Klienten sind Magnaten aus dem Baugewerbe. Er ist eng verbandelt mit denen, die die Geschicke des Finanzsystems lenken. In Hamburg angelt er sich Leute, die bereit sind, illegale Gelder im Bausektor zu investieren. Tito Scarsa ist alleinstehend und an ein Leben im Luxus gewöhnt: kubanische Zigarren, Whisky nur vom Feinsten. Seine Füße stecken in blauen Samtpantoffeln von Church's, mit Wappen. Eine unüberschaubare Anzahl von Möpsen ist auf den Teppichen verteilt, einer sitzt unterm Tisch, ein anderer liegt vorm Kamin. Mir kommt es so vor, als sei ich in einer Pension für Vierbeiner gelandet.

»Es sind sieben«, präzisiert Scarsa, während er den Hund, der am stärksten unter Asthma leidet, streichelt, und fährt fort:

»Wie ich schon sagte, das könnte die Gelegenheit sein, um ein bisschen Bargeld zu waschen. Sagen wir mal, so zwanzig Millionen D-Mark, auf einen Schlag!«

Noch ein Whisky, und dann fahren wir an den Hafen, zum besten Restaurant Hamburgs, dem *Fischereihafen*. Wir speisen zusammen mit Frank Spitzkohl, einem Fachmann in Sachen Bestechung; er ist blond, blauäugig und mag zwischen fünfundfünfzig und sechzig sein. Sein Leibesumfang wird zum Teil von einem hervorragend geschnittenen Maßanzug kaschiert, den er mit Nonchalance trägt. Die goldenen Manschettenknöpfe werfen Reflexe auf die Tischdecke. Seine Hände und Fingernägel verraten einen etwas übertriebenen Sinn für Reichtum. Spitzkohl ist mir auf Anhieb sympathisch, obwohl er etwas ordinär ist.

Die Austern werden serviert, dann der Hummer. Und obendrein Beluga-Kaviar. Und was für ein Champagner! Mit vollem Bauch verlassen wir das Lokal und steigen gleich in den Wagen. Der Chauffeur fährt los, und Spitzkohl teilt mir mit, dass er mir einen Bordellbesuch spendieren will.

»Danke für das freundliche Angebot«, erwidere ich, »aber vergessen wir es am besten gleich wieder.«

Tito Scarsa reißt scherzhaft die Augen auf und meint zu Spitzkohl auf dem Beifahrersitz:

»Aber weißt du denn nicht, dass er mit seiner Frau hier ist? Die ist ein echter Vamp. Sie erwartet ihn im Hotel.«

Jetzt reicht's mir. Ich mache dem Fahrer ein Zeichen anzuhalten und fordere ihn auf auszusteigen. Der Dickhäuter tut das auch augenblicklich. Zu Scarsa, der neben mir sitzt, sage ich:

»Aber wissen Sie eigentlich, dass Sie einen *Ehrenmann* vor sich haben? Man hat mir Zurückhaltung beigebracht, und die verlange ich auch von den anderen! Mit Verlaub, wenn die Sache vor einem meiner Männer passiert wäre, hätte ich mich gezwungen gesehen, Sie mit meinem Messer Bekanntschaft machen zu lassen, Sie hätten es tief in einem Ihrer Muskeln zu spüren gekriegt. Wir sehen uns in drei Tagen, wie abgemacht. Danke für das Abendessen und gute Nacht.«

Spitzkohl dreht sich nicht einmal um. Scarsa bleibt ungerührt und schaut mich grinsend an, während ich die Wagentür öffne, um auszusteigen. Draußen steht der Koloss von Fahrer mit den Mandelaugen und guckt mich schief an.

»Wieso starrst du mich so an?«, frage ich ihn und bin im Begriff wegzugehen. Da lacht er los. Hätte er das nur nie getan! Ich verberge meinen Zorn, gebe mich freundlich und mache kehrt, um ihn höflich um eine Zigarette zu bitten. Ohne sein spöttisches Gelächter einzustellen, reicht er mir eine und sucht in seinen Taschen nach einem Feuerzeug.

»Das ist nicht nötig«, sage ich, »Feuer habe ich!«

Und damit zücke ich meinen 38er Trommelrevolver und schieße ihm ins Bein. Er stürzt zu Boden, ich drehe mich um, springe auf die andere Straßenseite, erreiche den Fischmarkt, gehe weiter bis zur Reeperbahn und verliere mich in der Menschenmenge der Großen Freiheit. Von dort aus nehme ich ein Taxi zum Hotel. Angelina fällt mir um den Hals und flüstert:

»Hast du geschossen? Ich rieche Schießpulver.« Früh am Morgen gehe ich zu Fuß vom Hotel zum Hauptbahnhof und steige in den Zug nach München. Sieben Stunden später holt mich Rocco Catalano, der Chefkoordinator der 'Ndrangheta-*Lokale* in Deutschland ab. München ist die *Mamma*, die *Familienmutter* sämtlicher Zweige der *ehrenwerten Gesellschaft* auf deutschem Boden. Die ersten kalabrischen Mafiafamilien haben in den 1950er Jahren in dieser Stadt Fuß gefasst. Rocco hat Freunde auch in den örtlichen Filialen der neapolitanischen Camorra und der sizilianischen Mafia. Seine Betätigungsfelder sind der Verkauf von Autos in seiner Markenvertretung und die Geldwäsche von Kapital, das ihm ein paar große Mafiaclans aus Italien zuschieben. Rocco ist der verlängerte Arm zweier *ehrenwerter Gesellschaften* aus der Gegend von Crotone und Sibari in Deutschland. Und er fürchtet meine Konkurrenz nicht. Unter Mafiosi weiß man, dass es in Deutschland nicht zu sogenannten Grenzüberschreitungen kommt; alles wird bis in alle Einzelheiten ausdiskutiert, um einen problemlosen Geschäftsablauf zu garantieren. Der Clan aus München wird sich niemals eine Aktion in Saarbrücken erlauben, ohne zuvor die Genehmigung des für die Zone zuständigen Bosses einzuholen. Das Gleiche gilt für die Städte im Ruhrgebiet, in Hamburg, Bremen, Berlin und so weiter.

Dank der beneidenswerten sozialen Bedingungen und einer größeren öffentlichen Sicherheit, die von einer Polizei garantiert wird, die anders als bei uns in Kalabrien keine Schutzgelderpressungen und blutigen Fehden duldet, nehmen die Deutschen das Phänomen der organisierten Kriminalität praktisch nicht wahr.

»In Deutschland sprechen wir bei unseren Treffen nicht über Morde, sondern über Geschäfte. Keiner weiß hier, wer wir sind, wir brauchen hier keine Bodyguards. Und ich kann dir versichern, hier geht es uns blendend.«

Das sind die Worte von Rocco, fünfundvierzig, ein schöner Mann mit einem Pasolini-Gesicht und platter Nase.

Als ich ihm von meinen kriminellen Absichten auf Hamburger Territorium erzähle, nimmt er sein Notizbuch und diktiert mir eine Adresse im hanseatischen Viertel Altona.

»Dort kannst du *Bombe* treffen, einen Kalabrier Anfang sechzig, der seit 1958 ungestört das Kommando über die 'Ndrangheta vor Ort hat. Übrigens, wenn du einen oder mehrere Wagen brauchst, stehe ich gerne zu deiner Verfügung.«

Welch Ruhe und Zufriedenheit in diesem Land. In der Nacht bin ich wieder in Hamburg, doch keineswegs ermüdet von der Zugfahrt.

Am frühen Nachmittag des nächsten Tages bin ich im Rotlichtviertel St. Pauli. Ganz hinten liegt die Talstraße, die für deutsche Verhältnisse sehr heruntergekommen ist, und die Häuser sehen mehr als bescheiden aus. Ich bahne mir meinen Weg zwischen leeren Flaschen und halb leeren Getränkedosen, Kartons, Papier, stinkigen Flüssigkeiten, Kotzflecken, Hundescheiße. Die wenigen Leute, die um diese Uhrzeit unterwegs sind, haben sich entweder verlaufen oder sind besoffen, oder beides. Ein Punk mit Irokesenhaarschnitt, einer Sicherheitsnadel durch die Backe gestochen und einem schwarzen Köter an der Leine, bettelt mich um eine Münze an. Ich schlüpfe in ein Hausportal und gelange in einen teergepflasterten Innenhof. An der gegenüberliegenden Wand befindet sich ein vor Kurzem erst montierter Eingang: eine mächtige Eisentür, die an einen Panzerschrank erinnert. Die Bestie dahinter muss dennoch meine Witterung aufgenommen haben, und so wie der Hund bellt, könnte es sich um eine dänische Dogge oder um einen irischen Wolfshund handeln. Ein Pfiff lässt ihn verstummen. Gleich darauf sagt eine gedämpfte Stimme: »Tretet bitte beiseite, ich lasse jetzt Babà frei.«

Teufel noch eins! So bleibt mir nichts anderes übrig, als mich hinter dem Türflügel zu verstecken, der prompt auch schon aufgeht, und eine Sekunde später stürzt ein schwarzbraunes Etwas in den Hof. Es ist ein Neufundländer! Ich halte den Pistolenknauf fest umklammert. Diese Pelzkugel flitzt mit unglaublicher Geschwindigkeit im Kreis herum. Aber nein, sie hat mich nicht vergessen. Nach sechs, sieben Runden nähert sie sich mir schwanzwedelnd und schnüffelt an mir. Sie drückt ihre Nase gegen meine Manteltasche, wo sie die Pistole erspürt hat. Dann schnappt sie einen Hundekeks, den ihr Herrchen ihr zugeworfen hat.

»Wenn sie die Waffe zu fassen kriegt, gibt sie sie Euch nie mehr wieder zurück. Seid mir gegrüßt, man nennt mich *Bombe*.«

Das Hundevieh folgt uns ganz brav. Die zufallende Eisentür lässt die Wände seines Büros erzittern, das noch ganz im Stil der fünfziger Jahre ist. *Bombe* trägt Jackett und Krawatte. Das Haar hat er mit Brillantine nach hinten gekämmt, er hat einen Schnauzer und einen kleinen Spitzbart. Am kleinen Finger entdecke ich sofort den Ring mit dem azurblauen Stein. Es ist der Ring des *Crimine*. Er wiederum ergreift meine Hand und begutachtet den Diamanten[37] an meinem Ring und sagt seufzend: »Mein Kompliment für Eure Zielstrebigkeit und die steile Karriere, die Ihr hingelegt habt. Der berühmte Giuliano Belfiore in Hamburg. Eigentlich hatte ich einen älteren Herrn erwartet. Ich muss sagen, noch nie hatte ich Gelegenheit, einen so jungen Mann von solch gewichtigem Rang zu begrüßen.«

Er erhebt sich hinter seinem Schreibtisch, öffnet das Barschränkchen in Zitronenbaumholz daneben und verkündet:

»Whisky! Ich bin höchst erfreut, Euch willkommen heißen zu dürfen! Also, wie komme ich zu dieser Ehre? Womit kann ich Euch dienen?«

Ich rede nicht lange um den heißen Brei herum:

»Ich brauche eine Genehmigung, um einige Geschäfte in diesem Territorium abzuschließen. Es handelt sich um die zwanzig Millionen D-Mark, die es reinzuwaschen gilt, und um einige Kokainlieferungen aus Kalabrien, die hier verschoben werden sollen.«

Bombe schaut mich groß an und sagt dann sehnsuchtsvoll:

»Es war auch an der Zeit, dass ein bisschen Bewegung aufkommt. In den großbürgerlichen Kreisen spricht man schon seit zwei Jahren hinter vorgehaltener Hand von der exzellenten Qualität Eures Stoffs. Was den Rest angeht, je mehr Geld gewaschen

---

37 Der Diamant ziert den Ring des *Medaillonträgers*, des Bosses der Bosse.

wird, desto besser. Ich stehe Euch für jedweden Belang zu Diensten. Ihr müsst wissen, dass Ihr auf eine Mannschaft von siebzig Leuten zählen könnt, allesamt unbekannte Gesichter.«

Am selben Abend noch treffe ich mich mit Ignazio. Er ist fünfunddreißig und stammt aus einem kleinen Dorf in der Nähe von Crotone; seit fünfzehn Jahren ist er Zuhälter in Hamburg und hat eine steinreiche Klientel. Er ist schick frisiert, steckt in einem Versace-Anzug und Schuhen aus Pferdeleder, hat eine Rolex Daytona am Arm und eine Goldkette um den Hals. Die gelbe Brille mit transparenten Bügeln im Stil von James Brown auf der Nase fährt er einen Porsche 911. Sein Job als Zuhälter ist allerdings nur ein Alibi für seinen eigentlichen Beruf, denn Ignazio ist der größte Kokaindealer in Nordeuropa.

»Zwanzig Kilo?«, sagt er zu mir und ich schaue verblüfft. Dann ziehe ich erst die eine, dann die andere Augenbraue hoch.

»Wieso, ist das zu viel?«, insistiert Ignazio in der fast leeren Bar, wo man uns einen ungenießbaren Espresso vorgesetzt hat. Ich schaue mich nach einer Bedienung um, ohne Erfolg, und entgegne:

»Ich suche einen Partner, einen allein, der alles nimmt. Ich meine, eine Lieferung von fünfzig, sechzig Kilo und das zwei Mal pro Monat, für den Anfang. Dir vertraue ich. Erinnerst du dich? Du warst es, der mich überzeugt hat, nach Kalabrien zurückzukehren, um Mafioso zu werden. Entweder Mafioso und respektiert oder armer Schlucker. Erinnerst du dich?«

»Ja, jetzt fällt es mir wieder ein, aber sicher doch«, sagt Ignazio.

»Also, dann nenn mir den Namen und die Anschrift der Person, die dir den Stoff besorgt. Ich will dich nicht alleine in seinen Händen wissen, falls er sauer wird, wenn er dich nicht kommen sieht. Wenn der Lieferant merkt, dass er den besten Dealer auf dem Platz verliert, wird er vor Wut platzen. Auf alle Fälle wäre es gut, ihn zu warnen, bevor er sich in Bewegung setzt, ich nehme nicht an, dass er krepieren will. Ein gewarnter Mann ist ein halb geretteter Mann.«

Ignazio sieht mich nachdenklich an, nach einer ganzen Weile erst lacht er spöttisch grummelnd los, schlägt mit den Händen auf den Tisch und stimmt mit einem Augenzwinkern dem Plan zu.

»Ich kann dir aber versichern«, sagt er dann, »damit ich mir erlauben kann, so viel Stoff zu verticken, musst du nach mehr als einem Lieferanten Ausschau halten.«

Der Espresso riecht immer säuerlicher. Der Kellner kommt endlich und ist sehr zuvorkommend, als ich zu ihm sage:

»Bringen Sie uns bitte zwei Filterkaffee und ein paar Kekse? Die zwei Espresso können Sie abräumen. Danke.«

Der junge Bursche ist höchst betreten und bemüht sich zu verstehen:

»Aber hat er Ihnen nicht geschmeckt? War er zu heiß oder zu kalt? Vielleicht zu dünn oder zu stark? Sagen Sie es mir bitte. Wenn Sie möchten, mache ich Ihnen zwei frische. Wir haben eine italienische Espressomaschine, eine *Gaackia*.«

Er kann einem wirklich leidtun, aber wir bleiben bei unserer Meinung:

»Sie meinen *Gaggia*, aber in Wahrheit ist es so, dass wir gar keinen Espressokaffee mögen. Der Fehler war meinerseits – ich wollte einen normalen Kaffee. Danke nochmals.«

Enttäuscht wendet sich der junge Mann ab. »Schade«, murmelt er im Weggehen, »wozu haben wir denn die *Gaackia* ...«

233

Die kleine Villa von Tito Scarsa, die er sich vor einigen Jahren bei einer Insolvenzversteigerung für weniger als die Hälfte des Marktwerts im Namen einer seiner Gesellschaften unter den Nagel gerissen hat, ist ein Schmuckstück traditioneller Architektur. Alles ist im Originalzustand geblieben und aufs Notwendige beschränkt, sofern man unter dem Notwendigen auch ein altes Gastronomiemöbel Stil 1950er Jahre mit Temperaturregler versteht, das vor einem wuchtigen Holzpfeiler mitten im Wohnzimmer steht. Wir sitzen ringsum, jeder auf einem anderen Sofa. Scarsa liebt italienischen Rotwein, der mindestens fünf, sechs Jahre gereift ist, und der Weinschrank mit Glastüren enthält rund zweihundert Flaschen – und was für Weine! Barolo, Dolcetto, Barbera, Amarone, Tignanello und Brunello di Montalcino.

Tito Scarsa und Frank Spitzkohl lächeln mich mit gläsernen Augen an, die erste Flasche Barbaresco ist soeben leer geworden. Spitzkohl legt sich mächtig ins Zeug, um mir zu gefallen. Ab und an lässt er ein paar Brocken Italienisch fallen.

»*Tutto paletti*!« oder »Hotel *Mamma*« und kugelt sich vor Lachen. Dann wird die zweite Flasche Barbaresco dekantiert. Aus der Küche kommt der neue Chauffeur, ein Araber, der noch massiger ist als der Asiate, dem ich ins Bein geschossen habe. Er fährt einen Servierwagen herein, auf dem geräucherter Lachs und Krebsfleisch angerichtet sind, daneben gekochte Kartoffeln mit farbigen Saucen, Baguette. *Cobra* heißt der neue Chauffeur und Mann für alles; er verteilt drei kleine Tische zwischen den Sofas, deckt sie und füllt die Teller. Er schenkt Wein und Wasser ein und verschwindet wieder. Spitzkohl hat bereits den Lachs verschlungen und putzt sich mit der Serviette den Mund ab und trinkt seinen Wein. Ohne sich um uns zu kümmern, öffnet er das Fenster einen Spaltbreit und zündet eine Zigarre an. Nach ein paar Zügen bereits ist die Luft im Zimmer verpestet. Er sieht mich an und sagt:

234 »Eine Parzelle dieser Art am Stadtrand von Hamburg mit siebzig Bungalows lässt sich mit zwanzig Millionen Mark finanzieren. Das entspricht siebenundzwanzig Milliarden Lire. Ich weiß, das sind keine *Peanuts*, aber unser System ist absolut stabil. Damit wir uns verstehen, für unsere Glaubwürdigkeit im Geschäftsleben bürgen diverse Politiker, die an unseren Projekten beteiligt sind. Was die Finanzierung betrifft, musst du dafür sorgen, dass die

Gesamtsumme in drei Raten über ein Jahr verteilt bezahlt wird. Während ich mich um die Verhandlungen mit den Banken kümmere, wirst du, Giuliano, ein Bauunternehmen ausfindig machen, das einen Teil der Arbeiten ausführt. Sobald das Budget für die Projekte feststeht, werde ich dir signalisieren, in welchem Sektor das Unternehmen spezialisiert sein soll, das an der Ausschreibung teilnehmen wird. Wir garantieren dir die Geldwäsche und die Auftragserteilung für einen Teil der Arbeiten. Es handelt sich dabei um siebzehn bis neunzehn Prozent deiner Investition. Wir werden sehen, ob es besser ist, dir die Betonarbeiten anstelle der Elektrik oder die Verschalung und den Verputz anstelle der Fenster und Türen oder der Sanitärarbeiten zu übertragen.«

Verflixt, denke ich. Wir gehen enorme Risiken ein, um die Gelder zu vermehren, investieren dann in öffentliche oder private Bauprojekte, um am Ende ein Arbeitsvolumen herauszuholen, das weniger als ein Fünftel unserer Finanzierung beträgt. Letztlich stellt es sich so dar: Nur wenn meine Gesellschaft nach Abzug der Materialkosten und der Arbeitsstunden fünfzig Prozent der Summe verdient, die bei Bezahlung der Arbeiten erzielt wurde, könnte ich gerade mal ein Zehntel unserer Investition ganz legal nach Hause bringen.

Spitzkohl merkt, dass ich zögere, und meint mit ungläubiger Miene:

»Ja, hat dir denn keiner erzählt, dass man auf diese Weise im großen Stil schmutziges Geld wäscht?«

In zwei Monaten werde ich zurück kommen, um das Geschäft abzuschließen. Bevor ich das *Atlantik* Richtung Flughafen verlasse, informiert mich die Dame an der Rezeption, dass ein Herr in Begleitung eines schönen Neufundländers die gesamte Rechnung unseres Hotelaufenthaltes bezahlt hat.

Direkt aus der Dusche heraus in die Süderstraße

In Brancavilla hat mir jemand eine schöne Überraschung bereiten wollen. Wir sind gerade nach Hause zurückgekommen, und ich bin dabei, Ercolino zu baden, wobei ich versuche, nicht selbst allzu nass zu werden, da klopft Mimmo an die Badezimmertür: Ich solle sofort ins Erdgeschoss kommen, Mauro habe mir etwas Wichtiges zu sagen.

Unten treffe ich auf Mauro in Begleitung meines Anwalts Pietro Mammone, der wie immer ohne Umschweife zu reden anfängt, kaum dass er mich sieht:

»Lieber Belfiore, die hätten dich längst schon verhaftet, wenn ich nicht für dich gebürgt hätte. Der Bäcker Antonino De Cesare hat dich wegen Erpressung angezeigt. Er behauptet, dass ein *Soldat* in deinem Auftrag ihm bereits fünf Mal jeweils eine Million Lire abgeknöpft hat. Das letzte Mal sei er sogar so dreist gewesen, Geld von der Signora zu verlangen. Da hat er Rot gesehen und alles der Polizei erzählt. Der *Soldat* ist jetzt verschwunden und De Cesare kennt nicht einmal seinen Namen. Nach Angaben der Polizei passt die Beschreibung jedoch auf Andrea Settebello.«

Ja, den kenne ich. Ich habe einen *getauften* jungen Kerl vor Augen, groß und wuchtig, der vor einigen Jahren wegen einer quälenden Depression in den Ruhestand versetzt wurde. Settebello zählt nichts in der Organisation, aber wir denken voller Anteilnahme an ihn. Ich könnte wetten, dass er in die Berge geflüchtet ist. Er ist unter Schäfern und Ziegen aufgewachsen, und es gibt keinen, der sich so gut auf den Berghöhen auskennt wie er.

Wenn Settebello sich tatsächlich dort oben versteckt hat, dann wird es schwer werden ihn aufzustöbern. Ich muss aber unter allen Umständen mit ihm sprechen, noch bevor ihn meine Männer finden. Ich könnte keinen von ihnen daran hindern, ihn bereuen zu lassen, geboren zu sein.

»Lieber Dottore, teilen Sie dem Herrn *Commissario* mit, dass ich mit der Erpressung nichts zu tun habe und mich auf den Weg gemacht habe, diesen Andrea Settebello ausfindig zu machen. Überdies verspreche ich, Sie über die Ergebnisse meiner Suche zu informieren.«

Der Rechtsanwalt Mammone hält sich die Ohren zu und kneift die Augen zusammen, als würde er jeden Moment den Knall eines Feuerwerkskörpers erwarten.

»Du weißt doch sicher«, legt er dann los, »dass auch der bloße Gedanke an eine Unterredung auf dem Polizeirevier unmöglich ist und dass jeder beliebige Richter dir schnurstracks einen Prozess machen würde, auch in deiner Abwesenheit? Ah, was ich noch vergessen habe dir zu sagen: Morgen bist du auf den Titelseiten der Zeitungen.«

Zusammen mit zwei getreuen jungen Schäfern übernachten ich und Meister Ciccio unterhalb des Briganten-Gipfels, als plötzlich die Hunde anschlagen. Auf dem Felsvorsprung des Monoliths oberhalb von uns zeigt sich Andrea Settebello im Sattel eines Pferdes. Aus Angst, er könnte sich jeden Moment wieder davonmachen, schreie ich:

»Andrea, wir wollen dir nichts tun! Ich will dich nur überzeugen, wieder nach Brancavilla zurückzugehen. Es hat keinen Zweck, wenn du hier in den Bergen ausharrst. Früher oder später wird dich jemand finden und auf dich schießen.« Unterm Sternhimmel, den Vollmond im Rücken, ruft Andrea Settebello das Bild des berittenen Todes wach, der im Begriff ist, seine Sichel zu werfen. Stumm verharrt er dort, aber ich mache weiter:

»Zum Glück kenne ich dich gut genug um zu begreifen, dass du nun mal ab und zu Dummheiten machst, ohne es eigentlich zu wollen. Und genau darüber will ich mit dir reden. Komm mit uns mit nach Brancavilla, und ich garantiere dir meinen Schutz.«

Ich drehe mich zu den zwei Schäfern um und schreie sie an:

»Bindet sofort die Hunde fest, hab ich gesagt!«

Im Morgengrauen gibt Andrea Settebello schließlich auf. Das gedämpfte Licht, das über alle Farben einen Pastellfilm zieht, lässt ihn wie einen Bösewicht aus dem Märchen erscheinen. Er taumelt vor Müdigkeit. Nachdem er sein Pferd neben den unseren festgebunden hat, legt er seine Kriegsausrüstung auf den Steinen nieder; darunter sind zwei Pistolen und drei Gewehre, eine halbe Munitionskassette, und am Ende zieht er noch ein Bündel Handgranaten heraus. Ich und Meister Ciccio schauen uns verwundert an. Woher hat er all diese Waffen? In die Enge getrieben, hätte er mit dem ganzen Arsenal ein Massaker anrichten können. Ich gehe ihm mit ausgestreckter Hand entgegen. Settebello schwankt, als er sie drücken will. Gnadenlos schwinden ihm genau in diesem Moment die Kräfte, und ich versuche noch, ihn an den Schultern zu stützen, aber er gleitet mir aus den Händen. Zum Glück kann ich noch seinen Kopf abfangen, sodass der nicht auf den Stein schlägt. Auf der Erde lang gestreckt atmet Settebello schwer und brummelt unverständliche Worte. Er ist nur ohnmächtig geworden. Drei Ohrfeigen und schon weicht die Blässe einer frischen Hautfarbe. Während er aus der Ohnmacht erwacht, muss er mich in diesem asketischen Licht wohl für die Reinkarnation von Jesus halten.

In Brancavilla verschanzen wir uns im Haus von Meister Ciccio. Der Arzt, Dottor Trave, verabreicht Settebello ein Stärkungsmittel und verordnet ihm Bettruhe. Cettina, die Frau von Meister Ciccio, hat alle Hände voll zu tun, das späte Mittagessen zuzubereiten. Es ist drei Uhr nachmittags, und Meister Ciccio lässt uns unter dem Vorwand allein, er müsse noch beim Metzger vorbeigehen und *salsiccia* besorgen. Salvatore Gravina und der Rechtsanwalt Mammone bleiben mit mir am Tisch sitzen, um zu beratschlagen, was nun zu tun ist.

»Dottor Mammone, denken Sie nicht, es wäre das Beste, Antonino De Cesare die fünf Millionen, die er verloren hat, zurückzugeben?«, frage ich meinen Verteidiger.

»Dann zieht er seine Anzeige zurück, und wir können die Sache ad acta legen.«

Pietro Mammone blickt auf zur Zimmerdecke, mein Vorschlag hat ihn völlig aus dem Häuschen gebracht. Mit vor Entsetzen geweiteten Augen erwidert er:

»Das denke ich ganz und gar nicht. Das wäre ja ein Schuldeingeständnis! Er hat dich angezeigt und wird die Sache bis zum Ende durchziehen, bis zum Ende des Prozesses. Das Problem ist, dass sich die Ehefrau eingemischt hat. Sie ist es gewesen, die Antonio dazu gebracht hat, Anzeige gegen dich zu erstatten. Wenn die Frauen die Finger im Spiel haben, gewinnen sie stets die Oberhand. Vergiss es, dass der seine Anzeige zurücknehmen könnte: Antonino De Cesare wird sich lieber umbringen lassen, anstatt eine Ehefrau zu ertragen, die ihn verhöhnt, weil er ein Feigling ist. Überdies wird seine Bäckerei jetzt von der Polizei bewacht. Wenn sie dich oder deine Männer sehen, werden sie euch sofort verhaften.«

Gut, ich vergesse diese Idee, und überrede Mammone, dem *Commissario* zu erzählen, dass Andrea Settebello mir entwischt ist und ich mir nicht im Traum vorstellen kann, wo er sich derzeit aufhält.

Dieses Mal bleibt der Anwalt ungerührt. Beinahe beleidigt erhebt er sich, schnappt sich Mantel und Schirm und ist auch schon zur Tür hinaus.

Ich beschließe, Settebello abhauen zu lassen, sobald er wieder zu Kräften gekommen ist. Dank meiner Protektion werden ihm die anderen *latitanti*, die Untergetauchten, und die Schäfer helfen. Und wer wird ihn dann noch aufspüren können? Ohne seine Aussage wird es sehr schwierig sein, mir diese dämliche Schutzgelderpressung nachzuweisen. Selbst wenn Settebello verhaftet werden sollte, würde er mich niemals verraten, was das angeht, ist er immer noch ein echter 'Ndranghetista. Und in dieser Sache bin ich es, der entscheidet. Für die *ehrenwerte Gesellschaft* ist die Angelegenheit damit erledigt, unter der Voraussetzung, dass dieser Fehler der letzte von Andrea Settebello war. Eine weitere Aktion wie diese, und der Ärmste wird mit Sicherheit den Tod finden, bei all den Teufelstypen, die ihm an den Kragen wollen.

Wer sind wir eigentlich? Die Heilsarmee? Aber sicher doch! Da muss einer wie ich erst zum Mafioso werden, um so weit zu kommen, und ich lache laut wie ein Blödian, was völlig unangebracht ist. Mit der Zigarette im Mundwinkel, die ihm das Auge einräuchert, entkorkt Meister Ciccio eine Flasche Wein und lacht ebenfalls. Cettina schiebt uns in die Küche. Die Teller dampfen schon. **241**

Ein junger und knallharter Staatsanwalt zwingt mich in den Hausarrest, und das für zwei Jahre! Die erste Woche über melde ich mich jeden Tag sowohl morgens als auch abends im Polizeirevier, um per Unterschrift zu bezeugen, dass ich mich nicht vom Acker gemacht habe. Der Rechtsanwalt Mammone ist ein hochrangiges

Geheimlogenmitglied, wie im Übrigen die meisten Kalabrier, die mit der politischen Macht in Verbindung stehen; und er weiß sehr gut, an wen er sich wenden muss, um das Problem seines Mandanten zu lösen. Nach zwei Treffen mit dem *Commissario* hat er auch schon eine Erleichterung der Arrestbedingungen erreicht. Der morgendliche Appell entfällt, und am Abend warte ich in der Diele meines Hauses auf den Polizeibeamten, um auf meinem Kirschholztischchen den Anwesenheitsnachweis zu unterschreiben. Das häusliche Leben beschert mir unvergessliche Momente. Angelina ist eine ausgezeichnete Hausherrin, und in gewisser Weise ist sie sehr jung geblieben. Ihr Appetit ist größer als der meinige, und sie isst mit echtem Vergnügen. Nachts überfällt sie das Liebesverlangen, und sie stillt es, wann und wie es ihr passt.

Am Morgen steht sie als Erste auf, gefolgt von Ercolino, der auf mir herumturnt und mir ins Gesicht grapscht. Dann taucht Anna auf, ihr Gesicht wirkt immer ausgeruht, sie ist bereits geschminkt und traditionell im Zigeunerinnenstil gekleidet. Heute kommt Angelina noch feucht und duftend von der Dusche, die Haare hat sie auf dem Kopf hochgebunden; sie trägt eine Bluse und einen knielangen Rock, beides schwarz; über ihren Schultern liegt eine Stola, im Spinnennetzmuster gehäkelt. Sie sieht mich an, in einer Hand hält sie die Tasse mit Milchkaffee, die andere ist in die Taille gestützt. Ganz sachte dreht sie den Ellenbogen und die Schulter ein kleines Stückchen nach vorn, krümmt kaum merklich den Rücken, dann bläht sie den Busen und wirft mir einen verschlafenen Blick zu. Sie ist in der Lage, auch komplizierte Posen mit solch spontaner Natürlichkeit einzunehmen, dass ich ihr gestehen muss: »*Amore,* du besitzt eine seltene, ja fast ungezähmte Eleganz!«Alle vier bis fünf Tage, wenn der Polizeibeamte bei mir eintrifft, dem ich meine Unterschrift geben muss, richte ich es so ein, dass ich unter der Dusche bin. Mauro sieht vom Balkon aus den Einsatzwagen kommen und macht Meldung. Dann springe ich auf und verschwinde im Badezimmer. Dort schütte ich mir eine halbe Flasche Shampoo über den Kopf und wasche alles in der Dusche ab. Mimmo, wie zu erwarten, klopft an und flüstert:

»Die haben soeben geklingelt.«

Und dann schließt er die Türe wieder. Nach einer halben Minute höre ich Angelina:

»Giuliano, du weißt doch, der Beamte wegen der Unterschrift«, und mit diesen Worten reicht sie mir ein Handtuch und verschwindet wieder. Der Beamte wartet jetzt alleine vor der Badezimmertür.

»Kommen Sie ruhig herein«, rufe ich, »meine Hände sind bereits trocken.« Ich öffne die Duschkabine einen Spaltbreit und strecke meine Unterarme heraus, auf denen das Handtuch liegt:

»Wenn Sie mir freundlicherweise das Papier reichen würden, dann könnte ich es Ihnen hier unterzeichnen, ich bin noch ganz voller Schaum.«

Dem Polizist genügt es, meine Arme zu sehen, um mir den Stift in die Hand zu drücken. Jetzt hält er den Aktendeckel in die Höhe, und sobald ich unterzeichnet habe, drehe ich den Duschhahn voll auf und höre gerade noch, wie sich die Badezimmertüre schließt.

Gut so. Das nächste Mal werde ich versuchen, mich durch meinen Bruder ersetzen zu lassen. Wir haben fast die gleiche Stimme, und auch sonst sind wir einander ziemlich ähnlich. Wenn wir ihm auch noch meinen Haarschnitt verpassen, ist die Sache perfekt. Auch wenn der Polizist ihn hinter dem Duschvorhang sieht, dürfte er bei all dem Schaum die Täuschung nicht bemerken.   **243**

Weihnachten und Silvester gehen vorüber, und Ercolino ist mir immer auf den Fersen. Sobald er kann, springt er auf mich drauf wie ein echter Wildfang. Ich weiß nicht mehr, wie ich diese Angriffe vermeiden soll, wenn ich den hellen Anzug anhabe und er noch mit Nutella verschmiert ist. Ich habe es mir angewöhnt, wie eine zimperliche Dame beim Anblick einer Maus zu reagieren: Ich kriege regelrechte Panik und springe vom Sofa oder vom Stuhl auf.

Eines Morgens, es ist Januar, bin ich im Garten, um Orangen zu pflücken, als Mauro, gefolgt von Ignazio, dem Kokaingroßhändler aus Hamburg, bei mir auftaucht. Er ist gerade mit einem fabrikneuen BMW 735 eingetroffen, um die erste Lieferung von sechzig Kilo zu bestellen. Mauro verschwindet für zwanzig Minuten und kehrt dann mit einer gepressten Platte »Stoff« feinster kolumbianischer Qualität zurück. Er legt es auf das Tischchen in seinem Zimmer. Ignazio bricht ein Stück zur Probe ab, kratzt an einer Seite etwas ab, zerhackt die schmalen Splitter auf der laminierten Tischplatte in zwei hauchdünne Linien und zieht sich eine davon in die Nase hoch. Gleich darauf nässt er eine Zigarette an einer Seite mit Speichel, presst sie auf die zweite Linie und kontrolliert, ob der Stoff vollständig am Papier hängenbleibt; dann zündet er die Zigarette an. Was für ein Gestank! Zum Erbrechen. Nachdem er die halbe Zigarette geraucht hat, sind seine Pupillen entsprechend erweitert. Er steckt das Stück Koks in die Hosentasche und meint ganz cool:

»Einverstanden, wir machen den Deal. Sechzig Kilo in zehn Tagen. Wenn ihr mir das Torgatter aufmacht, kann ich den Wagen im Garten parken.«

Wir rollen den Ersatzreifen in den Keller und lassen die Luft raus. Mauro zeigt uns die Hebel, um den Raddeckel aus der Klemme des Radgestells zu befreien. Da geklopft, dort gedrückt, am Ende holen wir den Luftkammerschlauch gefüllt mit Banknoten heraus. Es sind eine Milliarde Lire plus dreihundertachtzigtausend D-Mark.

Mit Ignazio läuft alles wie geschmiert. Die andere Hälfte der vereinbarten Summe wird uns bei Lieferung der Ware auch in bar ausbezahlt.

Am Nachmittag begleiten wir Ignazio zum Flughafen von Lamezia Terme. Auf dem Rückweg stellen wir seinen BMW in der Werkstatt von Meister Tuturo ab.

Bei Sonnenuntergang begebe ich mich mit Salvatore Gravina in die Berge, um das während der vergangenen Monate vergrabene Geld zurückzuholen. Dort ist das nette Sümmchen von dreizehn Milliarden Lire verborgen, und es kostet uns einige Mühe, die Zylinder mit den Banknoten wieder an die Oberfläche zu befördern. Die Geldbündel füllen knapp die Hälfte der zwei Plastiktonnen, die auf der Ladefläche des Ape-Transporters stehen, mit dem wir gekommen sind. Zehn Meter dahinter schaufeln wir einen Berg Kastanien, die wir vor einigen Tagen unter den Bäumen zusammengerecht haben, und mit diesen füllen wir bis zum Rand die zwei Container. Wir sammeln die Behälter ein, in denen das Geld zuvor steckte, und fahren los. Als wir an der Müllkippe vorbeikommen, werfen wir die leeren Plastikzylinder hinunter. Die Fahrt bis zum Dorf bei 25 Stundenkilometern Höchstgeschwindigkeit dauert endlos. Es ist bereits nach Mitternacht, als wir auf der Piazza eintreffen; wir nehmen eine schmale Gasse, die in einen Hof auf der Rückseite der Filiale des Banco di Napoli mündet. Ich fahre die Ape in eine Garage und lasse das Laufgitter herunter. Salvatore hat seine Vespa 125 draußen geparkt, wir steigen auf, ich lasse den Motor an, gebe Gas und schwupp sind wir in der Nacht verschwunden.

Gegen fünf Uhr in der Früh kehren wir zur Garage zurück. Wir füllen erst die Kastanien in einen Sack, dann machen wir uns an die Geldscheine und stopfen zwei Segeltuchtaschen damit voll. Mauro zieht das Rollgitter hoch, ich durchquere den Hof und klopfe an die Eingangstüre der Bank. Der Bankdirektor, mein Onkel Alfonso, kommt und öffnet die Tür. Er grinst bis über beide Ohren und seine Augen funkeln vor Habgier. Sein Büro ist ganz in der Nähe des Eingangs, ich leere die Taschen auf seinem Schreibtisch aus und schon bin ich auch wieder draußen, um die restlichen Milliarden einzusacken.

Endlich mal ein bisschen *Action,* ich bin schier geplatzt vor Langeweile.

Hamburg und die Geschäfte in Deutschland erwarten mich. Auf der »Autostrada del Sole« fahren wir mit über zweihundert Stundenkilometern an der Ausfahrt Modena vorbei. Meister Tuturo hat drei Tage gebraucht, um das superfeine Kokain im Fahrgestell von Ignazios BMW zu verstauen. Wir sind um neun Uhr abends in Brancavilla losgefahren, und jetzt, sechs Stunden später, zeigt die Benzinanzeige Rot. Wir stoppen an einer Tankstelle und lassen volltanken; als ich bezahlen will, bemerke ich hinter den Scheiben der Bar nebenan eine verdächtige Bewegung. Ich werfe einen Blick Richtung Tankstelleneinfahrt und sehe einen Dienstwagen der Polizei nach dem nächsten hereinfahren; es sind vielleicht fünfzehn Alfetta, die ohne Alarmsirenen auf den Parkplatz fahren. Andere Streifenwagen kommen angerast, um die Durchfahrt hinter den Benzinpumpen zum Beschleunigungsstreifen zu blockieren. Salvatore sieht mich gelassen an, als wolle er fragen: Suchen die etwa uns? Wie haben die das bloß gemacht? In diesem Augenblick führen vier Agenten in Zivil einen kleinen Mann in Handschellen aus der Bar ab, und zwar über den ganzen Parkplatz bis zu der Alfetta, die vor uns gehalten hat. Rund dreißig Polizisten bilden mit gezückten Waffen einen Begleitzug um den Verhafteten. Nein, das darf doch nicht wahr sein! Es ist Ulisse *Flachschuss*, der vor mir *Soldat* in Don Sergios Zelle in Colle Triglio war. Er hat mich nicht gesehen, er ist damit beschäftigt, hinten in den Wagen des mobilen Einsatzkommandos einzusteigen, der gefolgt von anderen drei das Blaulicht anschaltet und auf die Autobahnzufahrt zuschießt. Der Rest der Autokolonne verschwindet still und leise, so wie sie auch gekommen ist.

Am nächsten Tag sind wir in Hamburg. Im Industriegebiet rings um die Süderstaße stellen wir den BMW in einer türkischen Autowerkstatt ab, die *Bombe* extra für uns reserviert hat; dort erwartet er uns. Zwei sehr geschickte Schweißer machen sich sofort an den BMW. Auch das Büro oberhalb der Werkstatt, wo ich und Salvatore uns hinaufschleppen, steht vollständig zu unserer Verfügung: zwei große Räume und ein dreckiges Klo, die einzige Heizung ein Kohleofen, Schreibtisch mit Telefon, verschiedene Sessel in dem einen Raum, ein paar Betten aus kurdischen Teppichen im anderen. *Bombe* schickt einen Kurier los, der von St. Pauli aus die Aufgabe hat, Ignazio abzuholen und ihn über den ersten Abschnitt der Strecke zu fahren, der uns voneinander trennt. Um mögliche Verfolger abzuschütteln, wartet ein zweiter Kurier in einer großen Autogarage im Zentrum, um mit ihm die nächste Etappe zurückzulegen. Der dritte Kurier wird ihn gegenüber unserer Werkstatt absetzen.

Salvatore hat sich todmüde im anderen Zimmer schlafen gelegt. Das Quietschen der Flex und die Schläge des Bohrmeißels in der Werkstatt nehmen mir die Spannung, die sich aufgrund des Schlafmangels in mir aufgebaut hat. Die zwei Mechaniker, die unter dem aufgebockten BMW hantieren, wollen bei der Bergung des Stoffs keine Zeit verlieren. Eine halbe Stunde später informiert mich *Bombe*, dass soeben die ersten Kokainplatten aus dem Fahrgestell geholt wurden.

Da kommt auch schon Ignazio, sein Haar ist kurz geschnitten und er trägt einen dunkelblauen Anzug und handgenähte Schuhe. Er hat einen Koffer bei sich.

»Sapperlot!«, rufe ich voller Bewunderung: »Du hast dich aber verändert. Jetzt siehst du aus wie ein echter Hanseat!«

»Du hast recht«, erwidert er lachend. »Meine Arbeit als Zuhälter hat nur noch Alibifunktion, um das Vermögen zu kaschieren, das mir zugeflossen ist. Mit Kokain von *der* Qualität findest du Einlass in einem engmaschigen Markt. Ich kenne so einige Dealer, die würden auf der Stelle Dutzende Kilo davon kaufen, aber die Angst vor unvermeidlichen Racheaktionen seitens ihrer alten Großhändler hält sie davon ab. Um die Bremse zu lösen und im großen Stil loslegen zu können, habe ich dir hier die Adressen dreier Großhändler aufgeschrieben, die gemeinsam über hundert Kilo pro Monat verticken. Wenn du die außer Gefecht setzen kannst, wird der norddeutsche Markt zu einem Großteil – ich spreche von fünfundfünfzig bis fünfundsechzig Prozent – in unsere Hände übergehen. Auf einen Schlag, das wäre nicht schlecht!«

Ignazio scheint sich seiner Sache ganz sicher zu sein. Ich bitte ihn, in die Werkstatt hinunterzugehen und *Bombe* zu mir zu schicken.

»Ich weiß, wer diese Dealer sind«, versichert mir *Bombe*. »Das sind nur Großmäuler, die Beziehungen zu höheren Kreisen pflegen. Aber es sind trotzdem Nulpen. Ich kenne da jemanden, der sich mit zwei von ihnen anlegen könnte. Um den anderen werd ich mich persönlich kümmern. Gib mir eine Woche Zeit, und du wirst sehen, es wird mir eine Freude sein, dir zu Diensten zu stehen.«

Er nimmt seinen Hund und schon ist er zur Tür hinaus. Wieder erscheint Ignazio und holt gleich eine Metalldose aus der Tasche, in der er das Stück Kokain aufbewahrt, das er zehn Tage zuvor in Brancavilla als Probe mitgenommen.

Bombe ist unermüdlich; in diesem Augenblick bugsiert er eine schwere Aluminiumkiste auf Rädern die Treppe hinauf, begleitet von Schimpftiraden und einem höllisch lauten Gepolter. Ganz allein hat er die gesamte Lieferung hierhergeschafft und fährt sie uns nun vor die Füße. »Voilà!«, sagt er. Ignazio springt auf und vergleicht die Qualität dieser Ware mit seinem eigenen »Muster«.

»Wow!«, ruft der Hanseat aus und schiebt mir sein Köfferchen zu. Ich nehme es und schaffe es in das andere Zimmer, wo Salvatore Gravina gerade ruht; ich stupse ihn an der Schulter und deute auf den geöffneten Koffer. Salvatore lächelt beim Anblick der vielen D-Mark-Scheine. Noch benommen vom Schlaf leckt er sich die trockenen Lippen, und mit halb geschlossenen Lidern verspricht er, sich den Geldscheinen zu widmen, sobald er wieder weiß, wie man zählt.

Gut, alles läuft, wie geplant. Zehn Minuten später sagt er nach einem Gähnen mit weit aufgerissenem Nilpferdrachen:

»Eine Million und hundertfünfzehntausend und ein paar zerquetschte D-Mark sind das. Das entspricht genau eineinhalb Milliarden Lire.« Salvatore gähnt wieder. Ich nehme den Koffer und sage zu *Bombe*:

»Danke für deine Hilfe, mein Freund. Ohne dich hätte ich es nicht geschafft.«

Ah, dieser alte *'Ndranghetista*! Bei diesen Worten geht er in Habtachtstellung. Er platzt bald vor Stolz, aber ich mache weiter:

»Bei allem Respekt und im Klartext: ein mafiöses Kalabrierherz wie das deine, das nach Deutschland verpflanzt wurde, ist so kostbar wie der Ring, den ich hier trage.«

Seine Augen sprühen vor Freude. Mit der strammen Haltung eines Soldaten holt *Bombe* tief Luft und sagt auf Deutsch:

»Mein lieber Giuliano Belfiore, willkommen in Hamburg.«

Salvatore wäscht sich das Gesicht, um den Schlaf abzuschütteln. Ich treffe mich später mit ihm. Ich umarme und küsse Ignazio und *Bombe*. Mit dem Geldkoffer in der Hand eile ich die Treppe hinunter und quer durch die Werkstatt. Rasch steige ich in den Wagen, der draußen auf mich wartet und mich zu einem Hotel beim Hauptbahnhof fährt. Der Kurier begleitet mich hinein und führt mich zu einem Aufzug. In der Tiefgarage erkenne ich sofort den Mercedes mit dem Chauffeur, der auf mich wartet: Es ist *Cobra*, der mir die Wagentür öffnet. Der Wuchtbrocken neigt den kahl rasierten Schädel und lässt mich in die Limousine mit verdunkelten Scheiben einsteigen. Wir fahren los, und eine knappe halbe Stunde später, nachdem wir den Hirschpark passiert und die Elbchaussee hinter uns gelassen haben, sitze ich in der schönen kleinen Villa mit Reetdach, das mir so gut gefällt. Ich, Tito Scarsa und Frank

Spitzkohl sind um den kleinen Tisch versammelt und legen die Fristen für die Finanzierung der geplanten Parzelle mit Bungalows fest, für die die *ehrenwerte Gesellschaft* von Brancavilla bürgt und die im Territorium von Norderstedt, in der nördlichen Peripherie von Hamburg, entstehen soll. Wir vereinbaren eine Reihe von Terminen mit den Filialdirektoren der Banken, die das Kapital von Kalabrien nach Deutschland transferieren. Als Anzahlung überlasse ich meinen Geschäftspartnern den Koffer mit der Beute aus dem Kokainverkauf: eine Million und hundertfünfzehntausend und ein paar zerquetschte D-Mark. Wir feiern mit Kaviar und Champagner bis fünf Uhr, dann rufe ich Salvatore in der Werkstatt an. Ich wähle dreimal die Nummer, lasse immer nur einmal läuten, und beim vierten Mal schließlich antwortet Salvatore:

»*Pronto!*«

Und ich: »Wer ist da?«

Salvatore erkennt natürlich meine Stimme und erwidert knapp und bündig:

»Sie müssen sich verwählt haben. Tut mir leid.«

Und schon hat er wieder aufgelegt.

Mein *Crimine* hat das vereinbarte Zeichen verstanden. In einigen Minuten wird er die Werkstatt verlassen und mich an der vereinbarten Stelle, nicht weit vom Hauptbahnhof entfernt, auf dem Parkplatz beim Blumengroßmarkt treffen. Dort nehmen wir einen Volvo 760 Turbodiesel in Empfang, der vom Boss in München, dem Freund Rocco Catalano eigens für uns zur Verfügung gestellt wurde. Obwohl es ein Diesel ist, fliegt er über die Straßen. Zwanzig Stunden später stehen wir vor dem Gartentor meines Hauses in Brancavilla, und die zwei wachsamen Schnauzer taxieren uns.

Ich versuche nicht einmal die Wagentüre zu öffnen, schon sinke ich tief in den Polstersitz und falle endlich in Schlaf.

Mimmo rüttelt an meiner Schulter:

»Gestern Abend, als ich dich unter der Dusche vertreten habe, hat der Polizist scheinbar Verdacht geschöpft. Er ist ein bisschen zu lange im Bad geblieben, um sich die Unterschrift anzuschauen. Natürlich habe ich so getan, als wäre alles ganz normal, und habe weiter geduscht.« Während ich ihm zuhöre, löst sich mein Denken in Einzelteile auf. Wie kommt es nur, dass ich in meinem Bett bin? Wer hat mich hierhergeschleppt? Ich tue mein Möglichstes, um meine Verwunderung zu verbergen. Mimmo ist bemüht, die Sache scherzend herunterzuspielen:

»Damit will ich dich nicht unnötig in Alarm versetzen, vielleicht war alles nur Einbildung.«

Es ist fast halb neun und Zeit für die Unterschrift. Es klingelt an der Tür, ich springe ins Bad und bin im Nu ausgezogen. Während das Wasser im Rohr sich erwärmt, seife ich meinen noch trockenen Körper ein. Ich betrete die Dusche, stelle das Wasser an und mache ganz viel Schaum. Es klopft an der Badezimmertür. Angelina tritt ein:

»Giuliano, die Polizeibeamten sind gekommen, wegen der Unterschrift.«

Die Beamten? Mehr als einer? Verflixt! Mimmo muss sie tatsächlich misstrauisch gemacht haben. Gut. Ich versuche Zeit zu schinden und mit schlafbelegter Stimme sage ich:

»Verzeihen Sie, wenn ich Sie heute erneut im Bad empfangen muss. Reichen Sie mir bitte ein Handtuch und das Papier.«

Plötzlich schiebt eine Hand die Tür der Duschkabine beiseite, und beim Anblick des scharf dreinblickenden Polizisten lege ich blitzschnell meine Hände über meinen Schwanz und brülle:

»Was erschreckst du mich denn! Raus hier, aber plötzlich! Bevor ich dir noch zwischen die Hörner schieße, die man dir aufgesetzt hat!«

Eingeschüchtert von meinem Zornausbruch stürmen die beiden davon. In Wirklichkeit bin ich völlig ruhig. Ich drehe wieder am Wasserhahn und genieße das Wasser, bis ich die verschrumpelte Haut an den Fingern sehe.

Nach zwei Tagen voller *Action* habe ich mich nur vier Stunden ausruhen können. Jetzt hält mich nur der Hunger wach.

Was für ein Duft! Anna hat köstliche Schwertfischrouladen zubereitet und Ercolino zu Bett gebracht. Mit der Ausrede, für San Cosma und Damiano beten zu müssen, ist sie dann verschwunden. Bei Tisch schnurrt Angelina, als ich ihr übers Haar streiche. Sie lehnt ihren Kopf gegen meine Schulter und drückt sich an mich, als sie murmelt: »Weißt du, dass der Polizist, den du so schlecht behandelt hast, mich hat unterschreiben lassen, bevor er gegangen ist?«

Ich freue mich bei der Vorstellung seines verdutzten Gesichts.

»Die haben einen schönen Reinfall erlebt. Ich werde jedenfalls eine andere Methode finden müssen, um die Polizei während meiner Abwesenheit hinters Licht zu führen.«

Ein Gläschen *Zibibbo* und ein süßes Stückchen mit Zitronencreme – dann überkommt mich wieder die Müdigkeit, doch Angelinas Blick ist voller Begehren. Sie ist zauberhaft in ihrem Seidenkleid, und entschlossen führt sie mich zum Bett in unserem dunklen, warmen Schlafzimmer. Die Hüllen fallen. Es ist die Nacht der Mondfinsternis. Liebeskeuchen über mir, erstickt vom angehaltenen Atem, im tiefsten Dunkel.

Untergetaucht

Ein Staatsanwalt, ein gewisser Domenico Damato, hat es knallhart auf mich abgesehen; er hat Anklage wegen Anstiftung zum Mord gegen mich erhoben und vor einer Stunde Haftbefehl erlassen.

Mit der ganzen Bande habe ich Zuflucht in der Hütte eines Schäfers mitten im Haselwald oberhalb von Panocato gesucht, dort wo die Männer von Don Leopoldo Wache schieben und nicht einmal eine Eidechse unbemerkt vorbeihuschen kann. Pietro Mammone keucht von den Mühen des Aufstiegs. Er selbst, der liebe Anwalt, ist es gewesen, der mir geraten hat, mich abzusetzen, nachdem ihm der *Commissario* höchstpersönlich von den Absichten des Staatsanwalts berichtet hat.

Ein ehemaliger *Kassenwart* aus der Gegend von Lamezia, Agostino Pedduzza, der seit einiger Zeit mit der Justiz zusammenarbeitet, gibt an, ich allein hätte den Mord an Ettore Baracca vor drei Jahren in Auftrag gegeben. Er erzählt, er sei von mir bedroht und gezwungen worden, die Tat auszuführen.

Obgleich die Dinge nicht exakt so gelaufen sind, wie Pedduzza sie schildert, ist es dennoch wahr, dass ich einer der fünf Bosse gewesen bin, die der Beseitigung von Ettore Baracca zugestimmt haben. Baracca wurde eliminiert, weil er in Verbindung mit einem anderen Boss, einem erbitterten Gegner seines eigenen Clans, stand. Das war aber nur eine von vielen Aktionen, die als »Krieg der *Kassenwarte*« in die Geschichte der 'Ndrangheta eingehen sollten. Im Zuge dieser Auseinandersetzung haben allein in der Gegend von Catanzaro mindestens zwölf schwere Typen mit dem Leben bezahlt, weil sie die Blutpakte und Racheschwüre allzu sehr auf die leichte Schulter zu nehmen pflegten. Pedduzza hatte zu jener Zeit selbst ein lebhaftes Interesse an der Tötung Baraccas bekundet, um sich so die Verdienste zu sichern, die er brauchte, um die Stelle des *Kassenwarts* in seiner *Gesellschaft* einnehmen zu können – sein Vorgänger war gerade erst von einer Maschinenpistolensalve niedergestreckt worden.

In meiner jetzigen Situation bedarf es keiner langwierigen Diskussionen. Eine plötzliche Verhaftung könnte meine ganze Arbeit zum Teufel schicken. Der Umfang der Geschäfte in der Hand meiner Männer wächst von Monat zu Monat. Mittlerweile deponieren wir unsere Gewinne in drei verschiedenen Banken – kofferweise bringen wir die Geldscheine dorthin: zu den normalen Öffnungszeiten, aber direkt in die Büros der Bankdirektoren, deren Türen uns jederzeit offen stehen.

Seit einigen Jahren gibt es auch kein Blutvergießen mehr in Brancavilla. Das Wichtigste dabei ist, abgesehen vom Gleichgewicht der Macht des Verbrechens, sich auch einen gewissen sozialen Anstrich vor Ort zu geben. Niemals Schutzgeld von mittelgroßen oder kleinen Kaufleuten erpressen. In meinem Territorium sind nur drei reiche Unternehmensgesellschaften gezwungen, für ihren Schutz zu zahlen: eine Spedition, ein Industrieunternehmen und eine Baufirma, die alle gut laufen. Im Gegenzug können die

Geschäftsführer von den freundschaftlichen Beziehungen zu uns profitieren. Auch den ärmsten Familien zu helfen, ist Aufgabe der *Ehrenmänner*. Vor zwei Monaten gab es den Fall zweier Kinder, deren Erkrankung bei uns nicht behandelbar war; sie konnten nur durch einen komplizierten chirurgischen Eingriff gerettet werden, wie er in Japan und in den USA durchgeführt wird. Diese Kinder wären vermutlich schon tot, wenn die Mafia von Brancavilla nicht daran gedacht hätte, ihnen im entscheidenden Moment zu helfen, indem sie die horrenden Kosten für Reise, Operation und Krankenhausaufenthalt übernommen hat. Die ganze Stadt hatte für die Kinder gesammelt, trotzdem mussten die *Ehrenmänner* dreihundert Millionen Lire flüssig machen.

Die »Normalbürger«, besonders die weniger gut gestellten Schichten, nehmen solche Hilfsaktionen zum Anlass, den Mythos der organisierten Kriminalität zu festigen – auf die gleiche Weise, wie die sogenannte saubere Parallelgesellschaft, bestehend aus Beamten und höheren Berufsständlern, die Politiker verehrt und unterstützt, die gerade an der Macht sind: Politiker, die auf der einen Seite öffentlich die Mafia verurteilen und auf der anderen, um sich unsere Wählerstimmen zu sichern und an der Macht zu bleiben, dafür sorgen, die öffentlichen Bauaufträge mit uns zu planen. Da wir, in Brancavilla, ungefähr dreißig Prozent der Wahlberechtigten stellen, weiß die bürgerliche Parallelgesellschaft nur zu gut, dass der Bürgermeister nur dank unserer Stimmen ins Amt gekommen ist. Und wenngleich die Vertreter des Mittelstands sehr wohl wissen, dass öffentliche Arbeiten zum großen Teil durch Mafiakapital finanziert werden, rümpfen sie die Nase und schauen entrüstet drein, wenn sie »entdecken«, dass unter anderem auch die von der Mafia kontrollierten Unternehmen im Wettbewerb um die Aufträge mitmischen. Der Anteil der öffentlichen Ausschreibungen, den die Mafia in Kalabrien von der Politik bekommt, entspricht etwa fünfundzwanzig bis dreißig Prozent der Summe, mit der die Mafia das Projekt finanziert. Damit wir uns verstehen: Wenn wir ein Bauvorhaben mit einer Milliarde Lire finanzieren, bekommen wir einen Bauauftrag über zweihundertfünfzig bis dreihundert Millionen. Es stimmt, dass wir durch Geldwäsche direkt in unserer Region höhere Profite erzielen als im Ausland, aber das Risiko erwischt zu werden, ist hier viel größer. Und die Justiz schreitet dann ein, wenn sie mitbekommt, dass ein Großteil des illegalen Mafiageldes ins Ausland fließt. Aus diesem Grund ist es sehr wichtig, dass das Kapital, das die einzelnen Clans vermehren, gleichmäßig verteilt wird. Um nicht durch Ermittlungen gestört zu werden, gilt die Devise: Innerhalb Italiens wird ebenso viel Geld gewaschen wie jenseits der Grenze.

Es ist eine ständige Gratwanderung: Einerseits muss das Kapital vermehrt werden; gleichzeitig muss man sich das Wohlwollen der Leute sichern und den Feinden Angst und Schrecken einjagen, ohne dabei selbst im Knast zu landen; dazu ist es unerlässlich, mit sämtlichen Gesellschaftsschichten zu kommunizieren, und zwar ohne dass es dabei zu Missverständnissen kommt. Man muss mit dem einfachen 'Ndranghetista, dem Sohn eines Bauern, ebenso Klartext sprechen wie mit dem Banker in Mailand oder Berlin, mit dem multinationalen Bauunternehmer oder mit Vertretern der politischen Führungsriege. Zermürbend ist es, die Geldgier unserer Partner zu befriedigen, die ständig mit neuem Geld gefüttert werden wollen.

256 Da unsere Ressourcen nicht unendlich sind, wüsste ich wirklich nicht, wer mich in Brancavilla ersetzen könnte, sollte ich einmal hinter Gittern landen. Der Gedanke, einem anderen den Kommandostab zu überlassen, macht mir Angst. Ich muss diese letzte Anstrengung unternehmen. Mir bleibt nichts anderes übrig: Ich muss die Bande als Untergetauchter weiter anführen.

Die tägliche mehrstündige Sitzung inmitten der Berge, an ständig wechselnden Orten, wird zur Routine. Auf diesen Höhen empfange ich der Reihe nach die Bosse der sieben *Gesellschaften* unter meiner *Oberen*, außerdem Salvatore Gravina, Rino oder Alfonso.

In Gesellschaft des jungen Schäfers Enrico und seiner Herde von dreihundert Schafen und zweihundert Ziegen verbringe ich die restliche Zeit damit, die Tiere von einer Weidefläche zur nächsten zu führen und am Abend wieder in den Stall zurückzubringen. Enrico treibt die Tiere mit einem Dutzend Maremmaner, weißen Hirtenhunden, und einen Bergamasker Rüden namens *Bufalo*, der darauf abgerichtet ist, Fahrzeugspuren zu erschnüffeln. Selbst aus großer Entfernung ist er imstande, die Gegenwart unbekannter Personen anzuzeigen. Um unliebsame Überraschungen zu vermeiden, schicken wir *Bufalo* als Vorhut voraus. Zusammen mit ein paar Maremmanern kann er in den Bergen mehr leisten als ein Leibwächter. Unermüdlich durchkämmt er das Territorium, hin und zurück, nach rechts und nach links, um ein paar Quadratkilometer im Umkreis von mir und Enrico zu kontrollieren.

Die Nächte in den Bauernhäusern oder in der Hütte des Schäfers am Kaminfeuer geben mir Gelegenheit, regelmäßig meine Gedanken zu ordnen und Pläne für die Zukunft zu schmieden. Hier fühle ich mich weiterhin sicher wie in einer Festung. Um mich im Schlaf zu überraschen, müsste man den gesamten Schutzschild aus Hunden und weiteren zwanzig Untergetauchten durchbrechen, die zwischen den Tälern Stellung halten und sämtliche Wege in die Berge kontrollieren.

Von Zeit zu Zeit reite ich bis zum Strand im Norden von Brancavilla und bin bewaffnet wie ein Soldat, der in den ersten Reihen kämpfen muss. Wenn ich zufällig der Polizei begegnen würde, würden die Beamten so tun, als kennten sie mich nicht. Ansonsten würden sie in Fetzen gerissen durch die Luft fliegen: Die Schergen wissen, dass ich mindestens ein halbes Dutzend Handgranaten am Sattel befestigt mit mir führe.

Alle zwei Wochen, so wie heute, verlasse ich frühmorgens die Berge und wage den Ritt bis nach Panocato. Sobald ich das Haus meines Schwiegervaters betrete, eilen Angelina und Ercolino herbei und fliegen mir um den Hals. Auch Mimmo ist gekommen, um mir seine neue Verlobte vorzustellen. Es ist ein schönes Mädchen, wohlgeformt, mit schneeweißer Haut und grünen Augen; sie lässt seine Hand nicht mehr los. Ich bemerke, dass ihre Beine zittern, als wir uns mit Wangenkuss begrüßen. Sie heißt Adele, und man sagt mir, dass ihr die Konversation gefällt. Sie studiert italienische Literatur und Philosophie in Neapel. Schade, dass ich keine einzige Silbe aus ihrem Mund zu hören bekomme, sie bleibt an Mimmo kleben wie ein kleines Mädchen, das Angst vorm Gewitter hat.

Wenn ich zu Hause bin, schiebt die ganze Bande des Territoriums Wache in der Umgebung. Sollte irgendwo ein Streifenwagen auftauchen, würden sie Mittel und Wege finden, um ihn zu stoppen. Die Männer von Don Leopoldo sind schnell bei der Hand, um mit einem oder mehreren Lastwagen einem unerwünschten Fahrzeug den Weg zu versperren.

Während Anna mir die Haare schneidet, berichtet mein Anwalt von den neuesten Ergebnissen seiner Bemühungen, den Staatsanwalt zu bestechen, der nach mir fahnden lässt; außerdem versucht Mammone, Antonino De Cesare dazu zu bewegen, seine Anzeige wegen Schutzgelderpressung gegen mich zurückzuziehen.

Angelina, die aufmerksam zuhört, runzelt die Stirn und erbittet mit einer Kopfbewegung das Wort, so wie es ein echter Mafioso tun würde. Leise sagt sie:

»Wie wäre es, wenn unsere Anna mit der Signora De Cesare reden würde, damit sie ihre Meinung ändert?«

Mammone geht ein Licht auf. Und mit erhobenen Händen sagt er flehentlich:

»Es könnte ja ein Zufall sein, aber auf dem Weg hierher hatte ich exakt den gleichen Gedanken! Und da ich stets Vertrauen ins

Schicksal setze, lasst uns doch diese Chance nutzen. Giuliano, dies könnte ein Joker sein.«

Mit diesen Worten dreht sich Mammone zu Anna, die mit Kamm und Schere über meinen Kopf gebeugt ist, und sagt:

»Mit dem gebührenden Respekt, Donna Anna, wenn sich eine Zigeunerin wie Ihr der Sache annimmt, dann lässt sich auch ein Herz aus Stein erweichen.«

Anna antwortet weder mit Ja noch mit Nein. Sie fasst mich am Kinn, um meinen Kopf zu heben und so den neuen Haarschnitt begutachten zu können, und der Anflug eines Lächelns liegt auf ihren Lippen und bezeugt den blanken Stolz der Zigeunerin, die sich ihrer einzigartigen Überzeugungsgabe bewusst ist. Dieses Lächeln wird bedrohlich breiter, als Anna Mammone ins Visier nimmt, der von ihrer bösartigen Energie zugleich fasziniert und verstört ist. Er schlägt die Hände vors Gesicht und ruft: »*Mamma mia*, was habe ich euch gesagt! Sie ist genau das, was wir brauchen.«

Um noch eins draufzusetzen, stelle ich Anna eine Kiste Champagner und zehn Millionen Lire in Aussicht, wenn sie die Signora De Cesare dazu bringt, dass ihr Ehemann seine Klage zurückzieht.

Um die andere unliebsame Sache aus der Welt zu schaffen – die Anklage wegen Anstiftung zum Mord –, haben die Freimaurerfreunde von Mammone bereits Kontakt zu Daniele Damato, dem Staatsanwalt, aufgenommen, der zurzeit Jagd auf mich macht. Im Moment erwägen sie die Möglichkeit, ihn im Verlauf der Ermittlungsphase und noch vor Prozessbeginn zu bestechen. Ich zwinge mich, Nerven zu bewahren, denn im Augenblick würde die Anwendung von Gewalt nichts oder nur wenig bringen.

259

Im Gegenteil, ich lasse die übliche Kiste Dom Perignon und ein Kilo besten Kaviar ins Haus des Staatsanwalts liefern. Überdies verspreche ich, ihn mit zweihundert Millionen Lire zu bedenken, wenn er sich überzeugen lässt, die Aussage von Agostino Pedduzza, dem Exmafioso, der mich beschuldigt, zu manipulieren.

Von oben kommt Don Leopoldo, gefolgt von zwei seiner Bluthunde. Er umarmt und küsst mich und sagt dann mit einem Lächeln:

»Wenn du willst, kannst du viel länger als nur bis zum frühen Nachmittag bleiben. Komm mit mir, ich bitte dich.«

Und mit diesen Worten begibt er sich ins andere Zimmer, das auf einen mit Zitronenbäumchen bepflanzten Innenhof geht. Dort stehen ein großes Bett mit Baldachin und ringsum Wandschränke und mit Intarsien geschmückte Konsolen.

»Dieses Bett und das andere Mobiliar, das du hier siehst, wurde für meinen Vater, also den Großvater von Angelina geschreinert, der einen Meter fünfundneunzig groß war und von den Leuten seinerzeit als Riese bezeichnet wurde.« Don Leopoldo steht nun neben dem Himmelbett, geht in die Knie, hebt die Decke in die Höhe, die den Fußboden berührt, und bittet mich, unters Bett zu schauen. »Bemerkst du etwas?«, fragt er mich ironisch. Ich muss gestehen, dass mir abgesehen von dem dekorativen Terrazzo-Fußboden nichts Besonderes dort unten auffällt.

»Also dann schau her!«

Mit einem Handgriff senkt sich auf magische Weise ein halber Quadratmeter Fußboden. Ich krieche zu meinem Schwiegervater unters Bett, und der Mund bleibt mir offen stehen: Dort befindet sich seitlich ein Versteck, zwei auf einen Meter groß, über dreißig Zentimeter tief und gänzlich mit einer Matratze ausgelegt. Don Leopoldo erklärt mir, das man sich klein machen muss, wenn man einmal drin ist, damit das Versteck von außen unsichtbar geschlossen werden kann; die Abdeckung ist entlang der Linien eines der vier Quadrate herausgeschnitten, die den Fußboden schmücken. Das Versteck wird geöffnet, indem man in ein winziges Loch im Fußboden einen kleinen Haken einführt, um den Ring an der Spitze eines verborgenen Stabs zu greifen und ihn herauszuziehen. Um von innen zu schließen, genügt es, eben diesen Stab zu drücken, der bis ins Innere des Verstecks ragt. Sobald man zwischen den Fingerspitzen einen leichten Ruck verspürt, setzt sich der Mechanismus in Bewegung. Das System wurde von dem alten Uhrmacher des Ortes erdacht, der im Vorjahr einem Herzinfarkt erlegen ist und das Geheimnis mit ins Grab genommen hat. Selbst im Falle einer Hausdurchsuchung wird es der Polizei kaum möglich sein, mich unter dem Bett des Grafen Dracula aufzustöbern.

Ich verbringe die Nacht zum ersten Mal seit Langem wieder in einem richtigen Bett und fühle mich wie ein König. Ganz eng an mich geschmiegt liegen Ercolino und Angelina, die mir im Halbschlaf freudig erregt offenbart, dass sie ein zweites Kind erwartet.

Zwei verdammte Freaks

Bufalo, der aufmerksame Bergamasker, schlägt an: Jemand oder etwas ist hier. Wir sind sofort alarmiert. Jetzt bellt er und will nicht mehr aufhören.

»Was zum Teufel geht hier vor sich?«, frage ich Enrico, der stocksteif dasteht und die Ohren spitzt.

»Werft Euch sofort zu Boden, unter die Schafe, Don Giuliano!«, sagt der Schäfer und macht eine Bewegung mit der Hand, einen Delfinsprung imitierend. Verflucht noch eins! Den weißen Jeep, der da näher kommt, kennen wir gut, er kreuzt von Zeit zu Zeit die Straße in zwei Kilometer Entfernung vom Schafstall, darin sitzen zwei berühmt-berüchtigte Polizisten in Zivil, zwei richtige Freaks. Wir sind allein. Mit einer Begegnung dieser Art während des Weidens hatten wir nicht gerechnet. Wir befinden uns mitten auf einer Ebene im Vorgebirge des Apennins, die vollkommen frei und ungeschützt ist. Mit einem lang gezogenen Pfiff befiehlt Enrico den Hunden, die Herde zusammenzutreiben. Die Maremmaner reagieren sofort und kreisen in wilder Jagd die Schafe ringsum ein; dabei lassen sie die Jungtiere schon mal ihre Zähne spüren. Im Nu ist ein Großteil der Herde nah bei uns und scheint auf Angriff zu warten. Jetzt ist der Moment gekommen und Enrico schreit:

»Legt Euch auf den Boden!« Ich gehorche und lege mich platt auf die Erde, die Hufe der Tiere auf Augenhöhe. Enrico pfeift erneut. Je näher der Jeep kommt, desto größer die Panik der Tiere, die mit ihren knochigen Beinen über mich hinwegsteigen. Ich höre, wie Enrico brüllt:

»Mit eurem Auftauchen habt ihr die Tiere aufgescheucht! Heute Abend werde ich wohl einige verletzte Schafe haben. Und wer wird dann für den Schaden aufkommen, der Präfekt etwa?«

Vermutlich ist Enrico der einzige Schäfer, der in der Lage ist, eine Herde in ein bewegtes Meer zu verwandeln. Trotz des Blökens und Getrampels rings um mich herum kann ich das Rufen der Beamten verstehen. Sie müssen knapp zehn, zwölf Meter hinter mir sein. Ich presse mich noch fester auf das Gras und halte den Neunkaliber in der Faust. Enrico schreit von Neuem:

»Nein, ich habe niemanden in dieser Gegend gesehen. Weder hier noch auf den anderen Weideflächen weiter oben. Geht jetzt, ich muss meine Herde wieder beruhigen.«

Dem Motorengeräusch nach scheint der Jeep tatsächlich wegzufahren. Kurz darauf signalisiert mir Enrico mit mehreren kurzen Pfiffen, dass die Luft rein ist. Die Herde scheint erstarrt, mit zerzaustem Fell und rasendem Herzschlag. Wollfetzen verteilen sich in der Luft, die Ruhe wirkt irgendwie gespenstisch. Ich hebe den Kopf und sehe den Jeep am Ende des Wegs hinter dem Tal verschwinden. Wir schlagen uns sogleich ins dichte Buschwerk; unsere Mägen knurren, vor Aufregung und Angst sind wir hungrig geworden, und was für einen Hunger haben wir! Als ich einen flachen Felsblock sehe, lege ich mein Bündel dort ab, knote es auf und hole einen halben Pecorino, eine Presswurst und einen kleinen Brotlaib hervor. Enrico entkorkt den Rotwein und reicht mir die Flasche. Ich trinke zwei, drei, vier, fünf Schlucke! Ah, welch eine Wärme durchströmt mich! Ein Biss vom Brot, ein Stück Käse und eins von der Wurst, und uns bleibt nichts weiter übrig, als mit den Augen zu lachen und uns darüber zu freuen, dass wir diese verdammten Freaks ausgetrickst haben.

Heute, nach zwei Jahren im Untergrund, ist es mir endlich gestattet, nach Brancavilla zurückzukehren. Der Haftbefehl gegen mich wurde aufgehoben, die Polizei hat die Fahndung eingestellt.

Wie es Angelina und der Rechtsanwalt Mammone vorausgeahnt hatten, war Annas »weiße Magie« ein wirksames Mittel, um die Signora De Cesare davon zu überzeugen, dass ihr Ehemann die Anzeige wegen Schutzgelderpressung besser wieder zurückzieht. Der Staatsanwalt Damato erwies sich dagegen als härtere Nuss, aber auch er ließ sich knacken, obwohl es ziemlich lange gedauert hat, bis das Gericht die Aussage des *pentito*[38] Agostino Pedduzza als unglaubwürdig eingestuft hat – insbesondere jene Angaben, die zu meinem Haftbefehl wegen Anstiftung zum Mord geführt haben. Bevor Damato sich zweihundertfünfzig Millionen Lire in die Tasche stecken konnte, musste er die Geschichte Schritt für Schritt demontieren, genauso wie er sie zuvor konstruiert hatte.

Die Straße vor meinem Haus ist voller Menschen. Es gelingt mir nicht, mich dem Händeschütteln, den Umarmungen und Solidaritätsbekundungen der Freunde und Bekannten zu entziehen, die seit dem frühen Morgen auf mich warten. Die Haustür geht auf, und ich sehe, dass die Diele wie zu Silvester geschmückt ist. Ich drehe mich noch einmal um und grüße mit erhobenen Armen die Menge. Im Haus vollführt Angelina einen Freudentanz, sie trägt

---

38 Mafia-Aussteiger (wörtl. »Reuiger«), der mit der Justiz kollaboriert und dafür einen Strafnachlass erhält.

ein schwarzes Spitzenkleid mit knappem Bolero und Halbstiefeletten fast ohne Absatz. Anna, die Hexe, legt mir Elisa, mein zwanzig Monate altes Töchterchen, in den Arm. Ercolino ist mit seinen sieben Jahren bereits ein kleiner Mann, er kommt mit einem Spielzeuggewehr in der Hand und einem Sombrero auf dem Kopf angaloppiert; auf seine »Winchester« ist er ganz besonders stolz, weil man damit »richtig« schießen kann und es knallt und raucht, wenn man den Abzug drückt. Zuerst gibt er sich etwas schüchtern, dann aber ist er außer Rand und Band: Die Zunge zwischen den Zähnen ballert er auf einen imaginären Feind, der unterm Tisch versteckt ist. Zwischen dem Knallen und dem Rauch aus dem Spielzeuggewehr verharren wir reglos, als Ercolino vor Wut bebend schreit: »Und das hier passiert mit den Feinden von Papa!«

Der Ermittlungsrichter Falcone und der Schatz des Kreml

Es ist Anfang Juni 1992. Zusammen mit Salvatore Gravina, Rino, Alfonso und Mauro beschließe ich, die anstehenden geschäftlichen Zusammenkünfte, die außerhalb Brancavillas hätten stattfinden sollen, auf unbestimmte Zeit zu vertagen. Seit zwei Wochen hat die Polizei ihre Repressalien gegen die Mafia verstärkt. Überall auf den Straßen werden sehr junge, besonders couragierte Polizeibeamte eingesetzt, die sich nicht scheuen, die Bosse zu kontrollieren. Es wäre doch zu blöd, sich wegen eines zwanzigjährigen Schnösels, der bei einem Waffen im Auto findet, in Schwierigkeiten zu bringen. Diese jungen Polizisten schieben drei Tage Dienst in Brancavilla, fünf in Sizilien und sieben in Neapel. Wo sollte man sie anschließend noch ausfindig machen, um ihnen Angst einzujagen? In solchen Momenten muss man einfach wie der Teufel auf der Hut sein, denn schnappen sie einen jetzt wegen irgendeiner Dummheit, wird sich auch der korrupteste Ermittlungsrichter weigern, einem zu helfen. Angesichts der massiven Präsenz von Agenten der DIGOS[39] und der DIA[40] in allen Hotels, Bars und Restaurants der Stadt, lautet die Devise in diesen Tagen: Dass sich für den Moment ja keiner rührt!

Also ist es tatsächlich besser, sich zu Hause einzuschließen und abzuwarten, bis wieder Ruhe einkehrt.

Die neuesten Repressalien sind die Antwort des Staates auf das tödliche Attentat auf Giovanni Falcone am vergangenen 23. Mai.

Der Generaldirektor der Abteilung für Strafverfolgung im Justizministerium, seine Frau und ein Großteil seiner auf drei gepanzerte Fahrzeuge verteilten Eskorte wurden auf der Autobahn zwischen dem Flughafen Punta Raisi und Palermo an der Ausfahrt nach Capaci mit einer halben Tonne Tritol in die Luft gejagt.

Die furchtbare Explosion des Sprengstoffs, der in einem Drainagerohr unterhalb der Straßendecke versteckt war, haben nur vier Leibwächter überlebt: einer in dem Wagen, den Falcone selbst fuhr, die anderen drei in Fahrzeugen am Ende des Konvois.

Die Menschen reagieren mit Entsetzen angesichts dieser Gewalt, die geradezu kriegerische Ausmaße hat. Die Bilder des Massakers von Capaci, die von allen Fernsehsendern wieder und wieder verbreitet werden, erinnern an einen Kriegsschauplatz: Der Asphalt der Autobahn ist über eine lange Strecke vollständig aufgerissen, praktisch nicht mehr vorhanden. Die Bilder zeigen einen Krater, mindestens so breit wie eine Tankstelle, die Karosserien der Autos sind bei der Detonation mindestens hundert Meter weit durch die Luft geflogen. Die Leute überkommt das Grauen, sie begehren auf:

»Nicht mehr mit der Maschinenpistole, mit Kriegsbomben haben sie sie umgebracht!«

---

39 **D**ivisione **I**nvestigazioni **G**enerali e **O**perazioni **S**peciali: Abteilung für allgemeine Ermittlungen und Sonderoperationen der italienischen Staatspolizei.
40 **D**irezione **I**nvestigativa **A**ntimafia: Oberste Antimafia-Ermittlungsbehörde.

Die Linke ist außer sich wegen des neuerlichen Massakers in Sizilien und reagiert mit einer beispiellosen Pressekampagne gegen die Mafia, nach dem Motto: »Rückkehr der Monster – wer ist das nächste Opfer?«.

Die Journalisten halten die Reihen geschlossen, sie sind sich sicher, dass die Mafia hinter der Ermordung des Ermittlungsrichters Falcone steckt, und zwar wegen des Mammutprozesses gegen die Mafia, den er zwischen 1986 und 1987 zusammen mit Paolo Borsellino abgehalten hat und an dessen Ende der historische Urteilsspruch gegen mehr als dreihundertfünfzig *Ehrenmänner* stand.

Worüber die Journalisten jedoch kein Wort verlieren, ist, dass der Oberste Richterrat, die Aufsichtsbehörde der Gerichte, gleich nach dem Mammutprozess die Arbeit Falcones blockiert hat, indem er die Kandidatur des palermitanischen Richters für das Amt des Antimafia-Oberstaatsanwalts durchfallen ließ. Von den über dreihundertfünfzig Mafiosi, die drei Jahre zuvor durch Falcone verurteilt wurden, blieben nur sechzig in Haft.

Überdies konnte Bernardo Provenzano, der Boss der Bosse, trotz seiner Verurteilung in Abwesenheit weiterhin ungehindert die sizilianische Mafia lenken, die Tausende Mitglieder im Osten Siziliens zwischen Palermo und Corleone zählte.

Falcone war seit 1988 isoliert, weil sich viele seiner alten Weggefährten von ihm abgewandt hatten, darunter auch Leoluca Orlando Cascio, Bürgermeister von Palermo und Sohn von Salvatore Orlando Cascio; über Letzteren ist hinlänglich bekannt, dass seine Ernennung zum Direktor des Banco di Sicilia aufgrund eines Dossiers der Antimafiakommission verhindert worden war. Sein Sohn, der Politiker Leoluca, tut alles, um seine unbequeme Herkunft zu verbergen, und lässt aus diesem Grund bei seinem Nachnamen auch das »Cascio« weg; als Sohn des bekannten Freimaurermitglieds Salvatore Orlando Cascio versuchte Leoluca, Falcones Glaubwürdigkeit zu untergraben, und bezichtigte ihn, Dokumente über spektakuläre Delikte, die auf das Konto der Mafia gehen und in denen der Name von Giulio Andreotti auftaucht, unter Verschluss zu halten.

Diese Anschuldigungen führten dazu, dass sich Falcone vor dem Obersten Richterrat rechtfertigen musste.

Auf diese Weise wurde der legendäre Antimafia-Richter in seiner Ehre getroffen, kompromittiert und 1991 ins Justizministerium nach Rom abgeschoben, wo er keinerlei Ermittlungsbefugnisse hatte. In seine Heimatstadt Palermo konnte Falcone nur noch an den Wochenenden reisen.

Wenngleich die Journalisten nie davon abließen, Falcone als Helden hinzustellen, der dem organisierten Verbrechen immer gefährlicher wurde, war bei genauerem Hinsehen klar, dass der ehemalige Antimafia-Ermittlungsrichter keine große Gefahr mehr für die Mafia darstellte.

Wieso hätte sie ihn also umbringen sollen?

Um die wahren Hintergründe des Massakers von Capaci zu verstehen, sollte man seine Aufmerksamkeit auf die gesellschaftlichen Ereignisse richten, die sich zu jener Zeit in einem anderen Teil der Welt, nämlich in Russland, abspielten. Während die Sowjetunion in Auflösung begriffen war, trieben Jelzin und seine Leute die Privatisierung der Wirtschaft voran: von den Chemiefabriken bis zu den Baugesellschaften, von den Lizenzen für die Erschließung von Energieressourcen bis hin zu den Standorten der Aluminium- und Nickelindustrie.

Die neuen russischen Oligarchen profitieren von der sich ausbreitenden politischen Korruption und werden überwiegend von britischen, amerikanischen und israelischen Finanziers unterstützt; sie sind in der Lage, riesige Unternehmen zu Schleuderpreisen aufzukaufen.

Koordinator des finanzpolitischen Ruins und der territorialen

Zerstückelung der Sowjetunion ist der Italiener Giancarlo Pallavicini, ein renommierter Wirtschaftsexperte, der auf den Ausverkauf ganzer Volkswirtschaften spezialisiert ist; er wird als erster westlicher Berater für die Wirtschaftsreformen in den Kreml gerufen, erst von Gorbatschow, dann von Jelzin.

Die von Pallavicini ausgeklügelten Veränderungen, die Russland für den freien Markt zugänglich machen, fegen die Kassen des Staates leer und trocknen dessen Geldreserven aus.

Angeführt von einem Mailänder, der sich wie zehn russische Oligarchen zusammen bereichert, sind es auch die italienischen Finanziers, die den größten Finanzbetrug der Geschichte durchziehen: die Geldwäsche des monetären Vermögens der Sowjetunion!

Eine einmalige Gelegenheit. Jetzt oder nie! Die fünftausend Milliarden Rubel, die sofort verschwinden, sind erst der Anfang eines Geldsegens, der die europäische Finanzwelt bereichert. Eine kostbare Beute, die still und heimlich beiseitegeschafft wurde, ohne darum einen Krieg zu führen.

»Gib mir mehr davon!«, sagen sie. »Was für ein Schlaraffenland!«

Nur wenige Wochen zuvor ist die Nachricht von der Entdeckung mysteriöser Konten durchgesickert, die offenbar dazu dienten, gigantische Mengen sowjetischen Gelds zu waschen. Die Politiker, und mit ihnen die Presse, stellen die Geldtransfers von Italien nach Russland so dar, als handle es sich um die Verschiebung von Mafiageldern. Dass das nicht stimmt, scheint niemanden zu stören, und so wirbelt die Angelegenheit kaum Staub auf.

Was die Menschen nicht wissen, ist, dass die von Richtern und Banken protegierten Finanziers es sind, die unsere Konten, Mafiakonten, benutzen, um die Kremlbeute unter sich aufzuteilen.

Für uns wiederum ist es beinahe so, als stellten wir unsere Konten einem Freund für dessen eigene Belange zur Verfügung. Wenn eine Überweisung eintrifft, wird das Guthaben eins zu eins sofort weitergeleitet. Fünfzig Prozent gehen nach Russland, in die Schweiz und nach England, in die Taschen von Oligarchen und Politikern; der andere Teil landet auf den von italienischen Finanziers kontrollierten Konten. Gleichzeitig sind jene stürmischen Umwälzungen aber auch das ideale Terrain, um unser eigenes Geld zu waschen. Und so bedanken sich die Richter und Staatsanwälte für den Gefallen, den wir ihnen tun, indem sie uns gestatten, auf einen Schlag einen Großteil unserer schmutzigen Gelder reinzuwaschen. Ein wahrer Geldfluss! In den letzten zwei Jahren hat mein Clan achthundert Milliarden Lire in Russland weißwaschen können. Davon sind über zweihundert Milliarden zurückgeflossen – lupenreines Geld, das man sofort ausgeben konnte.

Alles schien glattzugehen, bis eine russische Diplomatendelegation dem italienischen Staatspräsidenten Francesco Cossiga den Skandal anzeigt und Erklärungen über die nachweisliche italienische Wiederverwendung des Geldes verlangt, das aus den sowjetischen Staatskassen verschwindet. Und der Staatspräsident bittet just den damaligen Direktor des Amtes für strafrechtliche Angelegenheiten, Giovanni Falcone, darum, streng vertrauliche Ermittlungen anzustellen, um Licht in die Sache mit der Geldwäsche zu bringen. Falcone, ein ausgewiesener Experte in Sachen Währungstransfers, begreift sofort, dass er es hier mit einem regelrechten Komplott zwischen Finanziers, sowjetischen und italienischen Kommunisten sowie Richtern und Staatsanwälten zu tun hat. Zusammen mit seinem Freund und Kollegen Paolo Borsellino beginnt er insgeheim, den illegalen Geldtransfer aufzudecken. Während der Diebstahl voll im Gange ist, führen Falcone und Borsellino, die auch überzeugte Neofaschisten sind, die Ermittlungen in einem persönlichen Kreuzzug gegen die Kommunisten an der Spitze der Ermittlungsbehörde. Von ihrem Ehrgeiz getrieben entdecken sie am Ende viel mehr, als sie erwartet hatten – und mehr, als sie hätten entdecken dürfen.

An diesem Punkt hat es die Staatsanwaltschaft gründlich satt, in ihren Reihen zwei Richter zu tolerieren, die ihre Ermittlungen nicht sein lassen wollen, obwohl man sie wiederholt dazu aufgefordert hat. Und man beschließt, Falcone in die Luft zu jagen. Und Borsellino wird es genauso ergehen.

Die Drahtzieher des Komplotts haben mithilfe der Agenten des Geheimdienstes SISDE[41], die beiden Antimafia-Richter seit Jahren im Visier, um Politiker und Finanziers vor den Klauen der Justiz zu schützen. Die Verantwortlichen für das Massaker von Capaci, die in der sizilianischen Abteilung des SISDE sitzen, instrumentalisieren die Mafia, als die Dinge längst unter Dach und Fach sind: Die Mafia muss die Rolle des Sündenbocks spielen. Für die Geheimdienste ist die Sache nicht schwierig, denn unter den Männern des SISDE sind auch einige hochkarätige Mafiosi, und genau diese Agenten werden vorwiegend in Sizilien eingesetzt.[42] Kurz gesagt: Es stimmt, dass echte Mafiosi am Massaker von Capaci beteiligt sind, aber gearbeitet haben sie für den Staat und nicht für die sizilianischen Bosse. Man muss sich vor Augen halten, dass zum Zeitpunkt des Blutbads von Capaci nicht einmal die großen Bosse aus Corleone wie Salvatore »Totò« Riina den Plan zur Ermordung Falcones kannte.

41 Der **S**ervizio per le **I**nformazioni e la **S**icurezza **D**emocratica ist der Vorgänger des jetzigen Inlandsgeheimdienstes **A**genzia **I**nformazioni e **S**icurezza **I**nterna, dem italienischen Pendant zum Bundesamt für Verfassungsschutz.
42 Die Zusammenarbeit zwischen Geheimdienst und Mafia hat 1943 ihren Ursprung: Zusammen mit den Alliierten, die in Sizilien landeten, um Europa vom Faschismus zu befreien, traten auch die Agenten des OSS, Max Corvo und Vincent Scamporino, in Aktion. Die erste Mission der Vorläuferorganisation der CIA auf sizilianischem Boden war die Befreiung zahlreicher Mafiabosse, die von den Faschisten auf der Insel Favignana vor der Westküste Siziliens inhaftiert worden waren. Sie wurden unmittelbar in den Dienst des OSS übernommen.

Das Schattenheer

Einige Jahre später, an einem heißen Schirokko-Nachmittag im Frühsommer, pflückt Don Sergio eine Frucht von einem der niederen Zweige des Mispelbaums, der unserer Steinbank im Garten Schatten spendet. Während er sie schält, weist er das eisgekühlte Bier zurück, das Anna uns zur Erfrischung reichen will.

»Verzeiht, meine Liebe, aber ich trinke lieber einen Wein, der nicht aus dem Kühlschrank kommt, vielleicht noch ein Viertel von dem Roten, den wir uns beim Mittagessen haben munden lassen.«

Dann holt er mit einem Messer die Kerne heraus und isst das Fruchtfleisch. Mit noch vollem Mund hebt Don Sergio den Blick auf der Suche nach weiteren Früchten. Ohne sich zu erheben, betastet er erst die eine, dann die andere und ist offensichtlich unzufrieden mit deren Reifegrad. Als er das Klappmesser in die Hosentasche zurücksteckt, fällt mir auf, dass seine Augen nichts von ihrer magnetischen Kraft verloren haben und noch immer eine große Wirkung auf mich ausüben. Nur sein Haar ist jetzt vollständig grau.

Eine feuchte Hitzekappe von 40 Grad Celsius lastet auf uns. Schließlich sagt Don Sergio zu mir: »Giuliano, seit Langem schon wollte ich dir dafür danken, dass du mir Gelegenheit gegeben hast, eine so große Zahl von jungen Männern zu *taufen*, die bei deinen Meistern in die Schule gegangen sind. Dank deiner Bemühungen ist die Mafiaschmiede von Brancavilla eine der besten in ganz Kalabrien geworden. Deine *Soldaten* haben ein ausgezeichnetes Geschick bei der Auswahl meiner *Söhne* gezeigt, die heute über ganz Kalabrien verteilt zu den bedeutendsten Clans gehören. Deine Entscheidung, nicht zum Paten zu werden und dich stattdessen ausschließlich der Rekrutierung eines Schattenheers zu widmen, ist von großer Tragkraft gewesen!«

»Das stimmt«, erwidere ich: »Diese Idee trage ich seit dem Tag meines ersten Mordes mit mir herum. Damals habe ich mir bereits die Frage gestellt, welches der beste Weg wäre, um die Verräter aus dem Weg zu schaffen und das Risiko einer Verhaftung so weit wie möglich einzudämmen.«

Tatsächlich lag die Lösung dieses Problems viel näher, als es im ersten Moment ausgesehen hatte. Es genügte, die Organisation davon zu überzeugen, das traditionelle System der Aufnahme in die *ehrenwerte Gesellschaft* geringfügig zu verändern. Die *Schatten* wurden von da an unter absoluter Geheimhaltung Teil unserer Reihen, nachdem sie mindestens einen Mord im Namen der 'Ndrangheta begangen hatten, ohne zuvor unbedingt von einem Paten *getauft* zu werden. Diese Männer besitzen das Talent der antiken Ritter und sind für den Guerillakampf und den spontanen Gebrauch der Waffe am besten geeignet. Im Gegensatz zum klassischen Mafioso, der es liebt, seine Aktionen bis ins kleinste Detail zu planen und der von der perfekten Durchführung eines Mordes geradezu besessen ist. Diese »Spezialeinheit« sollte also den Untergrund des Untergrunds bilden – ein Schattenheer.

Da nur sehr wenige ranghohe Mafiosi über diese *Schatten* Bescheid wussten, konnten sie in ihrer Eigenschaft als Killer auch an den beschlussfähigen Sitzungen teilnehmen.

Heute sitzen die *Schatten* von Rechts wegen an den Verhandlungstischen der 'Ndrangheta, und kaum einer von ihnen hat je eine Gefängniszelle von innen gesehen. In den Akten der Polizei werden sie nicht geführt, und sogar für die Nachrichtendienste sind sie Unbekannte. Das Schattenheer ist unser eigener Geheimdienst.

Solche besonders geselligen Personen stammen selten aus Familien mit Mafiakultur. Sie üben einen echten Beruf aus, mit dem sie ein bescheidenes Einkommen erzielen; sie arbeiten als Lebensmittelhändler, betreiben eine Bar oder ein kleines Restaurant oder schlagen sich als Handelsvertreter durch.

Aufgrund ihrer unverdächtigen Herkunft sind sie besonders geeignet, um sich den zukünftigen Opfern unauffällig zu nähern; obendrein verlangen sie keine Bezahlung für die Ausführung eines Mords. Sie kommen in der offiziellen Hierarchie der Macht gar nicht vor, die Verdienste für die Bluttaten werden automatisch den Auftraggebern gutgeschrieben; dafür werden die *Schatten* an den Geschäften der *Ehrenmänner* beteiligt, vor allem an den Betrügereien und am Rauschgifthandel. Sie werden als Vermittler bei den Verhandlungen zwischen Betrügern und Mafiosi, zwischen Drogenkartell und -dealern eingesetzt und kassieren bei erfolgreichem Geschäftsabschluss beträchtliche Provisionen.

Federico Carnevale, mein Lieblings*schatten*, ist Friseur und leitet seit Kurzem ein Wellnesszentrum. Federico hat im Laufe seiner mafiösen Karriere einundzwanzig Morde begangen. Er ist ein gut aussehender Typ, nicht verheiratet und ein gern gesehener Gast in den Betten der großbürgerlichen Damenwelt von Brancavilla. Ironischerweise haben ihm die Leute, die von seinem abwechslungsreichen Liebesleben keine Ahnung haben, den Spitznamen *ricchionello* – »Schwuchtel« – gegeben. Federico, der diskrete Casanova meiner kleinen Stadt, hat mit dem Geld seiner Liebhaberinnen, das er zusätzlich zu seinen Erträgen aus den Geschäften mit der Mafia einnimmt, ein Vermögen angehäuft.

In der 'Ndrangheta stellen die *Schatten* eine Truppe von zweitausend *Soldaten*. Sie sind das Ass in unserem Ärmel, das auch dann gespielt wird, wenn irgendein Kokainbaron in Kolumbien seine Lieferfristen für die Ware nicht einhält.

Jeder Zeitaufschub bedeutet für uns einen sofortigen Gewinnverlust und vor allem ein Verlust unseres Ansehens. Wenn einer unserer Partner sein Lieferversprechen nicht einhält, kann er uns nicht einfach irgendwelche Dummheiten erzählen, in der Hoffnung, uns damit hinzuhalten.

Im Klartext: Die laxe Haltung der Südamerikaner wird von der 'Ndrangheta als ein Verrat angesehen, als ein Akt der Rebellion gegen die Vereinbarungen, als mangelnder Respekt gegenüber der gesamten Organisation – und entsprechend wird sie auch bestraft.

Und das ist die Stunde der *Schatten*!

Zwanzig bis fünfzig Männer aus den unterschiedlichsten Ortschaften Kalabriens tun so, als würden sie Urlaub machen. Gemeinsam mit ihren Familien nehmen sie ein Flugzeug nach Bogotá oder Medellín und steigen in irgendeinem Hotel ab. Innerhalb einer Woche sind dort alle vollzählig versammelt.

Nachdem sie untereinander Kontakt aufgenommen haben, bildet sich die Sturmtruppe und geht zum Angriff über. Ihr zur Seite stehen die Komplizen vor Ort, die echte Militärmanöver mit Bazookas durchführen und auch imstande sind, in den sehr abgelegenen und gefährlichen Gegenden Kolumbiens Überraschungsangriffe von unerhörter Brutalität und solch schockierender Präzision loszutreten, dass die herausragenden Spitzengrößen Lateinamerikas terrorisiert sind und sich sofort ergeben. Nachdem zwangsweise Frieden eingekehrt ist, werden sämtliche Spesen der kalabrischen Strafexpedition von den Zahlungen für den Kauf der Kokainlieferungen abgezogen. Die kolumbianische Polizei würde, selbst wenn sie wüsste, dass die Anschläge auf das Konto der 'Ndrangheta gehen, die Mörder niemals unter harmlosen italienischen Touristen suchen; stattdessen legt sie den Fall als neuerliches Verbrechen im Machtkampf zwischen lokalen Drogenbanden zu den Akten.

Wenn auf diese Weise der Respekt für die nächsten Jahre wiederhergestellt ist, dann ruht das Kokainmonopol noch fester in den Händen der 'Ndrangheta.

Finanzkapitalisten

In Brancavilla arbeiten meine Männer in einer Art brüderlicher Solidarität zusammen. Streitigkeiten werden, noch bevor sie in gefährliche Rivalitätskämpfe ausarten, dank unermüdlicher Überzeugungsarbeit meiner *Soldaten* verbal gelöst; sie tun alles, um das Gleichgewicht unter den Nachwuchsmafiosi zu garantieren. Auch in den anderen *Gesellschaften*, die unter dem Kommando von Brancavilla stehen, ist alles bestens geregelt, dank einer vernünftigen Politik der neuen, vom Paten aus Cosenza *getauften* Mitglieder. Besonders die 'Ndranghetisti der neuen Generation, die weniger nachdrücklich und pathetisch sind als die Alten, die sich wegen eines falsch oder richtig interpretierten Wortes gleich an die Gurgel gingen, bewegen sich mit Geschick in den verwickelten Machtspielen auf lokaler Ebene. Die *obere Gesellschaft* von Brancavilla häuft gemeinsam mit ihren anderen sieben *traditionellen Gesellschaften* Summen in schwindelerregender Höhe an. Der Kokainhandel ist mit Abstand die effizienteste Möglichkeit geworden, um Reichtum zu scheffeln. In der letzten Zeit verticken wir bis zu einer Tonne im Monat, und wenn es so weitergeht, erzielen wir zusammen mit Betrugs- und legalen Geschäften ein Umsatzvolumen von eintausend Milliarden Lire pro Jahr. Im Augenblick vermehrt meine *Gesellschaft* das Geld so, wie es sonst nur eine Gelddruckerei machen könnte.

Damit die Container mit dem versteckten Kokain zwischen den Kontinenten freie Fahrt haben, machen sich die großen internationalen Speditionen ans Werk. Deren Geschäftsführern übergeben wir das Geld für den Transport plus das Schmiergeld, das für den südamerikanischen und europäischen Zoll gedacht ist. Dieses Schmiergeld entspricht 30 bis 35 Prozent des Werts der Drogenlieferung. Wenn also Zöllner plötzlich einen Kokaintransport entdecken, dann hat das mit der 'Ndrangheta nichts zu tun. Es handelt sich hier ausschließlich um die Arbeit von Anfängern, die kein oder zu wenig Schmiergeld bezahlt haben und die sofort aus dem Verkehr gezogen werden. Denn nur wenn das Schmiergeld in der üblichen Höhe bezahlt wird, kann man sicher schlafen. Die Konkurrenz unter den korrupten Spitzen des Zolls der verschiedenen Häfen Europas ist sehr hart, aber Hamburg war und ist immer noch am billigsten. Trotzdem, jede Tonne Kokain, die in Kalabrien landet, kostet uns heute fast zehn Millionen US-Dollar.

Der Handel mit kristallisiertem Kokain boomt wie nie zuvor in der ganzen Welt und gestattet uns, unglaubliche Summen flüssig zu machen, die wir mit Hilfe der Politiker in den Bau von Straßen, öffentlichen Gebäuden, Häfen, Flughäfen und Hotels in Europa und seit geraumer Zeit auch in Nordamerika investieren.

Seit dem Mauerfall ist das Europaparlament der Austragungsort für die Verhandlungen über mafiöse Finanzgeschäfte außerhalb Italiens.

Es sind die Regierungschefs selbst, die den Wettlauf um das Mafiakapital anheizen. In den jeweiligen Ministerien sitzen Mit-

282

arbeiter, die sich mit den Transfertechniken für die illegale Valuta bestens auskennen und genau wissen, was im Falle der Genehmigung eines von der 'Ndrangheta finanzierten Projekts zu tun ist; nach außen hin geben sie vor, das Geld der Nationalbanken zu verwalten. Für Staaten gibt es unser Kapital gratis. Es liegt bereit, um in ihre Kassen zu fließen, ohne dass sie die Kapitalvermehrung finanziert haben. Unsere Politiker treffen sich bei den Sitzungen in Brüssel und Straßburg mit ausländischen Beratern *backstage*, um das Wie, Wann und Wieviel der illegalen Finanzierungen zu verhandeln. Die Europaparlamentarier ähneln immer mehr den Industriellen, ihren Verbündeten: Je mehr Zeit vergeht, desto größer wird ihre Gier nach Geld. Sie tun alles, um dieses oder jenes Projekt zu unterstützen und zu fördern, um anschließend die Provisionen, die durchschnittlich drei bis vier Prozent der gesamten Finanzierung ausmachen, in die eigene Tasche stecken zu können. Und deshalb fragen sich die Leute bisweilen: »Dieser neue Straßenabschnitt, dieses öffentliche Gebäude, dieses Stadion und gar das neue Flughafenterminal – waren die tatsächlich nötig?«

Jeder Boom in der Bauwirtschaft bedeutet immer auch die Möglichkeit, illegale Gelder zu waschen, die zum großen Teil aus den Taschen derer kommen, die sich liebend gern Kokain in die Nase ziehen. Die Sniff-Droge ist eine der tragenden Säulen, die die Subventionierung der italienischen Industrie in Italien und zum Teil in Europa und auf der Welt stützen.

Würden sämtliche Kokainkonsumenten mit einem Schlag aufhören, Stoff zu kaufen, müssten die großen Bauunternehmen, der Stolz des halbstaatlichen und privaten Baugewerbes in Rom, Mailand, München, Hamburg, Rotterdam, Zürich, Marseille, Barcelona oder London im selben Augenblick Konkurs anmelden.

Im Jahr 1995 hat die 'Ndrangheta vierzigtausend Milliarden Lire in die Kassen der Bankfilialen Süditaliens gepumpt.

Ehrenwerte Zigeuner

Wer kommt da die Treppe herauf?

»Filippo! Welch Freude dich wiederzusehen!«

Filippo ist der Sohn von Anna, unserer Haushälterin. Ich gehe ihm entgegen, umarme ihn und lasse ihn auf dem Sofa Platz nehmen.

»Hast du deine Mutter schon begrüßt? Sie erwartet dich voller Ungeduld.«

Filippo nickt und das tut er schon, seitdem er eingetreten ist. Er trägt einen Anzug von der Stange, der ihm etwas zu weit ist, aber so ist es heutzutage eben Mode bei den jungen Leuten. Wenn man ihnen etwas von maßgeschneiderter Kleidung erzählt, denken sie sofort an Urgroßvaterzeiten. Sein pechschwarzes Haar ist ganz glatt, vorne kinnlang, und dieser Schnitt schmeichelt seinem kantigen, ausdrucksstarken Zigeunergesicht; er hat überhaupt nichts Mediterranes an sich: Augen und Lippen haben orientalische Züge und verleihen ihm ein archaisches Aussehen – eine charismatische Erscheinung, dieser Filippo. Er ist ein junger Mann mit hundertprozentigem

Zigeunerblut, überdies ist er ein Nachwuchsmafioso, dem Respekt gebührt. Ein echter *Ehrenmann*. Er ist noch immer der *Camorrista* der ausgewechselten *Gesellschaft* von Cellette; deren Mitglieder waren neu gewählt worden, nachdem wir den damaligen Boss Gerardo Pellegrino bei dem Überfall auf das Bordell beseitigt hatten. Filippo ist noch keine dreißig und ähnelt einem kubanischen Volleyballspieler, mit seinem muskulösen und schlanken Körper.

Er mag keinen Wein, trinkt lieber Bier und macht nach einem halben Glas endlich den Mund auf:

»Don Giuliano, ich habe seitens aller Roma, die treu der 'Ndrangheta dienen, eine Bitte an Euch zu richten. Wir möchten Euch im kommenden Monat zum Fest der Heiligen Cosma und Damiano in unser Lager in der Nähe von Crotone einladen, um Euch bezüglich einer Eingabe, die wir beim *Tribunal* machen wollen, um Rat zu bitten. Haltet Euch fest, Don Giuliano, denn ich sage Euch jetzt, dass wir dort den Antrag stellen, als echte Mitglieder der 'Ndrangheta *getauft* zu werden, um nicht länger als *Christen* zweiten Grades betrachtet zu werden, nur weil wir Zigeuner sind. Bei allem Respekt, versteht mich nicht falsch! In meiner Position kann ich nicht klagen, ich bin von Rechts wegen aufgrund hoher Blutverdienste ein *Ehrenwerter*, aber ich habe um mich herum viele tüchtige Männer gesehen, denen unnötig Steine in den Weg gelegt wurden, und zwar wegen ihrer Rasse. Trotzdem sind wir doch Kalabrier, und das seit mindestens sechs Jahrhunderten! Und wir sind stolz, die echten Roma des Respekts und der Ehre zu repräsentieren. Mit den anderen Zigeunern, die nicht mehr die Bedeutung unserer Gesetze kennen, haben wir nichts zu tun. Die schämen sich unserer Lebensweise und verleugnen sie. Wir hingegen, die auserwählten Zigeuner Kalabriens, wollen hundertprozentige *'Ndranghetisti* werden. Mit allem denkbaren Respekt. Das war es, was ich sagen wollte!«

Filippo hat mit großer Hingabe gesprochen und atmet jetzt schwer, als er wieder zum Bierkrug greift, um sich den Mund zu erfrischen. Seine direkte und unverfälschte Art erinnert mich an meine ersten Erfahrungen mit der Unterwelt.

Die restliche Zeit seines Besuchs sprechen wir nicht mehr über die Angelegenheit.

Ercolino ist nun zehn Jahre alt, Elisa fünf, Angelina dreißig, und ich gehe auf die vierzig zu. Seit meiner Rückkehr bin ich ein rundherum häuslicher Typ geworden. Jeden Sonntag, so wie heute, gehen wir zur Messe und nach der Kirche zum Friedhof, wo nachdem die Gefahr der Grabschändung gebannt war, die Urnen meiner lieben Angehörigen beigesetzt wurden. Angelina und die Kinder lassen mich allein, um das angrenzende Kapuzinerkloster zu besuchen. Auch hier, wie in der Kirche, hält meine Leibwache diskret Abstand.

Neben dem Marmorgrab der Familie sitzend schüttle ich den Kopf, um einen Gedanken zu verscheuchen, der sich seit fünf Wochen darin festgesetzt hat und nicht mehr weichen will. Schon den ganzen Tag muss ich an Filippo und an die Sache mit den Zigeunern denken. Ich habe noch bildhaft seine Haltung, seine Bewegungen, seine levantinischen Halunkenaugen vor mir und höre ihn reden. Keiner hat es je geschafft, mich so sehr und so positiv zu beeindrucken wie dieser Vollblutzigeuner. Die haben gut daran getan, ihn zum Wortführer ihres ganzen Zigeunerstamms zu machen. Und fest steht, wenn ich einen Weg fände, sie in die 'Ndrangheta eintreten zu lassen, würden wir unser Heer schlagartig vergrößern!

Fünf Wochen später.

Die Schlagfrequenz des Tamburins ist langsamer als die in Catanzaro oder in Reggio Calabria. Das Spiel des Boxakkordeons kommt immer einen Tick schneller als das Tamburin, und so entsteht der Eindruck einer Verfolgungsjagd zwischen den beiden Instrumenten – das ist der Rhythmus der Tarantella. *Ueee, ueee, ueee, tiptettà Tipp, tiptettà* … Das Dach eines alten Zirkuszelts mit roten und gelben Streifen, mindestens vierzig Meter breit und ohne Seitenwände, erhebt sich wie ein Riesenschirm über unseren Köpfen; es schwebt über der Freifläche aus gestampfter Erde inmitten der Barackensiedlung der Roma.

Meine Leibwächter haben sich gerade zum Ausgang des Zigeunerlagers zurückgezogen, wo unsere Wagen stehen, da werde ich auch schon von den alten Stammeshäuptlingen der Roma empfangen. Nun sitze ich zwischen meinem *Crimine* Salvatore und meinem Bruder Mimmo, der sich um keinen Preis die Gelegenheit entgehen lassen wollte, diesen Ort zu besuchen. Man bietet uns einen pechschwarzen Kaffee an, den eine ältere Signora, dürr und lang wie eine Bohnenstange, auf dem Kohlefeuer vor uns zubereitet hat. Ringsum tummeln sich Kinder und Frauen, die prächtig aussehen in den kräftigen Farben ihrer traditionellen Gewänder aus Spitze und Seide. Die Männer tragen strenge schwarze Anzüge über ebenfalls schwarzen Hemden und breitkrempige Hüte. Einige von ihnen nähern sich uns mit breitem Lächeln, ihre Goldzähne funkeln, und an ihren Händen glitzern edelsteinbesetzte Ringe.

Und da kommt auch schon Filippo, gefolgt von einem Dutzend junger Männer, hochgewachsen und kräftig wie er. Er küsst mir und Salvatore die Hand und vergisst auch nicht, die von Mimmo zu küssen, der ganz entzückt ist.

Stolz stellt uns Filippo der Reihe nach seine *ehrenwerten* Jungmänner vor, die aus diesem Lager stammen und in verschiedenen Clans in der Gegend von Catanzaro und Reggio Calabria aktiv sind.

Darauf geleitet er uns in die Hütte seiner Familie, wo uns eine Tafel mit allen Gottesgaben erwartet. Jedes Gericht ist nach traditioneller Kochkunst zubereitet: Der Stockfisch in Tomatensauce mit Kartoffeln ist genauso köstlich, wie man ihn in Mammola zubereitet; das gegrillte Fleisch ist mit frischem Lorbeer, Fenchel, Knoblauch und sehr viel *peperoncino* gewürzt, und jeder Bissen ist feuerscharf, wie ein Gewehrschuss. Den Rotwein haben sie mit süßer Limonade gemischt, wie es einst auch die kalabrischen Bauern zu tun pflegten. Die zwei Dutzend Männer und Frauen essen nur wenig, aber wir werden wie Mastschweine gestopft.

Während wir unseren Lakritzlikör schlürfen, berührt die Signora, die uns zuvor den Kaffee unterm Zeltdach zubereitet hat, jeden von uns am Kopf und verdreht dabei die Augen. Soweit ich begreife, sagt sie etwas über böse Geister, die sich offenbar in unseren »drei Gehirnen« festgesetzt haben. Plötzlich stößt sie einen Schrei aus, und eine geheimnisvolle Kraft wirft sie zu Boden. Schwankend erhebt sie sich wieder und sieht uns in die Augen. In Trance ergreift sie, eine unverständliche Zauberformel murmelnd, ein altes Küchenmesser vom Tisch und legt es flach der Reihe nach auf unsere Köpfe. Kurz darauf umringen die anderen Frauen sie und drehen ihr den Rücken zu; als die Zauberin erkennt, dass sie sie eingekreist haben, schlägt sie den Frauen auf den Rücken, doch es gelingt ihr nicht, sich einen Durchlass zu öffnen, um ihnen zu entkommen. Der Kreis schließt sich enger und enger um sie, und einen Moment, bevor sie die Besinnung verliert, packen die anderen Frauen sie, heben sie hoch, tragen sie hinaus und setzen sie auf der nackten Erde vor dem Eingang zur Hütte ab. Alle Frauen ziehen sich jetzt zurück, und die Tür wird wieder geschlossen. Die Roma verharren schweigend und warten auf die Tragödie. Als es an der Tür klopft, hellen sich ihre verängstigten Gesichter auf. Die alte Zigeunerin, die ihren Körper dem göttlichen Geist von Cosma zur Verfügung gestellt hat, ist aus der Trance erwacht, und es geht ihr gut. Da tritt sie auch schon ein, noch ganz mitgenommen von der Strapaze. Wenngleich sie behauptet, sich nicht mehr an die kurz zuvor aufgesagten Aphorismen zu erinnern, verkündet sie, dass die Vertreibung der bösen Geister aus unseren Gehirnen vollständig gelungen ist.

Vor der Baracke unterhalb des Zirkuszelts wurden unterdes die vier Meter hohen Heiligenfiguren von Cosma und Damiano aus vergoldetem Pappmaché aufgestellt; sie ähneln den allegorischen

Figuren eines Karnevalumzugs. Vor den beiden Schutzpatronen der katholischen Zigeuner lassen ein Dutzend Boxakkordeon- und Tamburinspieler die Luft in einer Tarantella von ungeheuerlicher Authentizität erglühen. Und doch sind es junge Roma, die sich da mit den Instrumenten verkünsteln. Eine solche Tarantella spielen nur die Schafhirten, die fernab in den Bergen des Pollino leben. Für den Moment ist der Tanz noch frei, keiner führt ihn an. Jeder kann tanzen, wie es ihm gefällt. Ich sehe Männer, Frauen, Kinder, alle zusammen tanzen und springen, in offener Runde, ohne Zuschauerkreis. Die geschmeidigsten der jungen Mädchen mit hüftlangem Haar und ganz langen Armen ergehen sich mit den Freunden in einem feurigen Körper-an-Körper-Tanz, freizügig, verführerisch und sehr sinnlich, der Höllenlärm ringsum heizt sie in ihrem Ungestüm an.

Mir fällt auf, dass die Roma-Männer der 'Ndrangheta abseits bleiben und nicht mittanzen. Ein Lächeln spielt in ihrem Gesicht, sie wechseln nicht ein Wort.

Nach einer Stunde Durcheinander nähert sich der Älteste der Roma, Ciccillo genannt *Mozzicacitto*, einundneunzig Jahre alt, den Musikanten, und das Boxakkordeon wechselt mit einem Schlag den Rhythmus und schließt mit einer derart langsamen Pastorale, dass ich Gänsehaut kriege. Keiner tanzt mehr, die Frauen und Kinder gehen etwas widerwillig von dannen. Sobald der Alte seinen Stock in der Luft kreisen lässt, setzt die Musik wieder ein und alle Männer stellen sich in einem breiten Kreis um seine verlotterte Figur auf; sie reißen die Augen auf, um zu erraten, wer der Erste sein wird, der in die Mitte des Kreises treten darf. Vom Wein beschwingt machen auch wir mit. In der Runde, die aus ungefähr zweihundert Zigeunern besteht, sind die *Camorristi* in der ersten Reihe und hoffen, von *Mozzicacitto* gerufen zu werden. Er richtet seinen Stock auf Filippo und fordert ihn auf, den Tanz zu eröffnen und zu führen.

Zwei junge Männer beginnen zur Musik zu singen:

Wie tanzen sie schön, diese Burschen /
Möge die Madonna ihnen helfen /
Es sind Kalabrier, mit der Feder gemacht[43] /
Es sind Tänzer und Meister der Seide /

Und die anderen stimmen in ihren Gesang ein, und der verwandelt sich in einen mitreißenden Marsch.

Führt diese Schläge ganz langsam aus /
Sind sie doch fürs Sterben bestimmt /
Wenn mein Messer die Kunst des Schneidens kennt /
Schlitze ich erst dein Gesicht auf, du Aas, dann stech ich in deine Brust.

Tap tararitap tap tap … Mindestens zehn Tamburinspieler legen sich ins Zeug.

Filippo ist ein Meister der Tarantella, und die anderen stehen ihm nicht nach. Die Tänzer warten im Kreis auf ihr Kommando, und wenn sie einmal losspringen, sprühen ihre Sohlen Funken. Bei diesem Rhythmus überkommt es mich, und ich muss mir auf die Schenkel schlagen, und muss verwundert feststellen: Ausgerechnet die Roma sind es, die unsere eigenen, in Kalabrien immer seltener werdenden Traditionen am Leben erhalten.

Öffentlich wird die *tarantella mafiosa* nur in einigen wenigen Ortschaften im Hinterland des Aspromonte getanzt, und nur einmal im Jahr vor dem Dom von Reggio Calabria, zum Abschluss der großartigen Prozession der *Madonna della consolazione*, der trostspendenden Madonna. In der übrigen Region wird die Tarantella ausschließlich in privatem Kreis, von Mitgliedern der 'Ndrangheta und ihren *eingeweihten* Freunden abgehalten. Für den Rest der Ka-

---

43 Echte Mafiosi, mit der »Feder« des Paten schriftlich beurkundet.

labrier ist die Tarantella, die den Respekt zwischen der bäuerlichen Gesellschaft, der 'Ndrangheta und den Zigeunern symbolisiert, völlig unbekannt. Ich bin ganz in das Spektakel versunken und bemerke nicht, dass Filippo Blickkontakt zu mir sucht, um mich in die Tanzrunde zu schicken. Mimmo jedoch macht mich mit einem Ellenbogenstoß in die Rippen darauf aufmerksam. Ich nicke zur Antwort und springe in den Kreis. Ich ergreife seine Hände, und unter den anfeuernden Rufen der Männer drehen wir uns im Kreis. Ausgelassen wie ein kleiner Bub tanze ich die Figuren, die ich am besten kenne: im Rückwärtsflug, wobei meine Fußspitzen den Boden nur streifen. In engen Pirouetten den ganzen Kreis abtanzend. »Dank sei dem Tanzmeister«, rufe ich, als Filippo mir gebietet, meinen Platz einem jungen Kerl zu überlassen, der vor lauter Tanzlust kaum mehr stillstehen kann.

Es geht bis vier Uhr in der Früh, und mein Adrenalinspiegel will sich nicht normalisieren. Auf den Ruf meines Bruders hin, schaue ich wieder in den Kreis und sehe eine Frau tanzen. Sie dürfte so an die vierzig sein. Klein, grazil und wohlgeformt, springt sie wie eine Grille. Filippo gestattet ihr, mit ihm zu tanzen, danach mit den Anführern der Roma, einem nach dem anderen. Die Begeisterung der Sänger erreicht ihren Höhepunkt. Ich frage mich, wer wohl diese Frau ist. Offensichtlich eine von ihnen. Eine Frau inmitten der Mafiosi? Wie merkwürdig.

Wenige Tage später, im Haus meines Paten in Cosenza.

»Diese Frau? Das ist Serena. Sie ist eine *Schwester der omertà*, ein Killer«, erklärt mir Don Sergio. Ich bin bei ihm, um über das Schicksal der Roma aus unseren Reihen zu diskutieren. Seine Augen funkeln, als ich ihm diese Frage stellte, und begeistert fährt er fort: »Die Zigeuner haben sich dieses Mittel ausgedacht: einige ausgewählte Frauen in ihren Kreis aufzunehmen, um sie dazu zu benutzen, sich ihrer schwierigsten Feinde zu entledigen.

Eine ebenso grausame wie strategisch brillante Methode. Kannst du dir eine so zart gebaute Frau wie Serena vorstellen, die gleich zwei Neunkaliber bei sich hat und im richtigen Moment einen davon zieht, um dir ein Loch zwischen die Augen zu schießen? Ohne dich beleidigen zu wollen, aber du würdest es erst dann merken, wenn die Kugel bereits in deinem Kopf steckt. Mit Verlaub, diese Frau könnte in gewissen Situationen sogar wirksamer sein als ein *Schatten*. Was den Rest angeht, so denke ich genau wie du: Die Roma sind Kalabrier wie wir, in jeder Hinsicht. Hast du gesehen, wie sie tanzen? Und welchen Gehorsam die ganz Jungen zeigen? Unter ihnen finden sich die geborenen Verbrecher. Die Roma müssen stärker in die 'Ndrangheta eingebunden werden. Im Grunde suchen die Zigeuner nichts anderes als ein menschenwürdiges Leben, und da der Staat ihnen selbiges zwar verspricht, aber nichts unternimmt, werden wir es eben sein, die ihnen dazu verhelfen. Es wäre gut, die Besten unter ihnen auszuwählen und sie zu *taufen*, wie wir es mit allen von den Paten der 'Ndrangheta anerkannten *Söhnen* halten. Natürlich müssen wir das Feld und den Aktionsradius einer Bande, die nur aus Zigeunern besteht, klar definieren. Nicht, dass wir ihnen den kleinen Finger reichen und sie dann die ganze Hand wollen!«

Wenngleich man es bis heute vorgezogen hat, sie in die Randbereiche des Verbrecherlebens abzuschieben und es ihnen gestattete, als Bettler, Kleindiebe und Wahrsager zu agieren, könnte sich die Einverleibung der Roma in die Mafia doch als sehr vorteilhaft für unsere Organisation erweisen.

293

Vor geraumer Zeit hat die Justiz beschlossen, die 'Ndrangheta zu bekämpfen, ohne jedoch die illustren Persönlichkeiten anzugreifen, die zur Elite des mafiösen Unternehmertums gehören. Seit einiger Zeit genießen praktisch nur diejenigen Mitglieder der *ehrenwerten Gesellschaften* Schutz, die in der Lage sind, größere Summen auf die Bank zu bringen.

Es wäre also auch denkbar, den Zigeunern eben diese riskanten Bereiche zu überlassen, die traditionell zu den mafiösen Aktivitäten gehören, etwa Raubüberfälle (z. B. auf Geldtransporter), Hehlerei in der Autobranche oder Schutzgelderpressungen, und ihnen jene Aktivitäten zu untersagen, die starke Wachstumsmöglichkeiten versprechen wie das Drogengeschäft oder der Finanzbetrug im großen Stil. Diese Bereiche sind exklusiv uns vorbehalten.

Die Zigeuner müssten sich also darum bemühen, ihre eigenen Betriebe – in denen sie hauptsächlich Metallschrott verwerten – auszubauen, um das Monopol auf diesem Sektor zu erlangen und um illegale Gelder selbst waschen zu können.

Beim dritten Treffen mit Don Sergio und Filippo Brunanni beschließen wir, eine »Sensibilisierungskampagne« zu lancieren, um die anderen Bosse von der Notwendigkeit zu überzeugen, dieses Thema in Angriff zu nehmen. Ich muss einiges an Überzeugungsarbeit leisten, was meine ganze Zeit in Anspruch nimmt.

Es kommt mir entgegen, dass ich seit meiner Rückkehr nach Brancavilla das Tagesgeschäft in die Hände meiner Getreuen Enzo und Alfonso gelegt habe. Während der Jahre im Untergrund ist es uns dank Treffen in den Bergen nicht nur gelungen, die Geschäfte ohne jeglichen Verlust am Laufen zu halten; unser Business ist sogar um dreihundert Prozent gewachsen! Heute, nach dem Ende dieser Lehrjahre, sind Enzo und Alfonso in der Lage, wie Bosse das Kommando zu führen. In Zukunft wird es ausreichen, sich einmal pro Woche mit dem *Crimine* Salvatore Gravina zu treffen, um die Bilanzen auf den neuesten Stand zu bringen.

Da ich von einem Großteil der geschäftlichen Verpflichtungen befreit bin, steht mir mehr Zeit für die Entwicklung langfristiger Projekte zur Verfügung.

Nach fünf Jahren mühsamer Verhandlungen auf allen Ebenen der Organisation kommt der Tag, da die qualvolle Warterei der

Zigeuner ein Ende hat. Um die Bosse zu überzeugen, habe ich mir vor allem das Gespenst der Haftbedingungen für Mafiosi zunutze gemacht, welche nach den Attentaten auf Falcone und Borsellino verschärft wurden. Der Paragraf 41-*bis* des Strafgesetzbuchs verhindert durch Isolationshaft die Kommunikation der Häftlinge mit ihrem eigenen Clan, beschränkt den Hofgang oder hebt ihn gänzlich auf und untersagt Verwandtenbesuche.

Die Vorhersage von Filippo Brunanni hat sich im Jahr 2002 bewahrheitet. Die Vereinigung sämtlicher Krimineller aus den Provinzen Cosenza und Catanzaro ist abgeschlossen. Der Vertrag zwischen der 'Ndrangheta und den Zigeunerbanden ist mit Blut unterzeichnet. Eine Reform der Aufnahmeregeln hat es möglich gemacht, dass nun auch die Zigeuner als 'Ndrangheta-Mitglieder *getauft* werden können. Eine Integrationsmaßnahme, die vor allem größere Sicherheit für die Mafia bedeutet, nebenbei aber auch ein Heer von fast vierzigtausend Mafiosi geschaffen hat, die nicht nur über Kalabrien und Italien, sondern längst über alle Nationen der Welt verteilt sind.

Diese Reform ist von einer Tragweite wie die von 1969, als Don Mommo Piromalli aus Gioia Tauro durch strukturelle Veränderungen in der alten 'Ndrangheta die *obere Gesellschaft* ins Leben rief, um so den Einfluss der Freimaurer auf unsere Entscheidungen zu legitimieren und die Allianz zwischen den Mafiosi und den Politikern, der Polizei und der Richter- und Staatsanwaltschaft zu besiegeln.

In den Siedlungen der Zigeuner Kalabriens findet eine wahre Flut von *Taufen* nach dem Ritus der 'Ndrangheta statt. Die neuen Mafiosi in den Lagern und Dörfern haben sich neu eingekleidet und spazieren mit stolzer Brust umher, weil nun auch sie *Ehrenmänner* und Mitglieder der gefährlichsten kriminellen Organisation geworden sind. Seit jeher haben sie dieses Recht für sich eingefordert. Niemand hat sie erhört, sie wurden behandelt wie

Wesen ohne Seele. Wie Tiere. Warum nur waren sie so viele Jahre zu warten gezwungen, bis sie endlich auf jemanden stießen, der sie verstand? Weshalb nur waren auch die »anständigen« Kalabrier, die Nichtmafiosi, Politiker und Professoren davon überzeugt, dass gewisse Personen es niemals wert wären, am gesellschaftlichen Leben teilzuhaben? Wer von diesen »Gutmenschen«, die von sich behaupten, sensibel und offen für Notleidende zu sein, hat je die Lager besucht, in denen die Familien der Roma zu leben gezwungen sind? Wer also sind die Bösewichte? Die Kalabrier oder die Zigeuner? Am Ende hat sich die Geschichte gebeugt und den jungen Leuten wie Filippo Brunanni, Camorrista der 'Ndrangheta und Wortführer der Mafiosi unter den Roma in der 'Ndrangheta, Recht gegeben. Den letzten echten Zigeunern der Ehre und des Respekts.

»Schön sind diese Wolfsbarsche«, sage ich zu Mauro und beuge mich auf Zehenspitzen über den Verkaufsstand, um nach einem dieser Ein-Kilo-Brocken zu greifen, ohne mich an den anderen Kisten mit Fisch schmutzig zu machen; dennoch zieht mich das Gewicht der schusssicheren Weste unterm Jackett nach vorn, und ich verliere das Gleichgewicht, sodass ich mit den Händen inmitten der Sardinen lande. Ich richte mich auf, breite die Arme aus, um mich nicht im Fischgeruch zu baden, und die Verkäuferin reicht mir sofort einen sauberen Lappen und eine halbe Zitrone. Während ich mir die Finger säubere, reißt mich plötzlich jemand mit Gewalt zur Seite: »Runter, auf den Boden, Don Giuliano!«, und blitzschnell zerrt mich jemand unter unseren Wagen, der dort geparkt ist, mein Gesicht auf den Asphalt gepresst und die Hitze des Motors auf dem Hals. Ich höre die Schüsse aus einer Pistole ... *bang, peng!* Hört sich an wie ein Neunkaliber. Und wieder *peng, peng, peng!* Beim Durchschießen des Blechs über mir entsteht ein schrecklicher Lärm, ich spüre, wie mir das Trommelfell platzt, obwohl die Geschosse mich nicht einmal gestreift haben. Ich höre das Donnern eines schweren Motorrads, das davonbraust, und dann das Quietschen der Reifen des Verfolgungswagens. »Kommt hervor, Don Giuliano!«, ruft Mauro. »Es waren zwei junge Kerle mit Motorradhelm! Die sind in Richtung Nationalstraße abgehauen. Fünf *Soldaten* sind ihnen schon auf den Fersen.« Wieder auf den Beinen beobachten ich und Mauro aufmerksam, wer alles der Szene beigewohnt hat, um vielleicht einen Verdächtigen auszumachen. Um uns herum hält sich der eine den Mund zu, der andere presst die Hände auf den Bauch, der Nächste verstopft sich die Ohren. »Und der dort, wer ist das? Kennst du den?«, frage ich Mauro und deute auf einen blutjungen, vielleicht achtzehnjährigen Burschen. Er sitzt dort am Ende der Kurve auf seiner kleinen Vespa und lacht sich ins Fäustchen, er ist ganz allein ...

Wir flitzen nach Hause, ohne Fisch.

Zu Hause sind alle in Panik. Angelina und die Kleine weinen im ersten Stock, Anna betet zu den Heiligen. Mimmo und seine Verlobte haben sich im Zimmer eingeschlossen. Draußen vor den Mauern sind dreißig meiner Männer versammelt.

Drei Stunden später kommt Enzo mit zwei *arancini* in der Hand in den Keller.

»Wir haben sie geschnappt, und zwar lebend«, sagt er. »Es sind die Söhne des verstorbenen Don Peppe Sorria.«

Ohne größere Verwunderung beiße ich gleich in mein *arancino* und schaue Enzo an, der mich fragt:

»Also, was sollen wir tun?«

Obwohl ich Lust hätte, die beiden eigenhändig zu töten, mache ich Enzo ein Zeichen, sich zu gedulden, bis ich mit meinem Imbiss fertig wäre. Dann, um mich weiter zu beruhigen, schnappe ich zwei Gläser von der Abtropffläche des Schmutzbeckens, fülle sie mit *Zibibbo*, und wir prosten einander zu. Nachdem ich drei Gläser hintereinander geleert habe, sage ich zu Enzo:

»Ich befehle dir, sie mit einem Kopfschuss zu töten. Keine Folter.

Du erinnerst dich an ihren Vater? Nun, auch wenn Don Peppe sich ein starkes Stück geleistet hat, bevor man ihn umbrachte, so starb er doch als *Ehrenmann*. Seine Söhne verdienen nichts Schlechteres, man kann es nicht als eine Schuld ansehen, wenn sie das Blut ihres Vaters rächen wollten. Aber hast du sie gesehen? Zwei allein gegen uns! Nach einer derart mutigen Aktion haben sie es verdient, als wahre Männer zu sterben.« Enzo verharrt ein Weilchen stumm, dann verabschiedet er sich und verschwindet. Gleich darauf taucht Mauro auf. Er führt den jungen Burschen mit sich, der mich am Morgen feixend am Ende der Schießerei angeschaut hat. Und noch immer scheint er nicht aufhören zu wollen mit seinem höhnischen Grinsen.

»Der Junge sagt, er sei der Neffe von Don Leopoldo Barocco. Mehr will er nicht sagen.« Dieser bedauernswerte Schwachkopf weiß nicht mal, in welches Schlamassel er sich gebracht hat. Vier meiner *Soldaten* sind bereit zu schwören, dass sie selbst gesehen haben, wie verdächtig er sich verhalten hat, kurz bevor das Motorrad mit den zwei Attentätern auftauchte.

»Ich habe keine Lust, mit diesem Würstchen meine Zeit zu vergeuden«, sage ich zu Mauro und dann: »Ich bitte dich also, ihn direkt an Don Leopoldo zu übergeben, nachdem du diesem erzählt hast, was sein vermeintlicher Neffe angestellt hat. Sag ihm, dass er es war, der die Söhne von Don Peppe auf den geeigneten Moment aufmerksam gemacht hat, um mich umzubringen.«

Neffe oder nicht Neffe, Don Leopoldo wird ihm eine Behandlung verpassen, wie es sich gehört. Eine Tracht Prügel von diesem Koloss von Schwiegervater wird dem jungen Kerl das Gefühl geben, ein Riesenglück gehabt zu haben, dass er noch am Leben ist. Eine Woche später taucht ein gewisser Antonio, so heißt der Neffe von Don Leopoldo – bei mir auf, um sich zu entschuldigen. Ich erkenne ihn kaum wieder, so geschwollen ist sein Gesicht. Hoffen wir, dass ihm für ein Weilchen die Lust am Feixen vergangen ist.

Kommunist, Richter und Freimaurer

Im alten Park von Cosenza herrscht eine solche Stille, dass wir uns Sorgen machen. Der elegante und schmale Garten ist wie ausgestorben. Nicht einmal ein streunender Hund ist zu sehen. Mauro und ich verzichten auf einen morgendlichen Spaziergang und ziehen uns zurück. Als wir das Gittertor passieren, wo uns zwei *Soldaten* erwarten, steigen wir flugs in den Wagen, der uns wegbringt. Verdammte Todesangst! Sie packt mich immer in den schönsten Augenblicken. Im gepanzerten BMW durchqueren wir das Stadtzentrum in Richtung Peripherie.

Im Zimmer des Hotels Europa zwischen Cosenza und Rende treffe ich den Bankdirektor Santo Greco, einen Freund meines Onkels Alfonso, und den Rechtsanwalt Don Mimí, Sprecher von Richter Sergio Laganà, Freimaurer und Kommunist.

Da die Europäische Union beschlossen hat, die Autobahn Salerno – Reggio Calabria um zwei bislang nicht vorhandene Notfallstreifen zu erweitern, schlägt mir Santo Greco auf äußerst höfliche Weise die Finanzierung zweier Projekte vor: die Erweiterung von drei Galerien und den Bau von zwei neuen Tunnels in einem bergigen, unwegsamen Straßenabschnitt auf der kalabrischen Autobahn. Er nennt eine Summe von schwindelerregender Höhe:

»Zweihundert Milliarden Lire, und das Geschäft ist Eures, Don Giuliano.« Teufel noch eins! Um so viel Geld zusammenzukratzen, muss man mehr als fünf Tonnen Stoff verticken. Santo Greco zwinkert mir zu, und das bedeutet, dass das Geld längst da ist und für den Transfer bereitsteht.

Als wäre das Geschäft abgeschlossen, wende ich mich Don Mimí zu:

»Die Sache interessiert mich. Für uns also dreißig Prozent der Auftragsarbeiten?«

Der Anwalt des Richters Laganà schüttelt den Kopf, den er zwischen den Händen hält und entgegnet:

»Verzeihen Sie, aber ... warum übertreiben wir hier mit den Prozenten?« Es sieht so aus, als fehle ihm die Luft zum Atmen. Er versucht, zwei Finger breit den Hemdenkragen zu lockern, und fährt dann fort:

»Was wollen Sie denn mit so viel Geld? Fünfundzwanzig Prozent, das ist das Übliche in solchen Fällen; besser gesagt, um Ihnen einen guten Rat zu geben, Sie sollten den Lebensstil Ihrer Männer etwas senken, andernfalls wird sich irgendein Staatsanwalt gezwungen sehen, Ermittlungen bezüglich Ihrer Einnahmen anzustellen. Wir haben uns verstanden? Ich will nicht noch einmal darüber reden müssen, wenn es Ihnen recht ist.«

Diese Drohung lässt mein Gesicht zu einer eisigen Maske erstarren. Einsilbig drücken wir uns die Hand.

In den kommenden Wochen kümmert sich Salvatore Gravina um die Fortsetzung der Verhandlungen.

Wie eine Furie verlasse ich das Zimmer, springe in den Aufzug und drücke die Abwärtstaste. Aber was ist bloß los mit mir? Verdammt noch mal! Plötzlich überkommt mich ein Anfall von Klaustrophobie, und ich habe das Gefühl, ins Leere zu fallen. Im Erdgeschoss angekommen, öffnet sich die Tür des Aufzugs, und als die zwei Herrschaften, die dort auf den Aufzug warten, die wütende Bestie in mir erkennen die im nächsten Moment herausstürzen wird, beschließen sie flugs, die Treppe zu nehmen. Ich entdecke Mauro am Ausgang des Hotels. Seine Anwesenheit beruhigt mich einigermaßen, und ich schwanke von Schwindelattacken geplagt nach draußen zum Auto.

Die Kommunisten unter den italienischen Richtern sind die korruptesten in ganz Europa. Man bedenke, dass sie während der Farce des Historischen Kompromisses – der politischen Liaison zwischen den Christdemokraten und der Kommunistischen Partei Italiens in den 1970er Jahren – keine Gelegenheit versäumt haben, den Christdemokraten dubiose Zugeständnisse abzuringen: In geheimen Verhandlungen willigte der PCI, die Kommunistische Partei Italiens, ein, nicht mehr länger als Oppositionspartei zu fungieren, sondern eine christdemokratische Minderheitsregierung zu tolerieren; im Gegenzug übernahm sie die Kontrolle über die Justiz. Indes war der Vorsitzende des PCI, Enrico Berlinguer, angesichts der Prognosen für die bevorstehende Parlamentswahl, welche einen enormen Zuwachs an Wählerstimmen für den PCI vorhersagten, stark verunsichert, denn er wusste nur allzu gut, **301** dass er nicht in der Lage sein würde, seine Partei an die Regierung zu bringen, weil die berüchtigte SETAF, der Southern European Task Force – dies nie zugelassen hätte. Die blutrünstige, von der CIA koordinierte Task Force, war stets auf der Hut, den Einfluss der PCI, der zahlenmäßig stärksten kommunistischen Partei im Westen, auf die italienische Politik einzudämmen.

Es waren die Jahre der Entführung von Aldo Moro, der für seinen Plan, die Kommunisten an der Regierung zu beteiligen, mit dem Leben bezahlte. Um seine Haut zu retten, sah sich Berlinguer an diesem Punkt gezwungen, auf die Linie des liberal ausgerichteten Eurokommunismus einzuschwenken und sich von der sowjetischen KPdSU zu distanzieren. Hinter dieser Abspaltung vom Sowjetkommunismus, die die PCI Unmengen an Stimmen gekostet hat, steckte politisches Kalkül.

Die Christdemokraten waren angesichts des vorhergesagten politischen Debakels gezwungen, den Kommunisten unterm Tisch den Sieg zuzuschieben. Seit damals halten sie die Macht in der Magistratur. Unsere Richter, die für Geld und Prestige jederzeit und um jeden Preis zu jedem Komplott bereit sind, bleiben die reichsten Richter in ganz Europa.

Am Steuer des Mercedes, der noch vor dem Hotel steht, wartet der *Soldat* geduldig auf meine Anweisungen. Ich war wohl, zumindest für einige Minuten, in Gedanken verloren, denn Mauro sieht mich fragend an. Ich reibe mir die Augen und mache dem Fahrer ein Zeichen zu starten und uns zum Eingang des Parks zurückzufahren – genau an jenen Ort, den Mauro und ich zwei Stunden zuvor fluchtartig verlassen haben; genau dorthin zurückzukehren soll mir helfen, meine Panik zu bannen, die mich immer an verlassenen Orten überfällt.

302 Jetzt auf der Fahrt, im blausamtenen Autositz, überkommt mich erneut eine Art innerer Unruhe und Besorgnis, die schwer auf dem Brustkorb lastet und Beklemmungsgefühle auslöst. Diesmal ist es nicht die Angst zu sterben, die mich quält, sondern eher das Gefühl, mein Land zu verraten – ein Gefühl, das sich neuerdings einstellt, wann immer ich gezwungen bin, Geschäfte mit Bankdirektoren und Richtern abzuschließen.

Im Laufe der letzten zwei Jahre sind diese Gewissensbisse, die zuvor nur irgendwie unangenehm waren, beinahe unerträglich geworden. Und mein Herz verkrampft sich, wenn ich an das viele Geld denke, das verschwendet wird, um all diese absolut überflüssigen Autobahntunnel zu bauen, anstatt in die Infrastruktur zu investieren, die Kalabrien so dringend bräuchte.

Diese Gelder haben Menschenleben gekostet, so viele, wie es braucht, um fünf, sechs Tonnen Kokain zu produzieren und auf den Markt zu bringen. Ist es tatsächlich notwendig, so viel Blut zu vergießen, um die Taschen der Erfinder des Milliardenkomplotts zu füllen?

Genug! Mir passt es einfach nicht mehr, dass sich Richter und Staatsanwälte als Herren über unsere Gelder aufspielen, und ich frage mich: Nach all den unsäglichen Qualen, die wir erlitten haben, warum nicht in Kalabrien etwas wirklich Produktives schaffen?

Dass ich neuerdings so denke, liegt vielleicht daran, dass ich die fünfzig überschritten habe; sicherlich ist es auch das Bewusstsein, dass ich ganz oben auf der Karriereleiter angelangt bin und nicht mehr weiter aufsteigen kann. Hinzu kommt die Sorge um Angelina, meine Kinder und meinen Bruder – all das löst bei mir Gedanken aus, von denen ich nie gedacht hätte, dass sie mich eines Tages befallen könnten.

In letzter Zeit ertappe ich mich immer öfter dabei, eine gewisse Verantwortung für die Zukunft meiner Leute und meiner Heimat zu empfinden.

303

An der Piazza XV Marzo angelangt, hält der Fahrer vor dem Theater Rendano an, und der andere *Soldat* öffnet mir die Wagentür. Während ich mit Mauro zum Eingang der Villa gehe, fällt mir die Inschrift auf der Stirnseite des historischen Gebäudes auf, das die Piazza beherrscht: »Palazzo del Governo« (Regierungspalast).

»Schau dir das mal an«, sage ich zu meinem Gefährten.

»Dieses Gebäude ist in Wirklichkeit der Sitz der Präfektur[44] von Cosenza. Sieh nur, wie augenfällig es doch ist, dass wir von der Richterschaft und nicht von den Politikern regiert werden. Andererseits sind unsere Parlamentarier derart korrupt und moralisch verkommen, dass sie Tag und Nacht riskieren, in den Klauen der Justiz zu enden, die ja alles über sie weiß, bis ins intimste Detail!«

Mauro lacht und hört zu, ohne Weiteres hinzuzufügen.

Die Luft im Park ist vom süßlichen Duft der Orangenblüten erfüllt. Im hellen Mailicht setzen wir uns auf eine Bank, von der aus wir einen Ausblick auf die Hügel und die Dächer am Fluss Crati haben. Und als wolle er mir diesen schönen Moment vermiesen, kommt mir wieder der Anwalt des Richters Laganà in jenem Hotelzimmer in den Sinn, der uns Mafiosi vorwirft, wir würden zu viel Geld ausgeben.

In diesem Moment frage ich mich, wie lange dies noch der bequemste Weg sein muss, um einen besseren Lebensstandard zu erreichen. Nicht nur für meine Familie und meine Männer, sondern dieses Mal für ganz Kalabrien.

Zu meiner Beruhigung beobachtet uns einer der *Soldaten* aus der Ferne. Die Temperatur ist so angenehm, dass wir unsere Jacketts ablegen. Ich atme in vollen Zügen diese saubere Luft oberhalb der Stadt ein, die in der Sonnenwärme eingeschlummert ist. Herrlich! Nach zehn friedvollen Minuten streicht sich Mauro über den Bauch und macht ein Zeichen, dass wir besser gehen sollten. Perfekt! Auch in meinem Magen ist der Appetit erwacht.

Kurz darauf treffen wir im Restaurant *Lo Sparviero* ein, wo

44 Bezirksamt der Regierung und Sitz des *Präfekten*, der in den einzelnen Provinzen den Staat repräsentiert. Da der Präfekt dem Innenministerium unterstellt ist, besteht seine Aufgabe u. a. darin, für die öffentliche Sicherheit und Ordnung in der Provinz zu sorgen, d. h., er arbeitet sowohl mit der Polizei als auch mit Richtern und Staatsanwälten zusammen, die er z. B. über die Machenschaften der Lokalpolitiker informiert.

Freund Antonio uns so enthusiastisch empfängt, wie er es auch mit Bud Spencer und Terence Hill tun würde. Der Gastraum ist zur Hälfte besetzt, wir dürfen unter dem großen Fenster Platz nehmen, von wo aus man, abgeschirmt durch einen Paravent, einen Blick aufs Tal hat.

Die *ricottine*, kleine Frischkäse aus Schafmilch, sind phänomenal! Die luftgetrocknete *salsiccia* ist ein Lobgesang auf die Qualität unserer Schweine. Die Lust am Essen weitet den Magen, und die hausgemachten *fusilli* mit Lammsauce, in der Terracotta-Schüssel gratiniert und mit frischem Pecorino und *peperoncino* gereicht, tun ihr Übriges und stehen denen im Hotel *Imperiale* in Cosenza in nichts nach. Der Kalbsbraten mit Knoblauch, Rosmarin, Lorbeer und Salbei, der zusammen mit den gelben, geviertelten Sila-Kartoffeln im Ofen schmorte, ist zart wie Milch. Nachdem wir das späte Mittagsmahl verdrückt haben, schauen wir einander gesättigt aus schläfrigen, halb geschlossenen Augen an, die Weingläser noch immer in der Hand.

Mauro ist einige Jahre älter als ich. Seine Statur ist mit der Zeit schmal und eckig geworden, seine Schultern sind nicht mehr so breit wie früher. Er ist seit zehn Jahren verheiratet und hat drei Söhne, einer schöner und lebhafter als der andere. Je länger ich ihn anschaue, desto mehr bin ich davon überzeugt, dass auch ihn Gedanken wie die meinen quälen.

»Mauro«, sage ich mit einem Mal, »seit einem Weilchen schon habe ich das Bedürfnis, die Situation auf den Punkt zu bringen. Denkst du nicht, es wäre Zeit für eine Revanche für all das in Kalabrien vergossene Blut?«

Und bei diesen Worten stelle ich mir all jene Leichname vor, die sich vor Wut im Grab umdrehen.

Gegenüber Mauro, der mich voller Erwartung ansieht, fasse ich den Entschluss: Die Zeit ist reif, um die Voraussetzungen zu schaffen, mithilfe der 'Ndrangheta ein besseres Kalabrien aufzubauen.

Ich verbringe Monate damit, im Garten meines Hauses auf und ab zu gehen und mir Gedanken über die Zukunft zu machen. Die Schnauzer sehen mich schon als einsamen Wolf und fangen an zu heulen, wenn ich spät nachts noch immer nicht ins Haus zurück will. Wenn es so weitergeht, werden die Nachbarn noch denken, ich sei im Begriff, mich von Doktor Jekyll in Mister Hyde zu verwandeln. Endlich, nachdem ich fast ein ganzes Jahr lang darüber nachgedacht habe, komme ich zu dem Schluss, dass ich die Unterstützer der neuen Strategie am besten unter meinen mächtigsten Verbündeten suchen sollte.

Am Ostermontag gegen zwölf Uhr mittags im Schafstall auf den Bergen von Panocato, wo ich vor mehreren Jahren gezwungen war, als Untergetauchter zu leben, küsse und umarme ich Don Sergio, Don Mico aus Reggio Calabria, Don Santo aus der Gegend von Catanzaro und den Boss aus Lamezia, genannt »Mamma« *der Schöne*. Alle fünf tragen wir einen Ring mit eingefasstem Diamanten. Die Hütte unter den Kastanienbäumen ist vor Kurzem erst modernisiert worden. Im noch rauchenden Feuer des Holzherdes hat mein Schwiegervater Don Leopoldo, seit jeher Patron dieses Territoriums, Ziegenfleisch und eine Pfanne wilden Spargel zubereiten lassen. Ein Leckerbissen für die Menschen, die in den Bergen leben.

Bevor wir mit unserer Unterredung loslegen, lassen wir uns Fleisch und Gemüse schmecken; noch mit den Zahnstochern zwischen den Zähnen sehen mich die vier Männer, die da um den Tisch versammelt sind, erwartungsvoll an. Schließlich sagt Don Mico in übertrieben freundlichem Ton, der schon fast ein wenig unverschämt ist:

»Mit Verlaub, Don Giuliano, habt Ihr etwas gesagt? Oder habe ich mir das nur eingebildet?«

Ich bin selbst erstaunt über meine Nervosität: Ich fühle mich wie ein Jugendlicher, der leibhaftig seinem Lieblingspopstar gegenübersteht. Dabei bin ich es, der alle hierher gebracht hat, um die Idee zu unterbreiten, die mich nicht mehr loslässt. Ich werfe einen raschen Blick in die Runde dieser schwergewichtigen kriminellen Vereinigung und verkünde trocken: »Geschätzter Kreis, wenn es gestattet ist, mich drängt, euch eine Frage zu stellen.« Und dabei sehe ich meinen in die Jahre gekommenen Paten an, der die Hand hinters Ohr legt, um besser zu hören:

»Sagt mir, Don Sergio, ich werde doch wohl nicht der Einzige sein, der sich wie ein General fühlt, der, obwohl er an der Front den Sieg errungen hat, vom Großteil der Bevölkerung verkannt, ja missachtet wird?« Die Antwort bleibt aus. Diese Großkaliber sind nicht sicher, die Frage verstanden zu haben, und schauen einander an. Dann, als verlangten sie des Rätsels Lösung, schauen sie mich erneut ungeduldig an. Da ich mittlerweile reden kann, wie es mir beliebt, will ich ihnen mein Anliegen begreiflich machen: »Berichtigt mich ruhig, wenn ich mich täusche, aber es ist tatsächlich so, dass nur etwa dreißig Prozent der Bevölkerung uns offen schätzen. Die restlichen siebzig Prozent fürchten uns, ignorieren uns, verachten uns. Natürlich könnten wir uns auch einfach darüber hinwegsetzen und so weitermachen wie bisher. Vielleicht aber könnten wir doch mehr ausrichten.«

Meine Freunde folgen mir mit gespannter Aufmerksamkeit. Einer legt die Stirn in Falten, der andere sitzt mit offenem Mund da. Unbesorgt mache ich weiter: »Mein größter Wunsch, liebe Kameraden, ist es, auch den Respekt der bürgerlichen und intellektuellen Gesellschaftsschicht zu erlangen, die den Menschen bäuerlicher Herkunft, und vor allem den Mafiosi, traditionell feindlich gesonnen ist.«

Da fällt Don Mico die Zigarette aus dem Mund, »Mamma« *der Schöne* verharrt wie ein Stockfisch, und mein Pate starrt mich voller Erschrecken an.

Don Santo ist noch beunruhigter als die anderen und klopft mit den Fingerknöcheln auf die Tischplatte, als er sagt:

»Freunde, die ihr hier versammelt seid, ich erbitte Rat vom Höchsten von uns. Diese Geschichte könnte, ich betone *könnte*, den Schatten eines Verrats oder sogar den Hauch einer Reuebezeugung annehmen. Ich erbitte daher Rat von Don Sergio, auf dass der, der von jetzt an interveniert, keine Strafe riskiert. Versteht mich richtig, meine Freunde! Wenn einer von uns zum Teufel geht, stürzt halb Kalabrien in die Hölle!«

Don Sergio und Don Mico genügt es, sich drei Sekunden lang in die Augen zu sehen, um mir zu gestatten, weiterzumachen:

»Bei allem Respekt und allem Vertrauen, die du verdienst, lieber *Sohn* Giuliano, aber wenn du dich nicht an den Ehrenkodex hältst, werde ich dich mit diesen meinen Händen umbringen!«, spuckt Don Sergio ohne zu zögern aus. Und Don Mico fügt hinzu:

»Haben wir uns klar ausgedrückt? Gut, wenn dem so ist, können wir in der Diskussion fortfahren. Also, wer bietet mir ein Gläschen an?« Bei diesen Worten springt *der Schöne* auf und füllt die Gläser der Runde der *Medaillonträger*, der Tüchtigsten der 'Ndrangheta, bis zum Rand. Der intensive Geruch des Weins scheint die Spannung, die in der Luft liegt, zu vertreiben. Mit einem Lächeln auf den Gesichtern stillen wir unseren Durst mit rotem Verbicaro.

»Sprecht, Giuliano, wir sind sehr neugierig«, fordert Don Mico mich auf.

Diese Runde von *Ehrenmännern*, mich eingeschlossen, hat bisher mindestens fünfhundert Morde in Auftrag gegeben, und diese satanischen Richter jetzt an meinen Lippen hängen zu sehen, lässt meine Brust vor Stolz anschwellen:

»Ich danke euch für eure Aufmerksamkeit, liebe Runde! Als Allererstes werdet ihr euch fragen, wie man es anstellen soll, das Vertrauen der Konformisten zu erlangen und sich deren Unterstützung zu sichern. Nun gut, nur mit einer 180-Grad-Wende, einer radikalen Veränderung, werden wir in der Lage sein, uns bei der gesamten Bevölkerung Respekt zu verschaffen. Und wie es aussieht, gibt es keine andere Möglichkeit, als die kriminellen Methoden aufzugeben, die uns berühmt gemacht haben, und uns ausschließlich Aktivitäten zu widmen, die auch vom bürgerlichen Lager geschätzt werden. Ich möchte euch bitten, meine Freunde, mich nicht für einen Pazifisten zu halten ... Ich bin davon überzeugt, dass wir nur durch das Wohlwollen aller Bürger die Voraussetzungen für unsere Weiterentwicklung schaffen können.«

In diesem Moment überrascht mich das seltsame Funkeln in den Augen der anderen. Ich kann es noch nicht glauben, doch zum ersten Mal liegt ein Hauch von Heiterkeit in den Blicken der Versammelten. Einer nach dem anderen lassen sich die vier »Erzengel« entspannt auf die Rückenlehnen ihrer Stühle fallen. Don Mico öffnet den Mund:

»Und weiter? Warum haltet Ihr inne, Giuliano? Gerade jetzt, da wir Euch unser Herz geöffnet haben? Fahrt fort.«

Auch die anderen nicken mir zu.

»Einverstanden! Es wäre sicherlich von Nutzen, wenn wir uns von der bürgerlichen Mentalität inspirieren ließen, um den Leuten klarzumachen, wie vorteilhaft es für die gesamte Gesellschaft wäre, wenn wir hier in Kalabrien unsere eigenen Gelder – die Gelder der Mafia! – einsetzen könnten. Mit diesem Kapital werden wir in der Lage sein, einen wirklichen wirtschaftlichen Aufschwung, einen echten Kapitalismus ins Leben zu rufen, indem wir Arbeitsplätze schaffen und auf diese Weise den Wohlstand ganz Kalabriens fördern. Unsere finanziellen Mittel werden also der ideale Köder sein, um auch die bürgerliche Gesellschaft für uns zu gewinnen, deren alte Privilegien ja längst schon in Auflösung begriffen sind. Und jetzt bitte ich euch, mir aufmerksam zuzuhören! Wenn wir uns dazu verpflichten würden, sämtliche kriminellen

309

Aktivitäten einzustellen, die Organisation auf Eis zu legen und dafür zu sorgen, dass sie nicht wieder neu entsteht, wäre das die beste Gelegenheit, um die Leute davon zu überzeugen, uns von den Fesseln des Staates zu befreien und vor strafrechtlicher Verfolgung zu bewahren – so, wie es nach einem Krieg der Fall ist, wenn die Kriminellen begnadigt werden. Zu diesem Zweck müssen wir junge Politiker in alle Gemeindeverwaltungen der Region einschleusen. Don Mico und Don Sergio, ich bin mir ganz sicher, wenn wir den Untergang, das Ende der Mafiatradition gewährleisten, werden wir berechtigt sein, unser Geld ausschließlich in unsere Region zu investieren. Und ich kann euch garantieren, Freunde: Wir werden aus Kalabrien ein Paradies auf Erden machen!«

Der Schöne nutzt die Pause, die ich mir gönne, um die Gläser in der Runde nachzufüllen. Don Mico fasst sich ein Herz:

»Ich muss Euch sagen, Freund Giuliano, auch wenn Eure Idee mich zunächst eher verwirrt hat, kann ich mit meiner Sympathie für Eure Argumente nun nicht hinterm Berg halten. Überdies beweist Ihr sehr viel Mut, indem Ihr es wagt, ein solch heikles Thema, das schnell den Ruf nach Vergeltung lautbar machen könnte, vor dieser Runde auszubreiten«, Don Mico trinkt rasch einen Schluck, kratzt sich nachdenklich am Kopf und fügt dann hinzu:

»Wie auch immer, ich denke, die Sache ist es wert, dass wir uns eingehender damit befassen.«

Wir rücken enger um den Tisch zusammen, bis unsere Ellenbogen einander berühren.

Die *Medaillonträger*, verführt von dem Traum der Straffreiheit, wirken nicht mehr so vor den Kopf geschlagen wie vorher, als man meinen konnte, ich hätte sie gerade zu einem Salto mortale aufgefordert.

»Das stimmt!«, sagt *der Schöne* mit seinem hageren Gesicht.

»Dies ist die Gelegenheit, um die feinen Leute ins Netz zu bekommen. Die fetten Jahre sind auch für sie vorbei, und viele von ihnen sind nicht mehr in der Lage, das Nötigste für den Unterhalt ihrer eigenen Familien zu verdienen. Wie soll das auch gehen, mit einem Gehalt von ein paar hundert, allerhöchstens tausend, tausendfünfhundert Euro im Monat?«

Don Sergio scheint dem letzten Redebeitrag nur wenig Aufmerksamkeit geschenkt zu haben; er sieht mich aus den Augenwinkeln an und fragt mich dann in einem überzogen ungläubigen Ton:

»Sag mal, mein Sohn, wie sollen wir denn an unser Kapital, das über die halbe Welt verstreut ist, herankommen, ohne dass die Justizbehörden, Interpol und die *Guardia di Finanza* uns grünes Licht geben? Die verhaften uns noch am selben Tag, die wissen besser als wir selbst, wo wir unsere Konten haben!« Ich sehe, wie er am Ring an seinem Finger dreht, ein Zeichen dafür, dass ihn das Thema sehr interessiert. Sein offener Versuch, eine Schwachstelle in meiner Argumentation aufzudecken, gibt mir das Recht zu erwidern: »Bei allem Respekt, mein Pate, keiner spricht hier von Versteckspielen. Um unliebsame Überraschungen zu vermeiden, werden wir vor unseren Partnern mit offenen Karten spielen. Am helllichten Tag. Schließlich haben wir ja noch ein Ass im Ärmel, nämlich den Verzicht auf das Kokainmonopol. Da dieses Geschäft dem zusteht, der es in der Vergangenheit erworben und ausgebaut hat, werden wir, wenn es so weit ist den Spitzen von Staatsanwaltschaft und Zoll eine Beteiligung von fünfzig Prozent am Valutenwechsel der Operation anbieten. Bedenkt, es geschieht nicht alle Tage, dass man die Summen untereinander aufteilt, die aus der Überlassung eines Marktes wie dem des Kokains stammen. Das Angebot wird so beachtlich sein, dass sie es nicht ablehnen können. Auf der einen Seite werden wir also gezwungen sein, mehrere Milliarden Euro zu verlieren; dafür sichern wir uns aber die Unterstützung der Behörden, um unsere Bankkapitale unbehelligt und zu vernünftigen Preisen nach Kalabrien zurückzuführen.«

Don Santo zu meiner Rechten beobachtet mich vergnügt. Er

muss unweigerlich lachen, als er zu reden ansetzt. Mit feuchten Augen und auf seinem Stuhl schaukelnd kann er sich gar nicht mehr beruhigen, und so kreischt er:

»Bei allem Respekt, aber denkt Ihr etwa daran, das Monopol an die Albaner zu verkaufen?«

Und bei diesen Worten schlägt er sich belustigt auf die Oberschenkel.

»Gewiss doch«, erwidere ich. »An die Albaner oder an die Kosovaren. Wir können das Kokainmonopol doch nicht Hinz und Kunz überlassen und dabei einen Krieg zwischen den kriminellen Organisationen riskieren, oder?! Die Gelegenheit, die sich in den Territorien auf der anderen Seite der Adria auftut, könnte perfekt sein, vor allem weil die von der CIA nichts gegen die Operation einzuwenden hätten. Seit Beginn der 1990er Jahre sind es just deren Agenten, die die albanischen Rebellen in ihrem Kampf gegen die jugoslawische Armee und Polizei organisieren und koordinieren. Sie haben die UCK, die Befreiungsarmee des Kosovo, auf die Beine gestellt und dafür amerikanische und deutsche Söldner rekrutiert und sie mit den gefürchteten Kriminellen vor Ort zusammengebracht. Die UCK wurde von Vietnamveteranen in Ausbildungslagern der Albaner trainiert und mit den Gewinnen aus dem Heroinhandel finanziert; dieses Heroin stammt aus Afghanistan und wird über die Türkei eingeschmuggelt und in zwei Drittel der Welt verkauft. Die Mitglieder der UCK bilden die derzeitige albanisch-kosovarische Mafia, die im Begriff ist, eine der mächtigsten Mafien der Welt zu werden. Die albanisch-kosovarischen Mafiosi sind untereinander äußerst solidarisch und verwalten mit starker Hand fast das gesamte Heroinmonopol. Sie werden keine Schwierigkeiten haben, auch das Kokainkartell zu übernehmen. Am Ende wird sich für die politischen Machthaber in Europa rein gar nichts ändern. Alles wird exakt wie heute funktionieren. Der Verkauf von Drogen wird weiterhin den Fluss von Schwarzgeldern speisen, die dann in den Banken weißgewaschen werden können, alles zur Unterstützung der europäischen Großfinanz. In dem Moment, da auch dem Hartnäckigsten unter den unbescholtenen Bürgern bewusst wird, wie das Netz der Machenschaften gestrickt ist, wird er begreifen, dass es keine Sünde ist, wenn endlich auch einmal Kalabrien von dem Mafiakapital profitieren kann. Und was würde von der 'Ndrangheta übrig bleiben? Nachdem wir die Grundlage für unsere Entwicklung gelegt haben, wird es die nächste Generation sein, die ihr Wachstum lenken und leiten wird. Unsere Kinder werden von den Vorteilen profitieren, die diese Verwandlung der 'Ndrangheta mit sich bringt: von der stärksten Mafia der Welt zu einer Liga von Finanziers und Unternehmern, die am wirtschaftlichen Wiederaufblühen des Landes, in dem wir leben, interessiert sind.«

Mein eigen Fleisch und Blut

Wir schreiben das Jahr 2005. Mit dem Monat Juli kommt unweigerlich die übliche Hitzewelle. Ich höre die Hunde eifersüchtig bellen, dann Schritte auf der Treppe. »Ercole! Mein Sohn!« Er ist jetzt zweiundzwanzig und ganz der Vater. Gerade ist er aus Messina eingetroffen, wo er Betriebswirtschaft und Außenhandel studiert. Wenn alles gut geht, wird er im kommenden Jahr seinen Universitätsabschluss machen.

Am Abend treffen wir uns mit den Freunden, die während der Jahre meines Aufstiegs zur Macht das Haus bewohnt haben. Enzo, Alfonso und Mauro mit den jeweiligen Ehefrauen und Kindern, und dann Massimo, Cecè und Bubù. Die ersten *Soldaten*, zuständig für die Sicherheit, die fünf Jahre lang innerhalb dieser Mauern gelebt haben, können heute die Verdienste von *Camorristi* auf sich vereinen. Alle haben Ercolino aufwachsen sehen. Die Stimmung im Saal ist festlich. Elisa ist nun siebzehn Jahre alt und bereits eine junge Dame. Sie hat die energiegeladene Schönheit ihrer Mutter, die sie um gut zehn Zentimeter überragt.

Bereits seit ein paar Jahren ist die Sicherheit des Hauses fünfzehn Wachmännern anvertraut, die in Fünfergruppen im Achtstundentakt arbeiten.

Die zwei Riesenschnauzer, die wachsam den Garten durchstreifen, sind schon aus dritter Generation.

Nach dem Abendessen bilden sich Grüppchen: Mimmo und seine ewige Verlobte Adele haben sich mit Rino, Alfonso und den Ehefrauen zusammengesetzt; Meister Ciccio macht es sich mit Ercole in der Loggia bequem und sie spielen mit Bubù und Cecè Karten. Anna reicht ihr berühmtes hauchzartes Zitronengebäck. Der kräftige *Zibibbo* beginnt uns zu Kopf zu steigen.

Bei Ercoles letzten Besuchen ist mir aufgefallen, dass er sich stets sehr herzlich und eingehend mit Meister Ciccio unterhalten hat. Wenn sie früher nur mal ein paar Takte miteinander gesprochen haben, verbringen sie jetzt halbe Tage gemeinsam. Während ich die beiden beobachte und überlege, habe ich plötzlich die Gewissheit: Meister Ciccio hat ihm bereits einige Lektionen erteilt! Dafür könnte ich meine Hand ins Feuer legen.

Alarmiert nähere ich mich der Loggia, wo die beiden zusammen mit den Freunden sitzen, und um Ercoles Aufmerksamkeit auf mich zu ziehen, fasse ich ihn an der Schulter. Als er sich zu mir dreht ... O mein Gott! In ihm erkenne ich mich selbst als jungen Burschen wieder: Er hat die gleichen eisigen Augen, denselben Blick, den ich hatte, als ich in mir die absolute Notwendigkeit verspürte, Mafioso zu werden.

Bei diesem Gedanken zittere ich vor Entsetzen und Schweiß läuft mir über den Rücken. Halb betäubt wohne ich der Verwandlung meines Sohnes bei. Es ist, als ob meine Seele mich verlassen möchte. Als ob mein Blut auf der Suche nach neuen Venen wäre, in die es sich ergießen kann.

Ercole starrt mich noch immer an. In diesem Zustand würde er sogar mich, seinen Vater, töten, wenn ich versuchen würde, ihn von seinem Vorsatz abzubringen.

Auf der anderen Seite beobachtet mich Meister Ciccio mit undurchdringlicher Miene und will mir eine Zigarette anbieten.

Mit dieser Geste holt mich die Vergangenheit ein: Mir erscheint seine Hand wieder vor Augen, damals vor dreißig Jahren in der Garage von Mauro, als er mir das Päckchen übergab, schwer wie Blei. Und da kommt auch schon Alarico, der Hannoveraner, den ich auf dem Bauernhof oberhalb von Brancavilla in Stücke gesägt habe. Und dann Papa, mit zusammengeflicktem Körper auf der Bahre der Leichenhalle. Don Peppe zu Boden geschleudert, in seinem Blut. Don Pasquale, der sich zu Tode stranguliert, der durchlöcherte Kopf des Bosses von Cellette, Hamburg, das Kokain ... Ich sehe rot, alles ist rot geworden!

Ercole schaut mich weiter durchdringend an.

Panik macht sich in mir breit. Da berührt mich jemand an der Schulter. Es ist Angelina, die neben mich getreten ist, mich an sich drückt und seufzend sagt:

»Ich hatte es schon längst begriffen, nimm es dir nicht zu Herzen. Wir können nichts daran ändern. Er hat die gleichen Augen wie du damals, als du in die Bar von Panocato gekommen bist, um meinen Vater zu treffen und um meine Hand anzuhalten.«

Meister Ciccio hat unsere Bestürzung bemerkt. Er erhebt sich von seinem Sessel und macht mir ein Zeichen, ihm zu folgen. Er verhält sich merkwürdig abfällig mir gegenüber, als ich ihn auf den Balkon hinausbegleite. Dort stützt er dann die Ellenbogen auf das Geländer und sagt:

»Giuliano, hast du dich jemals gefragt, wer deine Vorhaben weiterführen könnte, wenn nicht dein Sohn? Ercole ist wie du. Wach auf! Ich, der ich deine Seele geformt habe, kann dir das versichern.

Ich schwöre dir, mit ihm zusammen zu sein, ist genauso wie damals mit dir, als du ein junger Bursche warst.«

Ich will gar nicht versuchen, mich wieder einzukriegen, ich tue alles, um mich auszulöschen, ein Herz aus Stein zu haben, um ja nicht leiden zu müssen. Hin und wieder dringt ein Schimmer von Vernunft zu mir durch: Dies ist nur ein Moment der Schwäche gegenüber meinem heranwachsenden Sohn. Meister Ciccio hat recht. »Sag mir nur eines«, wende ich mich an ihn, »wer ist bloß auf die Idee gekommen, du oder er?«

Meister Ciccio zieht an seinem Zigarettenstummel, dreht sich nach rechts und nach links, und murmelt:

»Ich könnte es nicht sagen ... Aber im Übrigen, ist das so wichtig?«

Ich tauche ab zu dem Moment, da Mimmo, mein Bruder, hier draußen auf dem Balkon das Gesicht gegen das Geländer gepresst hat, als unser Vater gestorben war.

Ich schaffe es nicht mehr, mich aufrechtzuhalten. Meine Beine sacken unter mir weg, ich gehe in die Knie, und schon berühren meine Wangen das Eisengitter.